不馴的異端

A Book Forged in Hell

Spinoza's Scandalous Treatise and the Birth of the Secular Age

Steven Nadler

史蒂芬・納德勒 ———著 楊理然 ———譯

致

賴瑞・夏皮羅（Larry Shapiro）

我最好的跑友

目錄

導讀

一個鮮為人知的現代性起源——斯賓諾莎

葉浩（國立政治大學政治學系副教授）

一八八一年七月，尼采寄了一張明信片給他的友人歐佛貝克（Franz Overbeck），訴說他初讀斯賓諾莎時的震驚，尤其是後者對自由意志、目的論、世界秩序具有道德屬性、無私無我的可能，以及惡的存在之全盤否認，深表認同，甚至最後激動地宣告：總之，我孤單一人的寂寞在此時變成至少有兩人的共同寂寞了。

斯賓諾莎是一六三二年生於阿姆斯特丹的葡萄牙猶太移民後代，二十三歲那一年失去信仰，隔年被逐出了猶太教會堂，從此以磨鏡片維生，雖然年僅四十五歲即離開世界，卻留下了《神學政治論》（*Tractatus Theologico-Politicus*, 1669）和《倫理學》（*Ethica Ordine Geometrico Demonstrata*, 1675）兩本不朽之著。其思想確實包括了尼采提及的那五點，但影響後世最大的或許是將「上帝」等同「大自然」的見解。這在十七世紀當然是一種離經叛道之邪說。尤有甚者，他人直指《聖經》的文字並非上帝親口啟示，而是一群人的書寫在流傳數百年之後再由他人編輯而成，且因為寫的人既非哲學家，也不是科學家，所以內容不僅邏輯上互相矛盾，也不可能禁得起科學檢驗。相較於十九世紀末藉瘋子之口說出「上帝已死」的尼采，斯賓諾莎的驚世駭俗程度似乎有過之而無不及。

至少本書所描繪的斯賓諾莎的確如此。作者史蒂芬．納德勒是美國當今重量級的十七世紀哲學以及猶太思想專家，尤其以斯賓諾莎的哲學研究最為著名。在本書出版以前，除了《斯賓諾莎傳》（*Spinoza: A Life*, 1999）、《斯賓諾莎的異端邪說》（*Spinoza's Heresy: Immortality and the Jewish Mind*, 2002）兩本專書之外，也編輯過數本斯賓諾莎本人的著作以及相關研究的論文集。不同於多數研究者將斯賓諾莎理解為極為獨特的神學家，抑或「醉心於神的聖哲」，納德勒筆下的本書主角不但是一位不折不扣的無神論者，甚至徹底反對制度性宗教的存在——倘若無法廢除，那教會必須完全受制於世俗權威之下，由政府全面管控。

無論如何，任何提及斯賓諾莎生平的書，勢必要對他當年被逐出猶太教會堂的原因作出某程度的闡釋，因為文獻上僅以「駭人聽聞的異端邪說」與「惡魔般的行徑」等簡短陳述作為原因。根據納德勒從文本的推敲，真正理由不外乎包括了：否認靈魂不朽，否認有奇蹟的可能，主張猶太律法不再有效，以及如前所述的《聖經》不是天啟而是人言。聽在現代人的耳中，這想必不足為奇。但這正是本書的主要論點：相較於斯賓諾莎生活的十七世紀，他的思想其實更接近二十一世紀的我們。誠然，作者甚至認為，我們很難在街頭巷尾碰見一位思想與萊布尼茲或笛卡爾相通的人，要遇見一個像是斯賓諾莎上身的人卻很容易。更重要的是，與其說這是一種跨時代的巧合，不如說那是肇因本書主角的思想對現代世界的影響。

根據作者的理解，斯賓諾莎思想的「現代性」首先是在於他對政教關係的主張。他並不反對人們有信仰，但反對社會上存在一套制度性宗教，因為那一來容易讓國家採取特定的崇拜儀式，並賦予這些儀式虛構的神聖力量，若不是導致國家壓迫就是讓人民過度迷信，二來則因為信仰本身會要求認同與宗成，若制度性的宗教存在於社會，例如教會，且數目不止一個，那社會既容易分裂，教徒也不一定會效忠國家。事實上，這正是當時荷蘭的政治問題：政府無法確認天主教徒對共和國政府的忠誠度是否可靠。於是斯賓諾莎主張，如果制度性宗教必須存在，那它應當受制於世俗政權的管轄，且採取能公開透明的儀式。

另一方面，斯賓諾莎也倡議思想與言論自由，且不認為政權有能力徹底控制思想。不過，這種自由並非沒有限制。相反，任何涉及破壞公共安寧或政治權威的言論都必須受到管制。

同樣可被認定為現代思想特徵之一的，是斯賓諾莎對於奇蹟的否認。作者強調，既然上帝等同大自然，那所有人們以為的奇蹟必然是一種大自然界的運作過程，只是人們對此尚未具有理解能力。或更嚴格地說，概念上必然涉及違反自然定律的奇蹟，其實嚴是一個邏輯自相矛盾的想法。

如此一來，斯賓諾莎比十七世紀同期仍對上帝感到懼畏的霍布斯（Hobbes）更加世俗化，且更堅持一切人類知識可以轉化為自然科學或邏輯、數學的可能性。對奇蹟的否定也遠比十八世紀啟蒙運動大哲休謨（David Hume）停留在知識論上的懷疑主義更激進。當然，納德勒承認在言論自由的捍衛之上，斯賓諾莎仍然差十九世紀的約翰．彌爾（John Stuart Mill）一截，但強調這在當時已經相當先進，且應當被理解為現代自由主義的起源。

納德勒筆下的斯賓諾莎非常接近尼采的理解，且是一位無神論者。換言之斯賓諾莎關於上帝的理解以及提出的各種說法，不過是持續使用一套舊語言來指向一個全新的世界觀，例如，當斯賓諾莎說自然科學乃關於上帝心智運作的一種學問，不過是略微淡化其異端邪說的色彩外貌。而本書的目的就是為了指出其離經叛道的現代性程度。

不過，如果我們不採取尼采或納德勒的讀法，而是把斯賓諾莎放回他所處的時代脈絡底下去理解他將宇宙一切存在事物理解為「上帝或自然」（Deus sive Natura）的說法時，亦即不把這說法當作「上帝＝自然」，而是上帝不僅僅是大自然界一切事物的總和，也包括那一股支撐宇宙運作的原理、維持萬物於一個系統之內並主導萬物生滅的力量，那反而更接近斯賓諾莎所謂大自然乃上帝的心智運作之主張，且似乎不減其激進意義——尤其是在社會不斷分化而凝聚不同個人與團體之間的力量似乎不可得的現代世界時底下。當然，那斯賓諾莎本人也不僅止於本書所描繪的那一位斯賓諾莎了，雖然後者作為一個關於現代起源的故事的確更加精采。

本書以星號等符號標示譯者、編輯所加之隨頁注。
數字標示則為作者注釋，請依編號參閱第三百一十九頁起的「注釋」，參考資料出處。

那些卑鄙的偽君子，其心中衝動的暴怒是來自所謂對上帝律法的狂熱。他們到處迫害一些因為品格優良和才能傑出而激起群眾敵意的人，進而公開譴責他們的信仰、激起野蠻群眾對他們的憤恨。這種披著宗教外衣的無恥行為並不容易壓制。

——巴魯赫・斯賓諾莎，《神學政治論》

前言

西方思想史上最重要的作品之一

一六七〇年五月，德國神學家雅各．湯瑪斯（Jacob Thomasius）＊撰文猛烈抨擊了一本匿名出版的書籍。他認為那本書是「否定上帝的文件」，應該立即在所有國家被列為禁書。他的荷蘭同事、在烏特勒支大學任教的雷尼爾．曼斯維爾德（Regnier Mansveld）教授也堅稱，這本新出版的書籍對所有宗教來說皆有害，所以「應該永遠被埋葬並遺忘」。同一時期，一位富有哲思精神的荷蘭商人威廉．范布萊貝爾（Willem van Blijenburgh）則寫道：「這本無神論的書充滿了各種令人憎惡的特質……每一位知書達理的人都會對它感到厭惡。」當時甚至還有一位不安的評論家稱此書是「地獄鍛造的魔鬼之書」。

＊ 雅各．湯瑪斯，德國學術哲學家和法學家。現在一般認為他是哲學史學術研究的重要奠基人。

所有批評都指向一本名為《神學政治論》（*Tractatus Theologico-Politicus*）的書。該書作者是一位生於阿姆斯特丹、已被逐出教會的猶太人，他的名字是巴魯赫・斯賓諾莎（Baruch de Spinoza）。《神學政治論》在當時被認為是出版界有史以來最危險的書籍。在那個時代的人們眼中，這本書威脅到宗教信仰、政治與社會和諧，甚至日常生活的道德觀。他們認為該書作者是一位宗教顛覆者和政治激進分子（而且他的身分很快就不是什麼祕密），放肆地在整個基督教世界傳播無神論和放蕩主義。《神學政治論》所帶來的喧囂，毫無疑問是歐洲思想史上最重大的事件之一，而它也剛好出版於啟蒙運動的黎明。[1]這本書為後來那些重視自由主義、世俗生活和民主制度的思想奠定了基礎，而圍繞於該書的爭論也暴露出當時歐洲社會中更深層的張力，畢竟當時的歐洲才剛從長達一個多世紀的殘酷宗教戰爭中復甦過來。

此外，《神學政治論》也是西方思想史上最重要的作品之一。斯賓諾莎是第一位指出《聖經》是人類所寫，而非真的是上帝之語的思想家；他也認為「真正的宗教」與神學、禮拜儀式或教派教條都毫無關係，我們只需要一項簡單的道德規則：博愛。他還認為教會當局不該影響現代國家的治理。此外，他堅稱所謂神的旨意只不過是自然法則，而神蹟（可理解為違反事物自然秩序的事件）則不可能存在。之所以會有人相信神蹟，只是因為他們無知於自然現象的真正成因。另外，他認為《舊約聖經》中所描述的先知其實只不過是一般人。那些先知雖然具有道德上的優越之處，但他們的預言只是來自於偶然且特別生動的想像力。而在《神學政治論》關於政治的章節中，斯賓諾莎則是強而有力地呼籲寬容和民主，特別是呼籲一種不受政府干涉的「哲思自由」。

被遺忘的重要哲學家

誠然，一位已經成為歷史的哲學家，其聲譽經常會受到當代哲學家以及當代流行思想的影響。偉大哲學家所著的經典，雖然長期以來總是相對穩定地占據思想史中的核心地位（就像聯合國安全理事會中的常任理事國地位一樣），但是隨著時間流逝，經典地位的重要性也會改變。在過去很長一段時間（尤其是在二十世紀前半葉的英美哲學界裡），斯賓諾莎的思想並沒有獲得廣大回響。那時斯賓諾莎雖然一直都享有西方偉大思想家的榮譽地位，卻被認為是一位格格不入的哲學家，因此很少有人研究他的著作，也很少有哲學史課程會教導他的思想。他的形上學與道德哲學巨作《倫理學》（*Ethics*）甚至加劇了這種情況。《倫理學》一書雖然是按照類似於幾何學的形式所寫，但是內容非常晦澀難懂（與英美分析哲學家原則上所重視的清晰思考及寫作風格剛好相反），而且斯賓諾莎在此書中所提出的學說，對許多人來說更似乎已經進入了神祕學的領域。

隨著時間進入二十世紀後期，形上學和知識論開始主導英美學術哲學圈，斯賓諾莎的思想也開始得以復興。不過這時期所流行的形上學不是從前那種試圖回應所有哲學問題的「體系建構式（System Building）」的形上學（例如斯賓諾莎的做法），也不是十九世紀末至二十世紀初劍橋大學黑格爾學派所青睞的那種唯心論。二十世紀後期學術界所流行的是對心智、物質、因果關係和共相等概念的精確分析式研究。同時，現代知識論學者也跟隨著從前柏拉圖和笛卡兒的腳步，對信念、真理、證成和知識的本質進行探究。於是許多人開始認為關於上述這些議題，斯賓諾莎已經寫過一些值得討論的思想

（儘管寫作的風格可能被認為矯揉造作）。此外，他對上帝的非正統看法，以及他對心物同一問題的巧妙處理，都讓他在某些方面顯得比十七世紀同時期的人們（當時人們的宗教傾向更加強烈）更加現代。

這種復興所帶來的問題是：就如同笛卡兒一般，當代人認為斯賓諾莎主要是從事形上學和知識論研究的哲學家。許多人認為他只關心「實體」（substance）的本質和心物問題，也處理對於人類知識的懷疑論。這些當代哲學教學和學術上的重點是集中在《倫理學》一書的前兩部。的確，在這兩部當中，我們可以看到斯賓諾莎的自然一元論觀點、他對於理解力和意志力的見解，以及他如何回應笛卡兒二元論所面臨的困難（也就是他的心物平行論〔mind-body parallelism〕）。然而，《倫理學》一書中的第三、第四和第五部（內容是關於他的情緒理論以及道德哲學）卻很少被提及，更很少被納入教學之中。這讓人們對斯賓諾莎哲學體系的認識極不完整、充滿誤解。所以才有人會忍不住問：為什麼這本書要叫作《倫理學》？

斯賓諾莎的《神學政治論》在這個復興時期則受到了更糟糕的對待。事實上，這本書幾乎被二十世紀的哲學家忽視了。而且不僅是研究形上學和知識論的學者，更令人驚訝的是，政治哲學和宗教研究的學者也是如此。[2] 學術界中的政治思想史很少會討論到斯賓諾莎，而在宗教哲學的著作中也很少會提及他的名字。即使到了今天，人們也很難在哲學課程中聽到《神學政治論》。[3]

儘管如此，在學術界之外斯賓諾莎的思想仍然廣為流傳。人們的興趣並不在於他對於實體或心物問題的看法（畢竟這些議題可能只有職業哲學家才會感興趣），而在於他對上帝、宗教、奇蹟、《聖經》、民主和寬容的看法。不是哲學家的人，反而對於斯賓諾莎在這些問題上的激進觀點深感好奇——尤其是考慮到他被逐出猶太教的這項眾所皆知的事件（這些大眾會在星期天下午傾巢而出，參加關於斯賓諾莎的公開講座）。他們可能對斯賓諾莎的思想略知一二，同時也聽說過許多對於斯賓諾莎思想浪漫而天真的解讀，但很少有人真正讀過《神學政治論》，儘管這本書比艱澀嚇人的《倫理學》更通俗易懂。

過去二十年來，學術界開始對《神學政治論》比較友善了。有許多重要的書籍和優秀的文章致力於解釋這本書的論述及其歷史背景。然而，這些作品絕大多數還是很具學術性，傾向於研究斯賓諾莎宗教和政治思想中的某個特定面向。雖然這些研究有助於加深我們對《神學政治論》的理解，但它們的目標讀者主要還是學術人士。因此，這些研究似乎沒有辦法滿足一般讀者想要從這本書中獲取新知的真切渴望。畢竟，許多一般讀者或多或少都聽過或讀過關於這本書非比尋常的地方。

透過這項研究，我希望能將斯賓諾莎的《神學政治論》帶給更多讀者。我將廣泛地討論《神學政治論》的結構、內容和背景。斯賓諾莎在書中到底說了什麼讓近代早期的歐洲震驚不已？是什麼事情促使他寫了這樣一本具有煽動性的論文？此書的發表引起了什麼樣的反響？又為什麼這本書被視為如此邪惡？為什麼在《神學政治論》出版近三個半世紀之後，它仍然具有重大意義？

這不是一本關於斯賓諾莎完整哲學思想的書，甚至也不是一項關於斯賓諾莎宗教思想和政治哲學的研究。雖然我會提及《倫理學》一書中的哲學神學和政治討論，以及斯賓諾莎晚期未完成的作品《政治論》（*Political Treatise*），但這只是幫助我闡明《神學政治論》一書的工具。此外，除了同時代人們對於《神學政治論》的直接回應之外，我並不會在本書中討論該書所引發的後續相當多且相當重要的反響。《神學政治論》從一六七〇年到當代所帶來的歷史遺產是一項內容豐富且引人入勝的主題，所以這項主題值得獨立且徹底的研究。[4]

在本書中，我感興趣的僅僅是解釋斯賓諾莎在《神學政治論》中說了什麼、為什麼這麼說，以及為什麼這本書在當時會引起如此強烈的反彈。斯賓諾莎當然是歷史上偉大的哲學家之一。他毫無疑問是那個時代最具獨創性、最激進、也最具爭議性的思想家。他的哲學、政治和宗教思想為我們現在所認知的「現代」奠定了基礎。然而，如果我們不給《神學政治論》應有的關注，那麼我們就不會真正了解斯賓諾莎。

第一章

序篇

- 「淫亂且有害」的書
- 天才少年斯賓諾莎

「淫亂且有害」的書

一六七〇年七月二十八日早晨，菲利浦．惠伯特茲（Philips Huijbertsz）[1]向他的妻子道別，從他在阿姆斯特丹新文代克街區（Nieuwendijk）的家裡出門。然而，在炎夏中出門，這位五十六歲的絲綢商人並不是如往常般要前去他從父親那繼承的店鋪。那天是星期日，他其實有更崇高的任務得處理，一個事關社區裡宗教和道德福祉的嚴重問題。

就在四天前，阿姆斯特丹歸正教會*的宗教委員會委任了從事絲綢貿易的惠伯特茲以及他的同業盧卡斯．范德海登代表歸正教會參加即將召開的阿姆斯特丹主教會議。[2]這個會議是一個較大的地區主教會議，參與的傳教士來自阿姆斯特丹當地教會社區以及周圍村莊，他們會定期前來聚在一起討論共同關心的問題（阿姆斯特丹主教會議是荷蘭十四個主教會議之一）。惠伯特茲和范德海登負責的工作是讓地區會議的成員了解阿姆斯特丹歸正教會委員會的擔憂——早在六月三十日的會議上，他們便針對一些近期的出版物憂心地宣布：

> 由於教會收到投訴，我們進行了一些調查，之後會交由地區教會處理。如果地區教會批准同意，且針對此事沒有提出其他問題，那麼會再提交給省級教會確認。歸正教會只要求，考慮到面對過去舊怨所進行之處理，我們必須特別注意那些對教皇的無禮侮辱以及蘇西尼式（Socinian）的淫亂書籍，特別是那本名為《神學政治論》的有害書籍。[3]

面對民眾投訴，教會建議阿姆斯特丹地區會議參考過去對於「舊怨」的措施來處理。這裡指的是要求地區會議參考荷蘭省議會（該省的主要立法機關，也可以說是全荷蘭最有權力的機構）過去的一項法令。該法令頒布於一六五三年，禁止印刷和傳播某些「反宗教」書籍。於是，阿姆斯特丹教會的長老希望參與地區會議的牧師可以宣布一六五三年的禁令也應適用於現在的新案件，並且將此事呈交予北荷蘭教會會議（此為省級教會會議。阿姆斯特丹地區和其他五個地區都在其管轄範圍內。另一個省級會議則位於南荷蘭）。

第一間注意到這本論述荷蘭思想自由、內容褻瀆上帝，且名為《神學政治論》的書籍的教會，其實並不是阿姆斯特丹歸正教會。早在一六七〇年五月，烏特勒支、萊頓和哈勒姆的歸正教會已經要求他們當地的市議會沒收該書現有的庫存，並採取措施阻止該書進一步出版或運送。而這本書是在那年一月才出版！所以阿姆斯特丹教會的反應可說是有些慢了。然而作為荷蘭最重要的城市，該區歸正教會領導人所提出的緊急呼籲，肯定會對該地區教會以及省級教會的牧師產生巨大影響。

菲利浦・惠伯特茲（其名字的意思為「惠伯特之子」）之所以被委任這項重要任務，可能是因為他在社區裡享有一定的聲譽。二十年前，他曾擔任一些荷蘭公民的保證人。當時那些荷蘭人在國外被擄為奴隸，並被要求支付一大筆贖金。[4]又或者，惠伯特茲作為當地教會的領袖之一，本身可能就對那些著作特別不滿。他對於《神學政治論》中那些歸正教會要求討論的內容，至少熟悉部分。那天在

＊ 歸正宗（Reformed church），也稱喀爾文宗、改革宗，是基督新教的宗派之一，十七世紀興盛於瑞士與荷蘭。

他到達新教堂之後不久（新教堂便是阿姆斯特丹地區主教會議召開的場所），便讀了一些特別冒犯教會的文章段落給參與者聽，希望讓大家理解此書危險之處。

最後，惠伯特茲的演講達到了預期效果。就在那天下午，阿姆斯特丹地區主教會議得出了結論：

> 這本淫亂且有害的書籍《神學政治論》，應該如同「舊怨」一般進行同等的處理（參見一六五三年的法令）。本議會從委員們那裡知悉了這本書包含了各式各樣令人厭惡的內容，因此在此宣告此書是褻瀆上帝的危險之書。[5]

然後地區會議將此事轉發給北荷蘭教會會議，後者在一周後召開。於是在八月五日，省級會議也發布了判決：

> 阿姆斯特丹的地區教會希望以過去處理「舊怨」的方式，處理《神學政治論》這本淫亂有害的書籍。關於這本褻瀆上帝的書，我方代表已採取一切必要之舉措，於荷蘭法院第一次開庭時公開批判此書，並正等待後續結果。基督教會對於這本淫穢的書籍深感厭惡，因此我們在此感謝來自班尼布羅克的有關人士盡全力禁止此書的傳播。此外，我們感謝阿姆斯特丹的弟兄們朗讀了此書的摘錄。我們也感謝教會代表的努力，地區議會委託他們與來自南荷蘭的代表合作，將此事向荷蘭政府當局報告，並尋求他們的幫助。我們要求政府強力鎮壓此書，並立法禁止此書以及其他

所有褻瀆上帝之書籍的出版。[6]

這正是阿姆斯特丹地區教會的惠伯特茲和他的同儕所冀望的結果。

天才少年斯賓諾莎

種種陰謀在阿姆斯特丹蠢蠢欲動時，那位讓阿姆斯特丹的教會領袖感到不安的作者則告別了寧靜的鄉村生活，搬到荷蘭共和國的行政和立法首都海牙。他住在一處名叫「靜之渡船頭」的碼頭後方。在那裡，他向寡婦凡德韋夫租了幾間房間，靜靜地繼續進行他的哲學和政治寫作工作。

一六三二年十一月二十四日，巴頓・斯賓諾莎（Bento de Spinoza）在阿姆斯特丹葡萄牙裔猶太社區[7]一個著名的商人家庭中出生。這個賽法迪猶太社區是由過去的「新基督徒」所建立（所謂「新基督徒」指的是十五世紀末十六世紀初在西班牙和葡萄牙被迫改信天主教的猶太人以及他們的後代）。為了逃避西班牙伊比利宗教裁判所的騷擾，許多新基督徒最終在十七世紀初於阿姆斯特丹和其他北方城市定居。剛獨立的荷蘭共和國（尤其是最大的荷蘭省）因為其普遍寬容的環境，以及對於經濟發展的重視（遠大於對宗教統一的重視），為這些難民提供了重新建立猶太生活、皈依祖先所信仰之猶太教的機會。雖然荷蘭社會中仍然有一些保守階層叫嚷著要驅逐他們之間的「葡萄牙商人」[8]，但是阿姆斯特丹更開明的政要以及荷蘭社會中許多更開明的民眾，並不願意重蹈西班牙一個世紀前的覆轍，把對荷蘭經濟重要的人口驅逐出去。畢竟，這群猶太人的生產力和商業人脈為荷蘭黃金時代的繁榮發展做出了極大貢獻。

斯賓諾莎一家並不是城市中最富有的賽法迪猶太家族。他們的財富與最富有的荷蘭階層相比顯得微不足道。然而，他們仍然過著還算舒適的生活。斯賓諾莎的父親米格爾是一位乾果和堅果的進口商人，其產品主要來自西班牙和葡萄牙的殖民地。從他本人的自述以及他在同業中的名聲來看，斯賓諾莎的父親似乎曾經是一位相當成功的商人。

斯賓諾莎（他在猶太教會裡則被稱為「巴魯赫」）肯定是一位智商過人的天才少年，他在猶太社區學校的求學過程中不斷進步，讓他的老師留下了深刻印象。他大概曾在猶太兒童宗教會向著名的祭司學習，例如瑪拿西・以色列（Menasseh ben Israel）、以撒・馮塞卡（Isaac Aboab da Fonseca）和索爾・莫特拉（Saul Levi Mortera）。以色列是一位有包容力且胸懷世界主義的猶太祭司，他可能是當時歐洲最著名的猶太人；馮塞卡則是有神祕主義傾向的祭司；另外莫特拉是當時宗教會的祭司長，他更傾心於理性哲學，但也因此經常與馮塞卡祭司在卡巴拉哲學（kabbalah）（一種猶太教神祕主義）的議題上產生衝突。

斯賓諾莎也許在學校表現優異，但與人們長久以來的說法相反，他認真學習的理由並不是為了成為一位猶太祭司。事實上，他並未進入更高階的學校課程（高階課程必須修習猶太法典《塔木德》）。在一六四九年，斯賓諾莎的兄長以撒去世了。由於過往一直是以撒幫助父親管理家族生意，此時斯賓諾莎不得不終止他在學校的課業，接下以撒的工作。一六五四年，斯賓諾莎的父親去世時，就剩下他與另一位身為全職商人的兄長加百列經營家族企業，此時他們的公司稱為「巴頓—加百列．斯賓諾莎公司」。然而，背負著父親留下的債務，公司在他們兄弟的領導下舉步維艱。畢竟斯賓諾莎似乎不是一位精明的商人。

斯賓諾莎對從商並不怎麼感興趣。在葡萄牙裔猶太人社區裡，經濟上的成功會帶來地位和聲望，但這些對他來說都沒有什麼吸引力。與加百列接手家族企業的時候，他已經開始分心，漸漸擺脫這些世俗事務，並把愈來愈多的時間精力投入到他對知識領域的興趣。幾年後，他回顧這段轉向哲學生活的過程時就提到，他愈來愈意識到大多數人（包括他自己）追求的只是虛榮心，而絲毫不重視目標的真正價值：

> 我的經驗告訴我，所有日常事物都是空虛和徒勞。我認知到，所有引起我恐懼的事物，其本身其實並沒有好壞之分，只是因為我的心因其動搖。我終於下定決心試著尋找是否有什麼東西是真正的善，其本身就充滿能量。我將拒絕其他事物，只讓真正的善影響我的心。我好奇是否有什麼東西，一旦發現和獲得之後，就會持續帶來最深的喜悅，直到永遠。

當然，他並非沒有意識到放棄先前工作而開始這項新事業後所會面臨的風險。

我之所以說「我終於下定決心」，是因為乍看之下，願意為了當下還不確定能獲得的東西，而失去某些確定的東西，這似乎不是明智的決定。當然，我看到了榮譽和財富所帶來的好處，而且如果我想認真地投身於某種全新且截然不同的事業，就不得不放棄追求那些好處。如果碰巧榮譽和財富能帶來最大的幸福，那麼我明白自己將與那樣的幸福無緣。然而，如果最大的幸福並不在榮譽和財富之中，而我卻只把精力用於追求它們，那麼我也一樣會與這種幸福無緣。[9]

在一六五〇年代早期到中期，斯賓諾莎下定決心不再將他未來的重心放在進口乾果上，轉而開始追求哲學。從此以後，他要前去探索知識和真正的幸福。

斯賓諾莎對從商生活的幻想破滅後，便開始學習拉丁文以及古典文學。當時在歐洲，拉丁文仍然是大多數學術人士和知識分子的通用語言，所以斯賓諾莎必須掌握這種語言來進行哲學研究，尤其是如果他打算參與任何大學課程的話。當然，斯賓諾莎必定得離開猶太社群去尋找其他哲學知識，於是在方濟各．恩登（Franciscus van den Enden）的教導下他找到自己的所需。恩登是前耶穌會成員以及一位政治激進分子，而他家就好像世俗人文主義者、民主主義者和自由主義思想家的沙龍（恩登本人後來因為參與了一場反對國王路易十四和君主制的共和主義革命陰謀，在法國被處決）。當時，應該就是恩登讓斯賓諾莎第一次接觸到笛卡兒的作品。我們知道，笛卡兒對斯賓諾莎的哲學發展以及當時其他思想家來說都非常重要。斯賓諾莎就在這位拉丁文導師的家裡接受哲學、文學和政治思想的世俗教育，同時他似乎也在莫特拉祭司經營的基特妥拉學院（Ketter Torah）（意為「法律的皇冠」）繼續接受猶太教育。很可能就是在莫特拉的教導下，斯賓諾莎開始研究邁蒙尼德（Maimonides）以及其他猶太哲學家。

雖然因為這些課程而使他在公司經營上分了心，而且讀了異教徒和非猶太人的作品後，削弱了斯賓諾莎的猶太信仰，他仍然在表面上與猶太社群保持良好關係。他直到一六五〇年代初期都繼續參與猶太宗教會，並定時繳納自己的會費和公共稅，甚至還捐款給會眾成立的慈善基金。

然而，一六五六年七月二十七日，在阿姆斯特丹霍特格拉赫特區擁擠的猶太教會裡，祭司站在法櫃前用希伯來語宣讀了以下公告：

教會的委員會特此宣告，他們早已知悉巴魯赫·斯賓諾莎的邪惡言行，並且已經透過各種手段努力使他改邪歸正，但未盡成功。相反地，他們每天仍持續收到消息，告知斯賓諾莎正在實踐和傳授那些可憎的異端邪說。許多值得信賴的目擊證人親眼看到斯賓諾莎的所作所為，他們已證實確有此事。

於是，在委員會與祭司們商討之後，最終認定二十三歲的斯賓諾莎……

應該被逐出教會、從以色列人民中驅逐出去。奉天使與聖人之命，我們開除、驅逐、詛咒和譴責巴魯赫·斯賓諾莎。讚美上帝！在祂的旨意下、在整個教會的同意下、在這些寫著六百一十三條戒律的《聖經》卷前，我們會以約書亞將耶利哥逐出教會的方式詛咒斯賓諾莎、以艾利沙

（Elisha）詛咒男孩的方式詛咒他、以《律法書》中所寫的所有嚴厲懲罰來詛咒他。他將會在白日受詛咒，也會在夜間受詛咒。他在躺下時受咒詛，起床時也受詛咒。他出門時將受詛咒，回家時也將受詛咒。耶和華必不會憐恤他，且耶和華會向他發洩怒氣。寫在這裡的一切詛咒，都會降臨在他身上。耶和華會將他的名字從世上抹去。耶和華將照著約法上所寫的一切詛咒，在以色列眾人前譴責斯賓諾莎為惡人。惟有你們專靠耶和華——你們是神的人，今日全都存活。

該文件最後警告道：「任何人都不得與他進行口頭或書面交流，也不得給予他任何幫助，或與他住在同一屋簷下，或接近他四肘的距離，或閱讀他編輯或撰寫的任何論文。」[10]對阿姆斯特丹葡萄牙裔猶太社區的成員來說，這是有史以來所發出之最嚴厲的宗教和社會驅逐令。那時猶太領袖們在委員會裡深入研究許多文獻，只為了在譴責斯賓諾莎時找到適當的文字。[11]此外，不同於當時所頒布的其他禁令，這個禁令從未被廢止。

我們不確定斯賓諾莎為什麼會受到如此極端的懲罰。而且該懲罰還是來自他的社區，來自養育他、教育他、尊重他家族的教會，這讓整件事變得更加撲朔迷離。無論是驅逐令本身或是當時的任何文獻，都沒有確切告訴我們斯賓諾莎的「邪惡言行」是什麼，也沒有告訴我們他被指控做了什麼「可怕的行為」或教了什麼「可憎的異端邪說」。當時他還沒有發表過任何東西，甚至還沒有寫過任何論文。在斯賓諾莎現存的信件中，也從未提及人生中的這段時期，因此也沒有向他的通信人（或我們）提供任何關於他為什麼被教會驅逐的線索。[12]斯賓諾莎的朋友們在他過世之後立即編纂了他的作品和書信以便出版。他們似乎銷毀了所有無關哲學的書信（包括傳記式的個人書信）。我們只知道，斯賓諾莎在一六五六年從社區教會領袖那裡得到了當時獨一無二的驅逐令。

然而，有三項相對可靠的訊息來源，提供了關於斯賓諾莎罪行的暗示。根據尚—馬克西米利安．盧卡斯（Jean-Maximilien Lucas）（他也是最早的斯賓諾莎傳記作者，在斯賓諾莎過世後不久即完成傳記）所整理的驅逐令發布之前的事件時間序來看，當時在教會中有很多關於斯賓諾莎想法的討論。人們（尤其是祭司）都很好奇這個以聰明著稱的年輕人在想些什麼。盧卡斯寫道：「在那些急於跟斯賓諾莎來往的人當中，有兩位年輕人自稱是他最要好的朋友。他們懇求斯賓諾莎把自己的真實想法告訴他們。他們安撫他說，不論他的想法是什麼都不用害怕，因為他們只是純粹想解決自身疑惑，而不是另有其他目的。」[13] 他們試圖套出斯賓諾莎的話，於是問道：「如果一個人仔細閱讀摩西和先知的話，就會推論出靈魂並非不朽，上帝並非無形的結論，你怎麼看呢？」他們質問斯賓諾莎：「上帝是否有身體？靈魂是不朽的嗎？」斯賓諾莎猶豫了一下，便上鉤了：

我承認既然《聖經》中沒有提到非物質或非形體的東西，相信「上帝有身體」也是合理的。更重要的是，就如同先知所說上帝是宏大的，然而若一個東西不占據物理上的空間，也就不會是宏大的；同樣地，若一個東西沒有身體，也不會是宏大的。至於靈魂，可以肯定的是，《聖經》並沒有說靈魂是真實、永恆的實體，而是說靈魂只是幻影。這些幻影之所以稱為天使，是因為上帝要用以來宣示旨意。天使和所有其他種類的靈魂之所以無法被看見，只是因為其組成物質非常細緻且輕薄，所以只能在鏡子裡、夢中或夜裡被人們以幽靈的形式看見。

至於人類的靈魂，斯賓諾莎則這麼說：「每當《聖經》提到人的靈魂，這個詞只是用來表達『生命』，或任何『有生命的東西』。我們在《聖經》中找不到任何支持靈魂不朽的段落。至於反對靈魂不朽的觀點，則在很多段落都能輕易找到證明。」

斯賓諾莎其實不相信那些好奇的「朋友們」所說的背後動機（的確有充分的理由懷疑），所以他一有機會就中斷了談話。起初，與他談話的人都認為斯賓諾莎只是在戲弄他們，或者只是試圖透過表達令人反感的想法來嚇阻他們。但是當他們發現他是認真的，便開始向別人訴說斯賓諾莎的不是。「我們不應該再自欺欺人地認為這位少年將來會是教會的棟梁。相反地，他似乎更有可能成為教會的毀滅者，因為他憎恨和蔑視摩西的律法。」盧卡斯如此寫道。而當斯賓諾莎被傳喚到裁判官面前，同樣是上述這些人在作證，聲稱他「嘲笑猶太人」，將猶太人視為「迷信之人，生於無知，長於無知，不知上帝為何，卻竟厚顏無恥地自稱是祂的子民，因此受到其他國家的蔑視」。[14]

儘管有一些學者質疑盧卡斯紀錄的可靠性，但他的文獻紀錄與早期的一些說法大致相符。而早期說法是在驅逐令頒布之後不久記載的，直到一九五〇年代中期才在檔案中被發現。湯瑪斯．羅伯斯是一名奧古斯丁修士，他剛從一六五八年末的一次旅行中穿越阿姆斯特丹，於一六五九年抵達馬德里。西班牙的宗教裁判官對當時生活在北歐的前「新基督徒」很感興趣，畢竟這些新基督徒大都曾經在伊比利半島上生活，並且在那邊仍有些來往的親戚（或者因商業交易而來往的人）。裁判官採訪了修士以及另一位曾到過荷蘭的旅行者米格爾·瑪特拉尼亞上尉。後者同時期曾在阿姆斯特丹與湯瑪斯修士住在一起。這兩個人都聲稱他們在阿姆斯特丹見過斯賓諾莎以及一位叫作胡安·普拉多的人，普拉多在斯賓諾莎被驅逐後不久，也被猶太社群驅逐了。湯瑪斯修士說這兩位叛教者告訴他，他們從前一直遵守著猶太律法，有一天卻「改變了主意」，對上帝、靈魂和律法的看法改變了，也因此被趕出教會。在會眾的眼中，他們「幾乎成為了無神論者」。[15]根據湯瑪斯修士的證詞，斯賓諾莎和普拉多認為靈魂並非不朽，摩西的律法也不是真理。此外，除了「哲學意義」上的上帝，世界上並不存在其他的神。[16]瑪特拉尼亞也證實，根據斯賓諾莎和普拉多的說法，「《聖經》律法……是假的」。[17]

阿姆斯特丹葡萄牙裔猶太社區的詩人與歷史學家大衛·門德斯（David Franco Mendes）是這個事件的最終見證者。儘管他的文章比盧卡斯晚了許多年才出版，但是他的作品無疑成為該猶太社區的記憶寶庫。他在簡短的案例陳述中堅稱，斯賓諾莎不僅違反了安息日和節日管理的律法，而且心中充滿「無神論」的思想，因此才會受到相應的懲罰。[18]

「只有哲學意義上的神存在」、「猶太律法並不正確」以及「靈魂不是永恆不朽的」，這些都是相當模糊和不精確的主張。人們通常不會探究這些主張背後的意涵，而只是用「無神論」這個在當時惡名昭彰卻模稜兩可的詞彙來作為指控。但在斯賓諾莎的例子中，我們仍有一些合理的證據能知道他所主張的意涵，因為這些主張很可就是在遭到驅逐後五年，在他的著作中發展和論述的觀點。當然，我們無法確定著作中的觀點，就等同於他當時在猶太社群中所主張的觀點。但是盧卡斯的報告和湯瑪斯修士的證詞表明，那些在他成熟哲學作品中出現的形上學、道德和宗教主張，早在一六五〇年代中期就已經浮現在他的腦海，也時常為他所提起。

據盧卡斯所說，斯賓諾莎對被猶太教會驅逐一事處之泰然。「這樣反而更好，」他引用斯賓諾莎的話寫著，「如果我不害怕醜聞，那麼他們就無法強迫我做任何我自己不想做的事。事實上，我很樂意踏上這條為我開闢的路。」[19]在這個時候，斯賓諾莎肯定不能說是一位很虔誠的教徒，因為他必定對猶太教的教義以及更普遍的教派宗教*之價值，都產生了嚴重的懷疑。於是，在猶太社區中作為一位聲譽良好的成員，除了能讓他有機會維持家族生意和謀生能力之外，對他來說似乎已經無關緊要了。

不出幾年，斯賓諾莎就離開了阿姆斯特丹。一六六一年，他住在萊頓郊外的一個小村莊萊茵斯堡，以打磨鏡片為生，同時撰寫著當時稱之為「我的哲學」的作品，包括一篇關於哲學方法論的論文（以笛卡兒的傳統為基礎）、一篇名為《知性改進論》（*Treatise on the Emendation of the Intellect*）的論文，其中探討了一些關於人類知識性質和多樣性的基本問題，以及實現真正智性的適當手段；所有這些他當時研究的問題都是以達到人類「至善」的目標為背景來進行的。大約也是在這個時期，他創作了《關於上帝、人類和幸福的短篇論文》，[20]其中包含的許多主題和思想，後來將在他的哲學鉅作《倫理學》一書中以更有條理、更清晰、更成熟的方式再次出現。斯賓諾莎其實並沒有完成這些早期作品。在他的有生之年，都沒有出版上述提到的這些早期作品。然而，在《關於上帝、人類和幸福的短篇論文》中，斯賓諾莎首次認真嘗試描繪他的哲學主張，包括：關於上帝與自然的形上學、關於人類靈魂的適當概念、知識與自由的本質、善與惡的地位、人類與自然的關係，以及獲取真正幸福的手段。

那些年，斯賓諾莎和他在阿姆斯特丹的朋友持續保持聯繫。他們要求他針對笛卡兒的哲學寫一些通俗易懂的介紹，因為他們認為斯賓諾莎是這方面的專家。因此一六六三年，斯賓諾莎從萊茵斯堡搬到離海牙不遠的小村莊福爾堡後，應朋友的要求出版了有生之年唯一一本以自己名義寫作的作品：《笛卡兒哲學原理：依幾何學方式證明》。這本書的內容是基於斯賓諾莎教導一位與他一起住在萊茵斯堡的年輕人時，所傳授的笛卡兒哲學原理課程。在該書中，斯賓諾莎以一種包含了公理、定義和論證命題的幾何學方法，來闡釋笛卡兒哲學中的形上學、知識論和基本物理學（那時他認為用歐幾里得的幾何學來表達這些笛卡兒哲學是最好的方式）。這本書讓斯賓諾莎成為著名的笛卡兒哲學詮釋者，甚至陰錯陽差地贏得了笛卡兒主義者的名聲。後來，隨著斯賓諾莎的名聲愈來愈大，這樣的誤解也帶給真正的笛卡兒主義者許多麻煩。

然而，對於斯賓諾莎來說，作為一位笛卡兒的詮釋者有點讓他分心了。在一六六〇年代初期到中期，斯賓諾莎主要想做的是精確地展示他自身高度原創的哲學思想。於是，斯賓諾莎放棄完成《關於上帝、人類和幸福的短篇論文》，畢竟這部作品無法讓他感到滿足。隨後他開始撰寫自己的哲學鉅作，也是哲學史上最偉大的作品之一：《倫理學》。

---

* 教派宗教（sectarian religions），此指同一個宗教下的不同教派，彼此間可能對於《聖經》有不同的詮釋，或是有不同的宗教儀式，甚至可能因此產生激烈衝突。

儘管如此，從本質上來說《倫理學》仍然是一部關於上帝、人類及其幸福的專書。在該書中，斯賓諾莎試圖以「幾何學的風格」為他宏偉的形上學和道德體系提供更全面、更清晰、更系統化的架構。這本包含五大部分的鉅作在多年之後完成，書中建構了一套完整的論證，說明人類如何在一個嚴謹因果決定論治理的世界裡獲得幸福（在這樣的世界裡到處充滿阻撓人類幸福的障礙，而且我們天生傾向以無益的方式來面對這些障礙）。

斯賓諾莎在《倫理學》中一開始就提出：以最基本的本體論而言，宇宙是個單一、獨特、無限、永恆且必然存在的實體。這個實體是最真實的，他稱之為「上帝即自然」（Deus sive Natura）。所以斯賓諾莎的上帝不是什麼超越或超自然的存在。「祂」或「它」其實並不具備許多西方宗教傳統所認為的心理或道德特徵。斯賓諾莎思想中的上帝不會去命令、審判，也不立聖約。對他來說，上帝的本質並不包含理解力、意志力、良善、智慧和正義。換句話說，在斯賓諾莎的哲學中，上帝不具有亞伯拉罕那種令人敬畏的神性。相反地，上帝是萬物之根本、是永恆無限的實體、是一切事物的第一因。其他一切事物都只是上帝（自然）的一種「模式」（mode）。[21]

萬物皆寓於自然。換句話說，一切都無可避免地由自然決定。沒有任何東西能逃脫自然法則，因為自然法則之下，沒有例外。世界上存在的一切都是在自然的必然與普遍原則（也就是上帝的屬性〔attributes〕）中所產生的絕對、必然結果。因此，自然中並不存在任何目的，自然本身也無目的。所有事情都不是為了什麼最終目的而存在，也不是為了達成任何目標或整體計畫才發生。無論發生什麼事，都只是因為它是由自然的因果秩序所導致。因為上帝等同於自然的普遍和主動因果原則（該原則也就是自然的實體），所以斯賓諾莎認為，擬人化的上帝是由教派宗教創造的特徵，而所有關於上帝的獎賞和懲罰之主張，都是迷信的虛構。

接著，斯賓諾莎開始解釋人類的本質及其在自然中的地位。自然作為無限的實體，具有無限多的屬性或本質，而每個屬性或本質都構成了事物的普遍性。但人類只知道其中兩種屬性：想法（Thought，想法本質、組成心靈的東西）以及外延（Extension，物質本質、組成身體的東西）。自然的進程是單一的整體（之所以單一，是因為自然本身是一個實體）。正因為是整體，所以自然能和諧地於每一個屬性中開展。

任何個別的東西或事件都只是在不同屬性下出現的自然的「模式」。同一件東西或事件可以同時在想法裡顯現（作為心靈或想法中的東西或事件），也在外延裡顯現（作為物質或身體的東西或事件），或是透過其他屬性在其他事物中顯現。因此，人的心靈和身體在自然中其實是同一個事物，只是自然本身分別在想法和外延中顯現出來。人類心靈和身體的統合，以及其各自狀態的關連，都體現了兩者在形上學意義上的等同。所以，人類和其他任何東西一樣都是自然的一部分，人類並不存在於某種獨立的原則之中，好似可以不受自然法則的約束。每位個體（不論是人類或其他物種）都受制於同樣的原則，也就是支配所有自然事件的因果決定論。這樣的主張解釋了斯賓諾莎為何建議我們在處理人類的思想、情感、欲望和意志問題時，「以類似於點、線、面問題的方式來處理」。[22]

斯賓諾莎可說是採用了一種心理學來理解人性。這種心理學反映了人類如何受到周遭事物的影響，以及人類為了自身的存有，努力對抗這些外部影響——這種對抗外在事物的努力形塑了人類的本質（和任何存在物之本質）。人的心智生活是由各種情緒和行動所構成。前者是當我們與外部事物偶然碰撞時所產生的情緒反應；後者則來自於我們心中的內在能量。這兩者都能體現，我們的生存之力由於所處的因果連結不同而增強或減弱。在斯賓諾莎眼中，情緒（相較於內在能量）會帶來痛苦：一個人在情緒上搖擺不定，任憑被無法控制的事物和力量擺布。

拯救這種痛苦生活的方式是美德（virtue）。在這裡，美德指的是對知識和智性的追求。沒有任何人類能夠完全擺脫情緒，因為所有人都是自然的一部分，總是受到外力影響。然而，只要人類能主動且以理性為指引，就能從混亂中獲得某種程度的自主和自由。只要人是理性的，就能理解到自然中一切事物（其中也包括人類的意志力）都必須按照必要的原則運作。這樣一來，消極的情緒就會減弱了。

> 人類的力量極其有限，並且總是被無限多的外在因素所支配。所以，我們並沒有至高無上的能力總是讓外在的事物為我們所用。然而，只要我們意識到自身已完成了職責，意識到自身的力量不可能完全避免某些事情的發生，意識到我們是整個自然的一部分，必須遵循自然的秩序，那麼我們就有能力平靜地面對一切與我們願望相反的事物。如果我們清晰而分明地理解這一點，那麼我們被智性所定義的那一部分自我（也就是較好的那一部分自我）就能因此而完全滿足，並且將努力堅守這種滿足。[23]

在《倫理學》一書中提出的自由且理性個體的理想，為高尚的人類生活提供了一種典範。因而將人類從各種幻想中解放出來，以追求真正符合自身利益的東西（而不是追求那些僅僅引起短暫快樂的東西）。

最高級的知識就是對自然以及其運作方式的透徹理解。這樣的知識既難得又稀有，包括一種智性上的直覺，能夠覺察事物的本質（尤其是自我以及人類所有的心理和身體狀態）是如何從自然中最普遍的元素中衍生而來——或者，覺察事物的本質是如何與上帝相連（因為上帝和自然等同）。斯賓諾莎在《倫理學》一書中總結了這種深刻洞察力的終極益處。他認為，實踐美德真正的獎賞並不是給予不朽靈魂某種來世的回報。畢竟，沒有所謂的人格永生，這種說法只是善於操縱他人的神職人員用來讓我們永遠懷抱希望和恐懼的虛構故事，為的是控制我們。相反地，「恩典」（blessedness）和「救贖」（salvation）來自於智性所帶給我們的幸福與心靈平靜。有美德的人能看到一切事物的必然性，因此較少去煩惱可能發生或可能不發生的事情。他將泰然自若地看待命運的興衰，而他的幸福並不會受制於他無法控制的環境。

斯賓諾莎花了好幾年的時間寫作《倫理學》（此書在當時又被他自稱為《哲思》）。一六六三年他搬到福爾堡時仍持續寫作，直到一六六五年夏天也還在撰寫此書。到了一六六五年六月，他手邊似乎已經完成許多草稿。事實上，他應該對當時自己所寫的內容充滿信心，所以開放少數人閱讀。而且在他的阿姆斯特丹朋友之間還流傳著部分拉丁文版和荷蘭文版的手稿。當時的他甚至可能考慮在不久的將來出版此書。

然而到了一六六五年底，斯賓諾莎似乎突然改變了計畫，把《倫理學》一書放到一旁，開始專注在更急迫的問題上。而這些問題需要除了形上學、知識論和心理學研究以外的探索。

第二章

神學政治問題

- 宗教權威與世俗權威的拉鋸
- 從彌爾頓到霍布斯
- 律法作為一種控制手段
- 憤怒之書

宗教權威與世俗權威的拉鋸

一六六一年初春，英國皇家學會通訊祕書亨利・奧爾登堡正在進行他的定期歐洲旅行。他的旅途行經阿姆斯特丹和萊頓，沿途拜訪老朋友，也結交新朋友。此行的目的是擴大他已經相當廣泛的人脈以及科學研究合作機會。他抵達荷蘭共和國時，聽說有一位天才的年輕哲學家和鏡片打磨師（同時也是一位被驅逐的猶太人）曾住在阿姆斯特丹，現在則住在萊頓郊外的小村莊。這件事引發了他的興趣，部分原因是他聽說過這個年輕人對透鏡和光折射的研究。於是，這位年輕人（也就是斯賓諾莎）在萊茵斯堡定居後不久，奧爾登堡就特地去拜訪了他。兩人在哲學和科學領域上有許多共同的興趣，包括化學和光學方面的最新進展（他們討論了羅伯特・波以耳的實驗等議題），之後兩人很快就展開了熱烈的通信。斯賓諾莎現存最早的一些信就是一六六一年秋天與奧爾登堡的一系列通信交流。在其中一封信裡，奧爾登堡激勵兩人「以真誠的友誼聯繫彼此，讓我們透過各種善意和管道來培養彼此的友誼」。[1]

雖然兩人之間有這樣的熱情，但在之後的幾年，我們只能偶發看到雙方的一些通信。此外，一六六五年三月爆發的英荷戰爭，也讓這段友誼變得更加複雜。斯賓諾莎當時居住的福爾堡與倫敦之間的通訊狀況十分艱難。儘管如此，那年四月奧爾登堡再次主動設法寄出一封橫跨北海的信，希望能與斯賓諾莎恢復通信，並表示希望斯賓諾莎「好好活著，並請記得你的老友奧爾登堡」。奧爾登堡對《倫理學》一書的進展很感興趣，所以當他發現斯賓諾莎暫停撰寫此書，轉而從事一項完全不同的計畫，大概非常驚訝。[2]在一六六五年九月從倫敦寄出的信件中，奧爾登堡帶著善意取笑斯賓諾莎的新計畫（以及該計畫中那些帶有潛在危險的主題），這時他的話語中已然隱含擔憂。「我看你與其說是在從事哲學思考，不如說是在從事神學研究（如果這些詞彙可以這樣用的話）。畢竟你是在記錄對於天使、預言和奇蹟的想法。」[3]在斯賓諾莎的回信中，他解釋了改變計畫的緣由。

> 我現在正在撰寫一篇對於《聖經》看法的論文。促使我這麼做的原因有三：一、神學家的偏見。我了解到這些偏見是阻礙人們把精力投入哲學的主要障礙。因此，我想致力於揭露這些偏見，並將這些偏見從聰明人的頭腦裡移除。二、一般人對我的看法。一般人經常指責我是無神論者。我也只好透過解釋，盡量澄清這樣的指責。三、哲學思考的自由以及暢所欲言的自由。我想要完全證明這些自由的重要性，因為在這裡，一切意見都被傳教者的過度權威和自負所壓抑。[4]

《倫理學》是一部涉及面向廣泛的作品。此書影響最深遠的貢獻可能是在形上學領域。透過發展嚴謹的命題和考究的注釋，斯賓諾莎針對上帝、宇宙和人類的本質，提出了大膽激進的革新思想。然而《倫理學》也是（甚至主要是）一部道德哲學作品。該書第一部分至第三部分的形上學、知識論和心理學為斯賓諾莎對人類自由、美德和幸福的看法打好了基礎。斯賓諾莎的目標是解釋美好生活的內涵，以及如何在一個對人類漠不關心的決定論宇宙中達到某種程度的幸福。就這方面而言，儘管該書的寫作風格是偏向客觀、非以人為中心來書寫，但同時它吸引人的地方也在於人類個體和自我最關注的問題：如同所有生物的生存動機，當一個人出於自身利益為了維護自身存在的意志，面對外在世界的壓力時（其中許多壓力將打擊他努力生存的力量），他要如何追求幸福？

斯賓諾莎在《倫理學》中也提出一些社會倫理學和政治哲學的問題。由於所有個體在追求生存和發展的過程中，都會努力維持甚至擴大自己的力量，因此很自然會產生各種衝突（特別是當情緒支配了這種努力，且自己的力量又試圖爭取他人也渴望的外在事物）。在為了自己所珍視的事物競爭時，人們會經歷羨慕、嫉妒、愛、恨、希望和恐懼。然而，具備美德之人是受理性支配的，他們不僅能看到稍縱即逝的「好東西」對真正的幸福毫無益處，還會認知到，只有和其他具有理性與美德的人（他們知道什麼是真正的善並加以追求，不斷地自我發展）相處時，才最能孕育出自己的幸福。這樣一來，他會善待他人，並幫助他們朝著理想狀態前進。儘管如此，斯賓諾莎仍然認為，國家是必要的，因為事實上並非每個人都是根據理性行事。「自然狀態」可能造成危機——當每個人都不受約束地追求他想要的東西以及他認為（通常是錯誤地認為）符合自己最佳利益的東西，國家能在這種充滿敵對關係的環境中，提升我們生命財產的安全；以及為了創造更好的生活條件，例如更理性的生活、實現人類的自我發展，個體應將他們的許多權利轉移給負責制定和執行法律的政府。

然而，《倫理學》並不是一本真正的政治哲學著作。整本書只有在第四部分簡短討論了政治哲學議題。在這部作品中，斯賓諾莎更關注的是個體的「救贖」和「恩典」。透過這兩種性質，人可以運用自身的能力最大化自由（自由在此理解為理性自主，即知道什麼是真正的善，並以此準則生活）和幸福。誠然，斯賓諾莎的看法是如果所有人都是理性、善良、自由的，那麼國家就沒有存在的必要了。

另一方面，《神學政治論》則是一本非常不同的作品。斯賓諾莎在一六六五年秋天向奧爾登堡解釋這本書的起源。雖然與《倫理學》一書以及他所寫的所有書信一樣，《神學政治論》也是用拉丁文寫成，但是以形上學與道德論述為主的《倫理學》一書中那些令人望而生畏的幾何學式寫作風格，到了寫作《神學政治論》時已然不在。取而代之的是一種更好讀、更平易近人的風格。雖然這麼說，《神學政治論》從某些角度來說，也有難懂的面向。與《倫理學》中密集的歐幾里得式定義、公理、命題和論證相反，《神學政治論》是一些較散亂但更平易近人的敘述。斯賓諾莎在《神學政治論》中採用了各式各樣的工具來闡述自己的觀點，例如《聖經》注釋、文本詮釋學、歷史考察、語文學、實證觀察、哲學和神學反思、律法分析，以及政治理論和政治實踐之思想。在該書中，斯賓諾莎提供了他對古代以色列歷史的理解，並探討了耶穌教義的道德核心，同時討論了上帝戒律存在的目的。此外，斯賓諾莎非常謹慎地指出，所有這些歷史都影響了當代的荷蘭社會。

簡而言之，斯賓諾莎在《神學政治論》一書中所展現的雄心壯志並不亞於他在《倫理學》中展現的，甚至前者的結論更加大膽且開放。就如同他在該書的副標題中所述，斯賓諾莎撰寫此書的目的是為了表明「為了保持虔誠以及維護荷蘭共和國的和平，哲思自由應該被允許。但另一方面除非我們擁有虔誠之心以及國家和平，否則這種自由也不可能得到保障。」換句話說，《神學政治論》要發展的是支持現代國家中，思想和表達自由的論證，並且主張應將哲學和宗教分離，以實現這種思想和表達自由。哲學的目的是追求真理和知識，宗教的目的是追求虔誠或服從的行為。因此，理性不該是神學的僕人，反之亦然。當宗教試圖限制智性的探索和思想的自由，它便越界了。

為了達到這個具有爭議且高度政治性的目標，斯賓諾莎必須嚴肅地拆穿許多宗教教條的假面具。針對那些善於操弄人民的教會（尤其是在荷蘭共和國的教會），他需要削弱或至少解釋清楚他們用來掌控公共生活甚至私人生活的基本原則，以及其背後的真正含義。因此在《神學政治論》中，斯賓諾莎提出一個化約的說法來解釋預言和奇蹟，並揭露教派宗教的迷信信仰，同時主張宗教慣例和儀式與「真正的虔誠」無關。此外，還有一個也許是最大膽的主張：他認為《聖經》是神職人員用來控制信徒最有力的工具。事實上，《聖經》不過是一部由許多作者在不同時間創作的人類文學作品，而且這些作者的觀點還經常互相矛盾。

當然，這樣的主張會讓許多斯賓諾莎同時代的人們感到不安。更令人擔憂的是，儘管《神學政治論》是用拉丁文寫成，但書中的概念和文字風格仍是相對容易理解的，也因此容易被認定是一本非常危險的書。雖然斯賓諾莎在該書的某些章節裡大量引用和分析希伯來文寫成的段落，這讓當時即使受過教育（以及熟悉拉丁文）的讀者也可能無法理解斯賓諾莎的某些論點。但是要猜出該書中的整體訊息並不是太難的事。

《倫理學》一書是為了相當狹隘的受眾而寫，主要讀者是哲學家，而且是那些讀過笛卡兒哲學的學者（包括斯賓諾莎在阿姆斯特丹的朋友們，他們研究過斯賓諾莎關於笛卡兒哲學原理的論文）、新亞里斯多德主義者以及當時的經院哲學家。這些人占據了荷蘭和其他地區大學的大部分教職，具備理解斯賓諾莎思想體系中特定語詞（「實體」、「屬性」、「模式」等術語）所需要的背景知識，同時也具備理解和評價其論證所需的技能。[5]事實上，《倫理學》在某種程度上證明了一件事：如果我們採納早期形上學的最基本範疇（即亞里斯多德學派和笛卡兒學派所共同採納的理論），並遵循這些形上學的邏輯推論，那麼我們必然能夠推論出斯賓諾莎的學說。換句話說，古典形上學認為實體是「存在於自身而不存在於他物」的東西，如果我們嚴格而一致地應用此概念，那麼最終代表只有一種實體存在，那就是上帝或自然。

相較之下，《神學政治論》的讀者雖然還包括哲學家，但實際上要廣泛得多。[6]首先，神學家也包括在此書的受眾之中。這裡指的神學家不僅是那些在大學教書的學者，還包括荷蘭歸正教會的宗教領袖（同時他們也是荷蘭共和國未來的社會和政治領袖）。正是這些權威人士的「偏見」限制了公民的思想，他們嚴格的道德政策如果付諸實行，還會進一步限制公民的日常行為。在教會中，這些宗教領袖之下的階層是牧師，亦即保守的歸正教會追隨者，藉著每週一次以滿足私利為目標的佈道會，迎合人們的迷信、操縱他們的情緒。這些傳教士可能會煽動他們的信徒反對某個城市的寬容政策。斯賓諾莎一度說他不推薦這些神職人員閱讀這本書，「因為我沒有理由期望他們同意我在書中所寫的任何觀點」。這是因為他知道「偏見以虔誠為幌子而深深扎根於他們的大腦。」[7]所以他當然不會天真到期望這本書會受到歸正教會領袖和神職人員的友好歡迎。相反地，他知道這些人會嚴厲地攻擊此書。但是，就算斯賓諾莎不是專為歸正教會的神學家們撰寫《神學政治論》，他在寫作的時候一定有考慮到他們。斯賓諾莎將這些人視為受過教育且有影響力的讀者，而且他們肯定會閱讀這本書，也可能理解（或甚至同意）其中的論點。甚至也許他曾懷有一種微薄（或徒勞）的期盼，希望這些人也能像哲學家一樣，因此書而「獲益匪淺」。[8]

該書更重要的受眾就是荷蘭的統治階級，他們是國家裡相對自由派的精英，統治著各省的許多城鎮。這些人主要是居住在阿姆斯特丹以及其他地區的專業人士、製造業家族和商業家族的後裔。他們在一六五〇年代和一六六〇年代透過荷蘭省議會以及省聯合議會（一個由各省代表所組成的聯合議會）掌握了政治權力，負責制定類似於國家政策的法案。他們往往厭惡教會干涉公共事務，且在知識、文化和宗教問題上也普遍傾向抱持一種寬容的態度。他們屬於「睿智者」（prudentiorum）。斯賓諾莎在寫給奧爾登堡的信中曾表示，他把這群人視為該書的主要讀者。雖然這群人在許多方面看來仍然偏向保守的群體，因為他們是從維持政治現狀中獲利，但是這個統治階層的成員應當會同意《神學政治論》中的大部分神學與政治論述。之後我們將會看到，如果斯賓諾莎想讓他的作品對荷蘭共和國的政治產生實際的影響力，這類人就是他必須說服的對象——特別是針對政治和宗教權威之間的關係，以及在捍衛宗教寬容和思想寬容上。

最後，用斯賓諾莎自己的話來說，《神學政治論》的論點也是針對「哲學讀者」而寫的。「哲學讀者」一般指的是嚴格意義上的哲學家，包括大學教授以及獨立知識分子。雖然說斯賓諾莎懷疑他們早已知道此書所寫內容之重要性，他在書的開頭寫道：「我相信，哲學家們對本書的主要論點已經有充分的了解。」[9] 但是仍然將他們視為讀者受眾。此外，「哲學讀者」這個詞其實也包括任何有學識的讀者，這些人在閱讀這本書時能夠不帶偏見。畢竟，偏見通常支配著大眾的思想，讓他們衝動地譴責事物。但這些有學識的讀者「只要不把理性當作是神學的僕人，就能更自由地進行哲學思考」。[10] 這樣的讀者會是一個思想相對開放的個體，一旦他確信哲學不會破壞內心的虔誠或威脅到救贖，他就會認真研究哲學。這樣的讀者只需知道，他對上帝的愛以及對《聖經》的尊重，與真理的自由探索並不衝突。兩者甚至可說是獨立的事業。

所謂的「哲學讀者」也包含斯賓諾莎自己的朋友以及他在阿姆斯特丹和其他地區的宗教和哲學同好。這當中一部分人是真正的自由思想家和世俗知識分子，對任何形式的宗教都不感興趣，但大多數人仍然相當虔誠，雖然從荷蘭歸正教會的立場看來，這些人的宗教觀點也並不正統。他們被稱為「無教會基督徒」（Chrétiens sans église），[11]屬於十七世紀在荷蘭興盛的一些異議歸正教派。這些荷蘭教友會*、貴格會、重浸派和門諾會成員是當時真正的宗教改革者，也或許是最能認同斯賓諾莎新作品的讀者。他們反對歸正教會的階層制度以及教條教派主義，轉而尋求一種更平等、更內在取向的教義。他們都相信，真正的基督教不應教導人們懺悔。從他們的角度看來，基督教的精神在於對人類同胞與上帝的福音之愛，以及對耶穌基督原話的服從，且不受任何神學詮釋的影響。尤其是荷蘭教友會成員（斯賓諾莎的幾個親密好友也是其成員）堅持認為，除了耶穌原話中包含的一些簡單而普遍的真理外，每個人都有權利相信自己想要相信的東西，且不該因為自己的信仰而騷擾他人。此外，不可能透過任何迷信的儀式、符號，或是邪教組織來達成救贖，而必須透過一種發自內心的信仰來獲得。教友會成員們也不需要牧師，且反對任何與基督式自由不相容的宿命論。他們的核心價值是反教權，希

* 荷蘭教友會，發源於十七世紀，接納所有願意以《聖經》為信仰生命最高指導原則的人，但是他們弱化了教會的權威，並且在《聖經》解讀上允許分歧。斯賓諾莎也曾與這些人接觸。

望將基督教從制度化的宗教以及對崇拜和教徒行為的嚴格限制中解放出來。對這些異議教派來說，道德行為比任何宗教教條都來得重要。如果正統的喀爾文主義者*再次成功掌權（在一六一八年，喀爾文主義者已經對荷蘭歸正教會進行了一次清洗，並在多爾德雷赫特舉行的會議上譴責了從歸正教會中分裂出來的新教抗辯派〔Remonstrants〕），並將他們的生活方式進一步強加於荷蘭社會的話，那麼這些異議教派將會遭受嚴重打擊。

綜上，《神學政治論》擁有多元的目標受眾，其中包括該書瞄準的首要讀者，亦即政治領袖，還包括宗教異議分子和進步派知識分子（也就是那些實際與潛在的「哲學家」）——若此書要宣傳的理念為社會所接受，這些人也將從中受益。

然而，《神學政治論》絕對不是為大眾所寫。至少斯賓諾莎是如此設想。他說：

> 我知道大眾既不能擺脫他們的恐懼，也不能擺脫迷信。他們頑固不化，不受理性的指引，而且他們對事物的讚揚和譴責都是受其衝動所支配。因此，我不會要求普羅大眾閱讀這本書，也不會要求那些同樣衝動的人們閱讀此書。事實上，我寧願他們完全無視這本書，也好過讓他們成為令人討厭的人（因為他們很可能會依照自己的習慣來曲解此書）。[12]

斯賓諾莎無法完全信任普羅大眾。雖然零售商人、勞工、工匠和酒店老闆等群體，構成了阿姆斯特丹大部分的人口組成，但是他認為這些公民主要受到情緒控制，所以即使是其中那些能夠閱讀和理解此書的大眾，也可能無法對它做出公正和無偏見的評價。

話雖如此，《神學政治論》一書的受眾仍然範圍廣大。這表明了斯賓諾莎對這部作品的雄心壯志，也讓他的任務變得相當複雜，甚至可以說危險。他的受眾不僅包括政治上的自由主義者和哲學上的進步主義者，還包括無神論者和虔誠的信徒。此外，這些群體內部同時包括民主主義者和君主制支持者。更重要的是，以上全是基督徒。所以為了避免疏遠其中任何一個群體，他必須小心翼翼地在作品中闡述自己的觀點。畢竟這部作品意在引發讀者的徹底反思，並帶來嚴肅的神學與政治改革。

從彌爾頓到霍布斯

從很多方面來看，著重於神學與政治的論文明顯是近代早期（即中世紀後）的產物，因為這種文章所欲處理的急迫問題（神學與政治問題），是在十六世紀歐洲政治和宗教的十字路口上才浮現出來。近代早期的統治者試圖以官方教會的形式，利用國家宗教來鞏固政權，並透過一致的教義來加強臣民之間的連結。當然這並不是什麼新鮮事，因為這也是古代晚期和中世紀帝國或皇家傳統的一部分。但在十五和十六世紀，可以看到從小王國和小公國朝民族國家發展的過渡，而政治權力也漸漸集

* 喀爾文主義，亦稱為歸正主義，支持馬丁．路德的「因信稱義」說，認為一個人獲得拯救完全是神的恩典，人類不可能有所作為，這與天主教會主流強調信仰與行善並行的觀點不同。

中，形成更大的領土。同時，宗教革命帶來了更大的宗教多樣性以及分裂。這些事件讓君主們更有理由利用宗教來達成政治團結和忠誠。就如同一位歷史學家所寫的：「共同的宗教會讓統治者和臣民在神聖庇護下團結在一起，而神聖庇護則仰賴著具有良好規範的宗教生活，其內涵是真正的教義、有條理的教會組織、體面的公眾崇拜以及虔誠的公眾行為。」[13]

然而，這樣的操作必須謹慎進行並保持適當的平衡。雖然宗教在政治上具有很大的用處，過於強大的教會卻可能成為世俗政權的障礙或威脅。畢竟，教會可能成為獨立的統治權力。事實上到了十七世紀中期，面對教會侵犯公民生活的情況，世俗的權力單位開始抱持懷疑的態度，尤其是在荷蘭這樣的共和國以及英格蘭這樣的憲政聯邦。例如，荷蘭的自由主義者雖然是歸正教會的成員，但對保守派以及強調正統的教會成員總是保持警惕之心，後者試圖讓荷蘭成為一個遵守嚴格教義的喀爾文主義國家。另一方面，宗教權威曾在中世紀歐洲達到其政治和社會影響力的顛峰，現在則開始擔心被日益獨立的政治權威邊緣化。教會領袖意識到自己失去了對一般公民生活的控制，雖然他們坐擁國教所享有的政府支持與保護，但神職人員也嫉妒著政府當局的政治和道德影響力，試圖重新獲取權力。

這促使當時的人們更加關注宗教在國家中的角色。在公民和宗教權威爭奪國家權力（state power）和掌控人民精神與思想（或身體）的競爭之中，雙方的思想家都提出了一個問題：神學與政治之間應當維持什麼樣的關係比較恰當？政治是否應該屈從於神學，讓神職人員和宗教律法統治國家，或讓國家法律受到神學的規範或命令？又或者另一方面，是否應該由世俗機構控制國家的宗教以及其他的公民生活面向？到底是應該讓教會統治國家，還是應該讓國家統治教會？或者兩者之間應該互相保持互不干涉的關係？

在十七世紀時，出現了許多關於神學與政治問題的重要論文。其中一部作品來自詩人約翰・彌爾頓*於一六四四年在英國出版的《論出版自由》（*Areopagitica*）。該書主要目標在於呼籲言論和出版自由。但彌爾頓也透露出對教會的憂慮。因為當時社會針對他早期為離婚辯護的論文展開嚴厲抨擊，隨後議會也頒布了言論審查法案。這些很可能都是由教會當局出於宗教動機去煽動的（該法案確實得到了英國神職人員的支持）。對彌爾頓來說，這種教會在公共事務和思想表達上的影響力，太接近教皇制了。

神學與政治問題在荷蘭這樣的新興國家尤其重要。當時荷蘭剛從西班牙天主教的統治中解放出來，北方信奉喀爾文主義的省份不僅持續爭論最適於他們的政府形式，也必須決定宗教在他們社會中的地位。一五七九年締結的《烏特勒支聯盟條約》第十三條作為荷蘭共和國的立國憲法，明確規定「每個人都應享有宗教自由，且任何人都不應在崇拜神的問題上受到騷擾或質疑」。到了十七世紀中期，在阿姆斯特丹這樣的自由城市中，天主教徒、猶太人以及其他少數宗教團體，例如路德教就被允許自由禮拜。雖然少數宗教團體未必能公開集會，但是多少都會獲得默許，而且不會像歐洲其他地方的少數宗教一樣遭受迫害。有人說荷蘭黃金時代是一個對所有信仰皆開放的時代。這種說法雖然可能有些誇張，不過荷蘭確實是當時宗教寬容的典範。[14]儘管如此，歸正教會仍然主宰著荷蘭人的生活。

---

* 約翰・米爾頓（John Milton），英國詩人，思想家。因其史詩《失樂園》和反對書報審查制的《論出版自由》而聞名。

與其他教派相比，歸正教會享有巨大的優勢，並成為荷蘭的特權教派（如果我們不用「國教」來形容的話）。在很長一段時間裡，只有歸正教會的成員能夠參與公共禮拜或擔任公職人員。

彼得．德拉考特（Pierre de la Court）是萊頓的一位紡織業製造商，因其政治著作在國際上聞名。在神學與政治問題上，他可能是在斯賓諾莎前最重要的荷蘭作家。他的著作《論荷蘭利益》（*The Interest of Holland*）於一六六二年以法文和荷蘭文出版，主要目標是反對荷蘭省督制度。省督制度是一種省範圍的統治制度，從勃艮地公爵結束統治荷蘭的時期就一直存在。當同一個人在幾個主要省份同時擔任省督時，透過省督制度，此人握有集中、巨大的政治權力，很類似君主制。這在當時很常見。而德拉考特認為，促進和平與經濟繁榮的最好方法是權力分散的共和政體，而且還得是政教分離的政體。事實上，他堅持認為，為了社會福祉，教會仍需存在（這裡他指的是歸正教會），但教會應該要限縮在自己的領域之中，關心信徒的精神狀態，而不是在政治上保有影響力。雖然德拉考特認為有必要對少數宗教團體進行一定程度的監督，但他也強調如果國家要繁榮，那麼宗教自由就是不可或缺的。[15]

彌爾頓的《論出版自由》迂迴處理了神學與政治問題，而德拉考特則主要關注荷蘭地區的問題。相比之下，湯瑪斯．霍布斯*的《利維坦》一書在這些問題的處理上則直接許多，視野也更廣闊。《利維坦》於一六五一年以英文出版（一六六七年出版荷蘭文譯本、一六六八年出版拉丁文翻譯），該書全名為「利維坦：或教會國家和市民國家的實質、形式、權力」，提供了關於人性、政治社會、宗教機構的廣泛分析。這些分析的目的都是為了顯示，最安全且最強大的國家是一個將權力授予單一權威（最好是一位君主）的國家。我們隨後會慢慢談到，霍布斯的理論基礎在於人類生活在自然狀態時的心理反應。[16]在自然狀態下，任何人都會盡其所能地生存。於是，為了尋求保護生命和財產安全，這些人會自願簽訂一項社會契約，並將所有自衛權利轉讓給單一權威。為了履行上述職責，這樣的權威必須擁有強大的權力，並且完全控制國家的法律以及各式機構。換句話說，在這樣的國家裡，除了君主宣告的自由以外，人民不會擁有其他自由。

霍布斯同時也關心宗教在國家中的地位。這是因為教會機構經常成為一個國家的第二權力中心，有時甚至還擁有更大的權力，並進而威脅到對國家生存來說至關重要的單一權威。如果國家要享有內部和平，且能共同抵禦外部敵人，就只能擁有唯一的權力中心，而且這個權威必須是絕對的。因此，在公民國家中，政治和宗教權力將必須「統一」（consolidation）。

> 在好幾個君主和國家的領土中都有基督徒，但他們每個人都必須服從自己的政府，而非其他權威的命令。現世的政府與來世的政府只是被創造出來的兩個詞彙，借此讓人們對合法的權威產生錯誤認知。懷有忠誠信仰的信徒之形體在復活後不僅有靈魂，而且還是永恆的存在；但在此生中，這些形體仍然是骯髒且易腐化的。因此在人的一生中，無論是國家還是宗教領域，都只存在現世的政府。我們也不應傳授政府所禁止傳授的教義，因為該政府同時管理國家與宗教，對任何

---

* 霍布斯（Thomas Hobbes），英國政治哲學家，現代自由主義政治哲學體系的奠基者。知名著作為《利維坦》（*Leviathan*）。

臣民都是合法的唯一權威。此外，政府的管理者必須只有一個人，否則國家內部就必然會出現派系和內戰，例如教會和政府之間的戰爭……或正義之劍和信仰之盾之間的戰爭。[17]

君主的權威在他的勢力範圍內將延伸到宗教領域，他會作為所有公民的首席牧師，控制宗教的外在實踐，並頒布信仰的教義。他不用向任何其他權威，甚至是教皇效忠。若不這麼安排，只會導致國家內部忠誠的分裂以及其他「莫大的麻煩」。

透過討論政治義務的基礎以及關於宗教起源的人類心理學，霍布斯詳細闡述了他的論點。在這些面向上，《利維坦》非常類似於斯賓諾莎的《神學政治論》。霍布斯與斯賓諾莎一樣，研究了預言的本質以及奇蹟的真相，他還提出了一個一向被認為很危險的問題——《聖經》的地位與詮釋。霍布斯對許多問題的觀點，從他所屬的那個十七世紀教會中的成員和神職人員角度看來，是極度非正統的觀點，甚至可說是對上帝的褻瀆。作為一位唯物主義者，霍布斯甚至否認「非物質實體」的存在，所以自然和人類對他來說都只是物質的一種形式。這樣的看法不僅排除了非物質的人類靈魂之存在，也排除了非物質的上帝之存在。霍布斯書中的語氣經常透露出嘲諷，而且他顯然絲毫不尊重教派宗教，尤其是天主教。[18] 例如，在《利維坦》書中第四部的標題為「黑暗王國」（The Kingdom of Darkness），但這不是指地獄中的魔鬼路西法，而是指人類世界的神職人員。霍布斯如此描述道：「一個騙子聯盟想在現今的世界獲得統治人類的權力，總是嘗試以錯誤且黑暗的教義來撲滅人類心中從自然和福音中所獲得的光明，且讓人類遠離上帝之國。」[19]

根據上述文字，這也難怪針對斯賓諾莎《神學政治論》的許多批評，也適用於霍布斯的神學與政治著作。換句話說，後者也應該如同前者一般被沒收和禁止。至於霍布斯對斯賓諾莎作品的回應，也非常生動。當時霍布斯傳記的作者告訴我們，即使像是寫了一本如此放肆作品的霍布斯，也驚訝於斯賓諾莎的膽大無畏。霍布斯說，《神學政治論》的作者「狠狠甩了他幾條街，因為就算是他也不敢如此大膽地寫作」。[20]

顯然，斯賓諾莎讀過《利維坦》（雖然他讀的必定是荷蘭文或拉丁文譯本），也讀過德拉考特的《論荷蘭利益》。[21]在這些作品中所讀到的東西一定啟發了他，並促使他去思考對於國家、宗教以及神職人員干涉政治事務的看法。

律法作為一種控制手段

斯賓諾莎在《神學政治論》一書的開頭並沒有直接處理神學與政治問題。但他在書中前幾章裡提到了一些神學、宗教和歷史問題。這些前言奠定了整本書的基礎，讓他能夠最終推論出關於現代國家政治主權和教會權力之間正確關係的結論。

《神學政治論》以簡短的宗教自然史和傳統有神論的心理學描述展開。斯賓諾莎在這本書的序言中指出，我們所熟悉的宗教，其實只不過是有組織的迷信。渴望權力的教會利用公民的天真、利用他們面對變化無常的世界和不可預測的命運時所產生的希望和恐懼，來控制他們的信仰和日常生活。

《神學政治論》的序言明確展現出斯賓諾莎對教派宗教的蔑視，也奠定了此書的論述基礎，讓他能在之後的章節針對猶太—基督教傳統的中心教義和歷史元素發展出化約式和自然主義式的解釋。

我們之後將會看到，斯賓諾莎最先開始攻擊的目標是傳統宗教對於預言、奇蹟，以及「上帝對猶太人之天選」等事件的看法。當然，重要的攻擊目標還有傳統上宗教對於《聖經》的詮釋。斯賓諾莎認為，古代的先知並不是特別博學或具有天賦之人，當然他們也不是哲學家。相反地，他們只不過是特別富有生動想像力和群眾魅力的人物，能夠善用自己的道德言語激勵他人。而奇蹟（被教徒理解為超自然的神之干預）嚴格來說則是不可能發生的事。因為每個事件背後都有其自然原因和解釋以及自然律。尤其自然律作為上帝屬性的終極形式，是不可能有任何例外的。所以若有人相信奇蹟為真，那麼他一定是基於無知而不是虔誠。至於猶太人的神聖「使命」，斯賓諾莎則聲稱這樣的使命並不依賴於任何特殊的形上學或道德天賦，而僅依賴於盡可能延長理性的政治組織和好運。

也許斯賓諾莎在《神學政治論》中最大膽、最有影響力且最令人震驚（對他同時代的人來說）的結論是：《聖經》實際上是一部人類文學作品。因此，《聖經》所說的不一定是真理，儘管它是促使人們順從上帝的有用工具（換句話說，《聖經》能引導群眾的道德行為）。斯賓諾莎進一步推論道：因此我們需要重新審視《聖經》，並在其中找到「真實宗教」的教義。這裡他指的是一種最基本的道德令式——我愛同胞，並以正義和博愛作為生活準則。唯有如此，人類才能準確界定需要做些什麼才能適當地尊重上帝並獲得幸福。

斯賓諾莎認為，他的分析將有助於削弱宗教權威，他們將無法實質地控制我們的情感、智慧和物質生活，也無法在理論上合理化這些控制。若《神學政治論》一書的論點能得到公正的評價，同時荷蘭共和國的領袖們能夠將此謹記在心，那麼斯賓諾莎認為，此書將有利於讓國家和宗教之間恢復成一種適當且健康的關係，從而創造一個有利於個體追求美德和幸福的環境。

憤怒之書

在當時，斯賓諾莎為了撰寫《神學政治論》，可能不得不放下《倫理學》的寫作工作。但這並不代表他放棄了後者中所處理的形上學和道德問題。如果說存在一個貫穿斯賓諾莎所有作品的主題，那麼該主題就是自由——從心理、政治或宗教的束縛中解放出來的自由。我們可以說《神學政治論》與《倫理學》都是斯賓諾莎整體哲學和政治思想計畫中的一部分。他的計畫是希望將個體的思想從迷信中解放出來，同時將公民的生活從教會的權威中解放出來。最終目標則是建立一個寬容的民主社會，其中每個人的行為受到真正的（道德的）宗教之指引。

斯賓諾莎在兩部作品中都強調自由的重要性，而這裡的自由是理解為自主（autonomy）或自治（self-government）。在《倫理學》中，自由是擺脫非理性的情緒（例如希望或恐懼）以及擺脫迷信的信仰和隨之產生的行為。當一個人擁有更強大的理性，同時更了解自然的本質以及自己在其中的位置時，外來的消極影響力就會減弱，而一個人也就能成為更自主的個體。這樣的個體之行事準則多半是來自於他對世界真相的理解，而不是來自於外界事物隨機的影響。《倫理學》一書中所描述的自由個體，其行為的動機是來自知識而非情緒。

另一方面，《神學政治論》則是將對自由的追求延伸到公民生活領域：追求思想和表達的自由，尤其是哲學思考和宗教信仰的自由（至少在不涉及公眾活動的情況下擁有這樣的自由）。值得注意的是，後兩種自由絕不能混為一談，一種是關於真理的追求，另一種則是關於道德行為的鼓勵。在《神學政治論》中，斯賓諾莎的論述目標在於削弱宗教權威所使用的各種手段，他認為宗教權威用這些手段來控制人們的思想和行為，並篡奪國家權力。

因此，《倫理學》和《神學政治論》兩書其實是相輔相成的。如果一個人作為個體變得更加自由、其信念變得更加理性，那麼他就愈不可能成為迷信之下的犧牲品，也愈不可能成為教派宗教的犧牲品。此外，如果一個國家愈能從教會的影響之中解放出來、愈能以自由民主原則治理國家的話，那麼公民就會擁有更多的自由從事哲學研究，並愈能發現真理，以解放他們的思想。總體而言，《倫理學》和《神學政治論》兩者共同提出了對宗教的深刻批判——前者從形上學和道德的角度來批判，後者則從神學、政治和歷史的角度來批判。

此兩部作品因為幾乎是在同一時期所創作的（在完成了《神學政治論》之後，斯賓諾莎又回去撰寫《倫理學》），所以毫不意外地我們會發現兩部作品的論點有所重疊。例如，《倫理學》第四部分中的政治論述，反映了《神學政治論》中對國家的描述（後者可說是前者的刪節版）。我們會發現，如果斯賓諾莎沒有在中斷《倫理學》的寫作時讀了霍布斯並撰寫《神學政治論》，那麼那些政治論述是不可能出現的。此外，斯賓諾莎在《倫理學》中思考過「上帝」這個概念，讓他得以在《神學政治論》中解釋「神意」：「上帝的命令和戒律，以及因此而產生的神意，實際上都只是自然的秩序。」[22]事實上，我們可以說《神學政治論》以《倫理學》中關於上帝、自然、人類和社會的分析為基礎，推論出這些分析中的神學、宗教和政治意涵。斯賓諾莎想看到的是，當時以希望（對永恆獎賞的希望）和恐懼（對永恆懲罰的恐懼）組成的政治，被一種以理性、美德、自由和道德行為組成的新政治所取代。而《神學政治論》和《倫理學》都對這個目標做出了各自的獨特貢獻。

因此，斯賓諾莎在一六六五年夏天開始進行的寫作其實並不算是一個新計畫，而是從不同面向、利用不同工具的同一個計畫之延續。事實上，對於斯賓諾莎在《神學政治論》中所提到的許多宗教和政治問題（包括《聖經》的地位和詮釋、猶太人民的神聖欽點、國家的起源、政治和宗教權威的本質、合法性和界限，以及寬容的必要性等等問題），我們有理由相信早在阿姆斯特丹猶太社區發出驅逐令的時期，他就開始關注這些問題了。至於一六五五至一六五七年間關於斯賓諾莎宗教信仰的證詞（包括瑪特拉尼亞上尉和湯瑪斯修士的證詞），也都提到了斯賓諾莎對《聖經》的觀點。如果這兩位懷有敵意的證人證詞是可信的話，那麼我們會發現斯賓諾莎在《神學政治論》中的觀點在更早的時候就已經出現了。此外，斯賓諾莎在放棄猶太教時所寫的《申辯書》（*Apologia*）（據說是在驅逐令頒布之後不久所寫的，其在一篇早期的文獻中被描述為「反對《舊約聖經》的論文」），據說包含了後來出現在《神學政治論》中的許多內容，包括否認《妥拉》（*Torah*）的神聖起源，以及否認「希伯來民族的神聖天選」。[23]因此，正如同《倫理學》是斯賓諾莎在放棄《關於上帝、人類和幸福的短篇論文》後，試圖充分表達其形上學和道德思想而寫成的作品；《神學政治論》則是斯賓諾莎運用年輕時失去信仰的經歷以及當時的宗教觀，延伸發展而成的更成熟作品。

然而，與《倫理學》一書所採取的冷靜超然風格不同，《神學政治論》是一本非常熱情、甚至非常憤怒的作品。讀者很難不注意到，書中每一章都帶有一種微妙（有時甚至可說是明顯）的狂熱感和緊迫感。這是因為《神學政治論》是對當時荷蘭社會事態發展的回應，而當時那些事態的發展不僅深深觸動了他本人，而且還隱含荷蘭共和國對其基本立國原則的承諾漸漸瓦解的不祥徵兆（至少在斯賓諾莎眼中看來是如此）。一六六五年底，荷蘭的政治逐漸烏雲密布，而且情勢很快就會變得更糟。

第三章

男子監獄

- 阿姆斯特丹矯正所
- 一位知識分子之死
- 科爾巴格的審訊
- 黃金時期的權力角鬥
- 自由之城的陰影

阿姆斯特丹矯正所

在中世紀時期，阿姆斯特丹最外層的城牆大部分都被運河環繞。辛赫爾運河（Singel，意思為「腰帶」）恰如其名是一條護城河，保護城市免於西方、南方和東方敵人的侵擾。到了十七世紀中期，市政當局為了容納不斷成長的人口，往城市周圍的沼澤開墾更多土地，擴大了城市規模。此時辛赫爾運河成為幾條同心圓運河裡最中心的運河，周遭也因此形成一系列高檔社區。

辛赫爾運河源於靠近海灣地帶的艾河，沿著阿姆斯特丹花卉市場和著名的紅燈區延伸出半環路線。就在它經過鑄幣廣場，最終流入阿姆斯特爾河之前，它經過了一條名叫海利格韋格的狹窄短街。這條街上的兩個街區直直延伸到其中一處長島的尖端，組成了城市中最古老的地帶。但從一五九六年起到十九世紀中期為止，這個地帶一直是惡名昭彰的阿姆斯特丹矯正所之所在。該矯正所的院址以前是聖克雷爾修女修道院，但在十六世紀盛大的喀爾文主義反偶像運動中，這裡的天主教痕跡已經被徹底抹除。矯正所由一座大型的長方形建築所組成，中間是一個開放的中央庭院。而從當時的地圖看來，矯正所是該地區最高的建築。

拜訪矯正所的人要經過兩道門才能到達內院。在華麗的大門上方有一座浮雕，是十六世紀藝術家亨德里克・德凱瑟（Hendrick de Keyser）的創作，他素有「阿姆斯特丹的米開朗基羅」之稱。浮雕的主題是一位車夫駕著一輛運著木材的馬車，同時鞭打著一群獅子和其他野獸。在浮雕正上方的石頭上，刻著哲人塞內加（Seneca）的一句名言：「馴服所有人都害怕之物是一種美德」＊（到了十七世紀末，該浮雕周圍更加上了其他壯觀的雕塑作品，刻畫出所謂的「阿姆斯特丹侍女」。她手裡拿著城市之盾，用鐵鍊拴住兩名囚犯。在她身下則刻著座右銘「嚴懲」*。

事實上，阿姆斯特丹矯正所建立之初，並不是用來實施嚴厲懲罰的地方，而是用來作為道德矯正和精神療養的場所。當時認為設立該矯正所的目的是「應該避免嚴厲的懲罰，而是應該改善和糾正那些沒有意識到此處對他們的用處、而試圖避免被矯正的人」。[1]這樣的目的是為了向城市中的迷途者灌輸美德，特別是針對「那些走上錯誤道路、即將被送上絞架的年輕人，這樣他們就能被拯救，繼續老實勞動、敬畏上帝」。[2]然而，到了十七世紀中期，矯正所成為懲罰各種罪犯和其他異端分子的監獄。小偷、乞丐、酒鬼、打老婆的人和殺人犯全都被關在這裡。該監獄不會因為罪犯的年齡或犯罪行為的輕重而拒收，暴力和非暴力的罪犯、年輕的扒手和老年欠債者統統都一視同仁。到了一六五〇年代，該監獄共有超過一百名囚犯，其中有些甚至只有十歲。唯一被排除在外的只有女性。因為犯罪的女性（包括妓女）適用於城市中另一個矯正所。

對阿姆斯特丹人以及許多外國遊客來說，這座監獄是個很受歡迎的參觀景點，而它更廣為人知的名號是「磨坊」，其由來是一項讓囚犯從事的主要勞動工作：將巴西紅木磨銼成木屑。在通往院子的內門上，我們可以看到一個真人大小的雕塑，描繪了兩個半裸的囚犯正在磨碎木頭（女子監獄後來則被稱為「紡織廠」，因為從事羊毛紡織被認為對女性的個性有矯正作用）。勞動者在從事這項繁重的

---

* 原文：Virtutis est domare quae cuncti pavent.

工作時，需要使用一把沉重的十字鋸。當然，這麼做不代表該監獄放棄了矯正教育計畫，畢竟當時體力勞動被認為對罪犯的精神有益。此外，這種特殊勞動的背後也有其合理的經濟考量。那時，阿姆斯特丹當局甚至還讓男子監獄壟斷巴西紅木木屑的生意。巴西紅木木屑的顏色鮮豔，可以用來生產紡織工業所需的染料。

但鋸木工作只不過是眾多監獄苦勞之一。阿姆斯特丹監獄的管理者也不反對更嚴厲的懲罰，包括剝奪食物、體罰（尤其是鞭刑），甚至是長時間的酷刑。

一位知識分子之死

一六六八年九月，一位三十五歲的律師兼醫生阿德里安・科爾巴格（Adriaan Koerbagh），不幸在阿姆斯特丹監獄的牢房裡備受折磨。科爾巴格出身富裕家庭，他的父親從事陶瓷生意，家族住在舊城新路區。他在名義上是荷蘭歸正教會的一員。[3]然而，後來他與宗教和市政機關發生衝突，因此遭受了非比尋常的嚴厲懲罰。他因為不習慣監獄裡的惡劣環境，加上可能在被送到監獄時就已經生病，所以活不到刑期的十分之一就過世了。

兩年前，阿姆斯特丹歸正教會審問了阿德里安與他的弟弟約翰（約翰是一名歸正教會傳教士）。教會有充分的理由認為約翰抱持非正統、甚至是異端的觀點，而阿德里安則被認為過著放蕩的生活，部分原因是因為他有一位私生子。教會拷問了約翰關於上帝和其他信仰事宜，並警告阿德里安注意自己的不道德行為。雖然教會仍持續懷疑兩兄弟的言行，但在當時並未採取進一步的行動。然而到了一六六八年二月，大約在同一時間，約翰再次被召喚到他的上級面前說明他的反三位一體觀點，同時阿德里安則是出版了《各種美好之物的花園》（*A Flower Garden Composed of All Kinds of Loveliness*）一書。阿德里安或許是兩兄弟中更熱衷於政治、言行也更放縱的那位，同時他對荷蘭語的歷史和用法很感興趣。在這本書中，阿德里安的表面目標是解釋隱藏在荷蘭語中的外來語詞彙（包括法律、醫學、宗教和口語詞彙），但實際上在這樣的幌子下，真正的目的是闡述他的反教權觀點。他的動機顯然是批評甚至嘲諷幾乎所有宗教組織，包括荷蘭歸正教會。他的語氣時而反諷，時而輕蔑，尤其喜歡嘲笑天主教的迷信（這點可能會讓喀爾文主義者深感認同）：

> 祭壇：屠宰之處。在那些羅馬天主教的信仰中，牧師每天在此進行禮拜，因而它是神聖之所在。但天主教徒已不再像猶太人或異教徒那樣在祭壇上屠宰動物，而是在此從事更了不起的事情，也就是創造人類。因為任何時候，他們都能做到連上帝都無法做到的事：用一小塊麵粉烤餅創造出人類。就算一塊烤餅長得還是原來的樣子，但他們會讓信徒吃了烤餅，同時說這塊烤餅是人——其實不僅僅是人，而是一個神聖之人。這是何等荒謬之事啊！[4]

在阿德里安的所有作品中以及他所有的嘲諷背後，存在一種嚴肅的形上學、神學和宗教哲學。這些思想是他與當時其他激進人物所共有。除此之外，阿德里安還否認了《聖經》是上帝之書。他堅稱，《聖經》只是一部人類文學作品，是文士以斯拉*從各種其他作品編纂而成。阿德里安還認為，就像解讀任何一本書那樣，解讀《聖經》意義也應該採用自然主義式的方法，也就是說，我們所需仰賴的只是書中的語言以及作者和文本的歷史背景。而若想要掌握《聖經》中所包含的真理，需要的也只是人類的理性。

> 《聖經》……一般而言，可說是包含各種類型文章的書籍，包括列那狐（Renard the fox）以及尤倫斯皮格爾（Eulenspiegel）的故事。我們不知道這本猶太作品的作者是誰。一些人認為是當時最著名的一些神學家中的某位文士，集結其他猶太作品編纂而成。在《聖經》中，有一些確實合乎理性的內容，這些內容是我唯一承認的《聖經》，所以它們必須與其他內容區隔開來。但後者對我們來說都是無用之物，可以毫不懷疑地拒絕它。[5]

無論是在《各種美好之物的花園》一書，還是在同年稍晚他寫的《黑暗中的閃耀之光》（*Een Ligt schijnende in dugstere plaatsen*，此書後來一直沒有機會出版）一書中，阿德里安都抨擊了大多數宗教的不理性之處，包括他們的迷信教條、慣例和儀式。他認為，上帝的真正教誨（或所謂「真實宗教」）僅僅在於理解並服從上帝之語，以及愛護同胞。阿德里安勇敢地承擔蘇西尼主義的罵名，否認上帝的神性（蘇西尼主義是一場反對三位一體觀點的運動。最初該主義在波蘭有堅實的追隨者，後來更慢慢在歐洲蔓延）。他認為上帝就只是宇宙中的永恆物質。事實上從阿德里安的觀點看來，上帝與自然本身並無差異（這裡的自然是一個必然的、決定論的系統）。至於奇蹟通常被認為是上帝所創造的、偏離自然法則的現象，因此是不可能存在的。所謂「神意」只是自然在運行時的正常過程。[6]

阿德里安在宗教上似乎並不是一個特別虔誠的人。他是一位堅定的理性主義者，相信人類社會的繁盛是透過自然理性來實現。雖然他仍然認同以上帝為目標能夠引領人類的幸福，但這其實只是一種化約式的概念。他認為人的幸福是在關於上帝的知識中找到的。但這種對於上帝的理解並不是來自某種對於超自然生命的神祕覺察力；精確地說，這種理解是人類理性對永恆不變的實在（reality）所進行的智性理解，而這裡的實在指的就是自然本身。阿德里安以此觀點為基礎而反對非理性的神學、迷信的宗教習俗以及教會的管制。他堅持認為，真實宗教關乎的是個人內在的事務。

在政治領域中，阿德里安是一位激進的民主主義者和世俗主義者。他深信寬容且自由的共和國有許多優點，並認為放任教會當局篡奪國家權力將會帶來危險。阿德里安認為，在理想的國家中，公領域和私領域之間有一條明確的界限，同時政教也是分離的。他還贊成去中心化的政府。在一六六四年出版的一本小書中，他反對將荷蘭共和國的政治權力集中在省督手上（就像在他之前的德拉考特所提到的），並提出了自治省聯邦的方案，同時建議讓教會從屬於公民。[7]

阿德里安的這些提議讓阿姆斯特丹歸正教會的領袖們極度不滿。在一般情況下，這些教會領袖除了向世俗政府抱怨之外並不能做什麼，畢竟他們沒有權力監禁任何人。此外阿德里安也不像他兄長一

---

* 以斯拉（Ezra the Scribe），是猶太教中的一個重要人物，振興了《妥拉》研究。

樣是教會可納管的神職人員。再加上過往這些教會的抱怨經常被置若罔聞。當時阿姆斯特丹的統治群體經常與保守的宗教領袖爭吵，前者認為城市中自由和寬容的世界主義風氣有助於當地的經濟利益，所以不願意因人們的政治或宗教觀念而懲罰他們。對於宗教領袖的抱怨，統治階層的典型回答就是：那些持有異端觀點的人如果不發表或不公開宣傳他們的思想，就不會受罰。根據一位地方法官的說法：「在荷蘭，我們不太會關心人們對教會的看法，除非這些意見引起公眾集會或集體投書。」[8]例如在一六六五年，市議會的成員面對教會的抱怨時就扯了後腿。當時歸正教會要求終止當地荷蘭教友會在私人住宅的集會。但在當地牧師抱怨了兩年之後，這樣的集會仍在進行，而且甚至「比以前次數更多、更頻繁」[9]。

然而，阿德里安犯下一個致命錯誤。他不僅公開發表褻瀆上帝的觀點，還以荷蘭語出版，這讓易受影響的一般民眾也能輕易理解這些觀點。此外，他還把自己的名字印在書封上，教會當局因而能輕易找到他，政府也不得不關心此事。這一次教會對政府施加更大壓力。雖然阿姆斯特丹市議會仍不願過分介入神學議題，但是他們還是下令沒收市面上的書籍，同時將此事交給市警長柯爾內利斯·威特森負責。接著，最初被認為是《各種美好之物的花園》和《黑暗中的閃耀之光》作者之一的約翰被捕了。但因為後來法官認定約翰不是這兩本書的作者（儘管約翰沒有公開放棄自己的神學觀點，可能也贊同這兩本書的想法），便釋放了他。此時，阿德里安已經抵達萊頓躲了起來（據說他戴著黑色假髮偽裝），後來卻被一位「朋友」出賣了。這位朋友認為阿德里安對宗教的批判令人厭惡（當然這位朋友也對一千五百荷蘭盾的賞金感興趣）。到了七月，阿德里安就在嚴密的看守下，拴上腳鐐被帶回阿姆斯特丹。

經過一連串的審問，阿德里安不僅承認自己是這些書的唯一作者，還承認自己否定耶穌的神性以及聖母瑪利亞的貞潔。「我們真的不知道誰是救世主（耶穌）的父親。這就是為什麼有些無知的人會說他的父親是永恆的上帝，說永恆上帝的兒子是一個處女所生且沒有人為的干涉。但是這些論點其實與《聖經》所說的不相容，也與真理相悖。」[10]隨後阿姆斯特丹地方法官宣布了他們的決定：阿德里安．科爾巴格被判入獄十年；出獄之後，他還要離開阿姆斯特丹，再被放逐十年，此外還要繳交四千荷蘭盾的罰款。[11]其實這比威特森警長所建議的懲罰要來得寬容許多。威特森希望當眾折磨阿德里安——切掉他的右拇指、用炙熱鐵棒刺穿他的舌頭，最後再關進監獄裡三十年。

阿德里安於一六六八年秋天入獄，但他在監獄裡待不滿兩個月。一開始他可能被關在個人牢房裡，這種牢房是專為有著良好出身的人，以及因意識形態或政治罪行入獄的人所準備的。[12]雖然這些個人牢房裡的囚犯享有特權所以免於苦役，但阿德里安顯然仍在受苦，因為他病了。發病之後，他被轉移到赫特威利格監獄，這是阿姆斯特丹的另一座監獄。這座監獄的環境稍好，還有一間醫務室。然而阿德里安的健康並未好轉。一六六九年十月五日，有一位關心阿德里安精神狀態的牧師拜訪他，之後沒幾天阿德里安就過世了。隨後，他的遺體被埋在新教堂。

科爾巴格的審訊

斯賓諾莎深受阿德里安之死的影響。科爾巴格兩兄弟都是阿姆斯特丹哲學界的成員，而斯賓諾莎待在福爾堡時仍與該學界保持聯繫。當時學界中的進步派成員會討論斯賓諾莎的著作（包括《倫理學》一書的手稿）。事實上，在宗教和政治問題上，科爾巴格兄弟倆應該是這個團體中最激進的成員。那時的斯賓諾莎與阿德里安也是好友。他們很可能是在一六五〇年代末或一六六〇年代初於萊頓相遇的。當時阿德里安在大學中讀醫科，而斯賓諾莎則住在附近的萊茵斯堡。當時，阿德里安和斯賓諾莎可能都參加了醫學院教授約翰尼斯．德雷（Johannes de Raey）的笛卡兒哲學講座。他們也有幾個共同的親密好友，包括斯賓諾莎過往的拉丁文和哲學導師方濟各．恩登。

到了一六六〇年代中期，斯賓諾莎和阿德里安似乎在知識交流的基礎上，發展出親密友誼且互相影響。斯賓諾莎認同阿德里安的政治觀點以及他對宗教組織的態度；而在阿德里安關於上帝和自然的思想中，可以看到來自斯賓諾莎形上學學說（在《倫理學》中所能讀到的）的影響。正如我們將看到的，斯賓諾莎的《神學政治論》在對於國家和《聖經》的想法，也與阿德里安有許多共通之處。我們可以推測兩人一定經常仔細討論這些議題。[13]換句話說，斯賓諾莎和阿德里安在哲學、神學和宗教等議題上都是志同道合的夥伴。

政府當局似乎也猜到了兩人的交流。一六六八年，儘管當時斯賓諾莎所發表的唯一一篇文章是對笛卡兒《原理》（*Principles*）的批判性論述，但是他的激進思想（包括他對《聖經》的看法）早已廣為人知。這樣的情況令人擔憂，因為阿德里安的審訊者正在追查他與被驅逐猶太人之間可能的連結。當阿德里安被問到誰與他抱持同樣的觀點，提供了一個令人難以信服的回答：

> 據他所知，沒有任何人與他抱持相同的觀點。他還說自己沒有和斯賓諾莎的另一位朋友，也是霍布斯《利維坦》一書的荷蘭譯者亞伯拉罕・范伯克（Abraham Van Berckel）談過這些想法，也沒有和其他任何人談過，因此更沒有和自己的弟弟或斯賓諾莎談過……他承認自己曾和斯賓諾莎相處過一段時間，也因為不同的事情拜訪過斯賓諾莎的家，但他從未和斯賓諾莎談過他的激進思想……被告承認曾與范伯克和其他人有關係，但強調他從未與斯賓諾莎談論過他的思想。[14]

一六六九年底阿德里安去世了。斯賓諾莎頓時失去了一位好友、一位哲學和政治旅途上的旅伴以及在一場反對教派主義和反對迷信的運動中勇敢無畏的戰友。但是這不僅僅是他個人的悲劇。斯賓諾莎還認為當局對阿德里安的監禁，等同背叛了阿姆斯特丹的理念以及荷蘭共和國的立國原則。

黃金時期的權力角鬥

多年來，荷蘭共和國一直保有阿德里安所嚮往的聯邦分權制。一六五〇年，荷蘭省和其他主要省份的統治者威廉二世突然去世，於是政府當局臨時召開「大議會」討論共和國的政治前途。在那次集會上，多爾德雷赫特的議長、同時也是荷蘭省常駐代表的約翰・德威特（Johann de Witt）強烈主張取消準君主制政府，因為在許多國民看來，這樣的政府制度是中世紀的遺跡。三年後，荷蘭共和國的主要執政官職位仍然維持空缺。在大議長雅各・卡茲（Jacob Cats）與他的繼任者阿德里安・波（Adriaan Pauw）相繼退休和去世之後，德威特發現自己占據了這個國家裡最高且最有影響力的政治職位。

德威特或許是荷蘭黃金時代中最重要的政治人物，他是一位真正的共和主義者。他致力於將荷蘭打造成一個憲法聯邦國家，去除能夠管轄各省的中央集權政府（但他也同意讓每個省自行決定是否要指定省督）。從德威特的角度看來，共和國的市鎮和省級政府（即市議會和各省議會）有權選擇他們所希望的任何人選來擔任地方職務或在聯邦國會中代表地方。於是荷蘭在經歷了將近一個世紀的省督制度之後，德威特敦促荷蘭政府將政治權力下放，帶來了所謂的「真自由」時期。在這個時期，每個省對內部的事務擁有主控權。省聯合議會只能行使《烏特勒支聯盟條約》所授予的權力：發動戰爭、簽訂國際條約。其他一切權力都屬於各省自制的範疇，而各省的權力來源則是來自省內的各市鎮議會（後者將選出代表參與省級議會）。

隨著國家權力下放，荷蘭在社會、文化、知識和宗教領域中普遍都出現了寬容政策（但仍有例外）。德威特雖然沒有讓言論自由百花齊放，但也不願意實施保守派敵對陣營所要求的那種言論監督和審查制度。畢竟，德威特本人就是一位有才華的數學家，也支持笛卡兒、惠更斯（Chirstiaan Huygens）和安東尼・范雷文霍克（Anton Von Leenwenhook）等同時代思想家所追求的新科學。一六五六年，他介入大學中關於笛卡兒主義的辯論。當時學術界的保守派試圖禁止教授亞里斯多德以外的哲學思想，他於是阻止保守派，一定程度地捍衛了哲思自由。此外，雖然說德威特認為歸正教會的信仰應該優先於其他信仰，但同時也贊成宗教自由和表達自由。總體而言，德威特的政策體現了當時荷蘭商人階層和專業人士階層所擁有的相對進步價值觀（這些人正是支持德威特的群體），而德威特也認為這些政策將最有利於荷蘭的繁榮。

然而，德威特並不是民主主義者。就如同荷蘭統治群體中的其他成員一樣，他與當時荷蘭的寡頭政治體系密不可分。在這個不斷自我繁衍的體系中，真正的權力掌握在荷蘭社會的富裕精英家族手裡。此外，德威特對於以寬容態度對待宗教和哲學思想的承諾，雖然令人印象深刻，但也有其局限。譬如，他並不願意廢除所有加諸於知識分子和宗教異議人士的審查制度和實際限制，也明確認為出版物有其不應逾越的界限。當時，德威特的承諾是保證荷蘭省和其他省份的安全，並保證它們的政治穩定和經濟繁榮，因而他並不必然關心抽象的政治理想。

話雖如此，斯賓諾莎和阿德里安等激進的民主主義者仍然支持德威特。這些民主主義者是極端的世俗主義者，也是廣義自由的捍衛者。他們支持德威特與他的黨派對抗「奧蘭治派」。後者贊成回歸省督制度以及更中央集權的統治制度（從威廉大帝時期開始，傳統上省督都是奧蘭治王朝的成員。這也是「奧蘭治派」一詞的名稱由來）。於是，面對十七世紀荷蘭社會的意識形態衝突，斯賓諾莎和德威特是站在同一邊的盟友。斯賓諾莎是「真自由」的忠實信徒，同時也是一位謹慎的信徒。他知道德威特所承受的壓力，尤其是在一六六〇年代末期荷蘭共和國與英國交戰時，奧蘭治派要求指派省督來擔任軍事領袖，同時也是隱晦的政治領袖。當時，德威特為了維持國內和平所做的政治妥協，可能曾讓斯賓諾莎很緊張。

荷蘭共和國在這些信仰不同政治原則的嚴重分歧背後，都有宗教因素的影響。政府派傾向於支持相對世俗的政府。在德威特的任期內，雖然城市和省政府的統治群體大都支持歸正教會，或是歸正教會的正式成員，但是他們都不認為應該讓喀爾文主義者所宣揚的嚴格原則來決定國家、社會和外交政策。他們通常厭惡教會牧師對政治和文化的干涉，且希望牧師的權力僅限於宗教領域。相較之下，奧蘭治派在更堅持正統（也更不寬容）的歸正教會牧師群中得到了極大的支持。這些被稱為「沃修斯派」（Voetians）的牧師（之所以有此名，是因為他們受到了當時烏特勒支大學一位極具煽動性的校長吉貝爾圖斯．沃修斯的啟發）尤其對政府在「真自由」時期試圖強加給他們權威的限制感到惱火。他們譴責政府讓民眾的日常生活缺乏「虔誠」和道德品格，以及不讓民眾嚴格遵守安息日的規範。他們認為，安息日（主日）是用來休息和祈禱的，而不是用來在河邊溜冰娛樂的。沃修斯派更強烈要求恢復一位奧蘭治派的省督職位（即英國查理二世的侄子威廉三世）。他們期望威廉三世認同其社會和宗教上的目標，反對過度寬容（因此在神學上不值得信任）的荷蘭政府統治階層。

可以肯定的是，當時在教會神職人員中也有支持德威特政府的自由派人士（同時他們也倒過來獲得德威特政府的支持）。這些「科西斯派」（Cocceians，之所以有此名，是因為他們以萊頓大學神學教授約翰尼斯．科西斯〔Johannes Cocceius〕的原則為榜樣）反對世俗日常生活的「喀爾文主義化」，也反對教會介入政治。科西斯派贊成真正的政教分離，並將政府當權派領袖視為盟友，幫助他們遏制在歸正教會內部（以及在整個社會）日益增加的保守派影響力。科西斯派的觀點有不少會激怒沃修斯派對手，其中之一就是，他們認為人們不再必須嚴格遵守安息日的禮儀，包括停止工作。科西斯派和沃修斯派在安息日禮儀上的爭論一度非常激烈。有人就如此描述：「關於遵守安息日禮儀與否的惡劣爭論和糾紛，透過各教授和牧師發表的文章而不斷出現，使得這些省份的教會不堪負荷。所以，中央政府必須進行干預，並命令教會結束對這個問題的所有討論。」[15]

科西斯派也主張哲學與神學的分離。他們以非字面意義的方式來詮釋《聖經》，並傾向支持大學裡的笛卡兒追隨者以及他們的進步科學計畫。這些笛卡兒主義者認為，如同哲學家不應對神學問題妄加論斷，神學家面對非信仰的問題時也應保持沉默，而讓哲學家和科學家自由地透過理性本身來研究這些問題。

對於德威特一派來說，哲學與神學的分離以及大學中文學院和神學院的分離都非常重要，因為這麼做能減少神學家的影響力。為了限制神學家的控制範圍，政府有必要支持甚至擴大哲思自由。如果把哲學和神學分離，神學家就無法逾越清晰而明確的學科界限。另一方面，沃修斯派則認為如果神學無法優先於哲學，並以此控制思想領域，神學終將成為哲學的附屬品——他們堅稱，哲思自由只會導致褻瀆神明言論和異端邪說的增加。

回到阿德里安事件。在當地教會的影響下，阿姆斯特丹地方法官判決阿德里安有罪。這對沃修斯派來說是一個微小但重要的勝利。一個人因為他的想法而被監禁，進而被驅逐，而且這是發生在別名為「自由之城」（Eleutheropolis）的阿姆斯特丹（此別名出現在許多近代早期的出版物封面上）！斯賓諾莎和其他志同道合的思想家一直都有意識到這個未成熟國家所承受的壓力（包括外國敵人的威脅），而阿德里安事件就是一個不祥的徵兆。因為政府屈服於來自教會的壓力，所以人們對於上帝、自然和人類幸福的哲思自由開始受到威脅。而且此後，事情只會變得更糟。在《神學政治論》出版後不到兩年，一群暴民殘忍地暗殺了德威特，隨後威廉三世被任命為省督。「真自由」的日子所剩無幾了。

此外，還有另一件讓斯賓諾莎擔心的事。這件事發生在一六六〇年代中期，此時他正開始將形上學和道德著作放在一旁，轉而研究神學和政治問題。起初，這件事只是他的喀爾文主義夥伴們在處理的在地事務，後來卻逐漸發展成針對他的危險威脅。

自由之城的陰影

福爾堡這個鄉村小鎮並不是一直都很平靜。一六六五年，就在斯賓諾莎寫完《倫理學》的草稿時，當地教會爆發了一場誰將接替雅各・范奧斯特維克（Jacob van Oosterwijck）成為牧師的爭論。一位來自澤蘭、名叫范德維勒（Van de Wiele）的人得到了教會提名委員會、教區主教以及一群自由派教會人士的支持（其中包括一些荷蘭教友會成員）。反對方則是教會中較支持正統的一派。這些保守派指責提名委員會故意提名范德維勒作為挑釁，因為他們覺得范德維勒太偏向自由派。因此，保守派希望代爾夫特市的地方法官能成為他們的牧師候選人。

從當時教會保守派向代爾夫特市政當局所寫的請願書看來，他們似乎認為斯賓諾莎也是自由派的一員，甚至是背後的主要推動者。雖然這種懷疑不太可能成立，因為斯賓諾莎總是不太願意參與教會事務。不過，斯賓諾莎的確與當地的教友會有所聯繫。因此，在福爾堡許多歸正教會人士的心目中，那位「出生於猶太家庭」的斯賓諾莎開始變得有名。他們認為，斯賓諾莎這個人將帶給社會危險。在這件事情上，他甚至比其他所謂自由派盟友還要危險——「他現在據說是一名無神論者，或者說他嘲笑所有信仰宗教之人。因此，他的存在肯定有害於這個共和國。許多有學問的人和牧師皆可證明此事。」[16]

斯賓諾莎總是厭惡這種無神論的指控，尤其是「他嘲笑所有宗教」這一項（就像在福爾堡指控他的敵對者所聲稱的那樣）。斯賓諾莎其實並不反對所有宗教，他只反對那些由充滿野心的牧師所領導的宗教，以及那些將教派裂痕和教派忠誠引入社會的宗教。斯賓諾莎曾回應一位指責他「放棄了所有宗教」的通信者，他說：「一個人如果拒絕承認上帝必然是至善的存在，或是拒絕承認上帝必須受人喜愛，就等同於放棄所有宗教嗎？難道我們最大的幸福和最大的自由就只能如此理解嗎？」[17] 斯賓諾莎的哲學確實排除了擬人化的上帝以及猶太—基督教傳統的啟示神學（在他看來，後者由前者衍生而來）。然而，他仍然相信他所謂的「真實宗教」（也就是基本的理性道德原則）能夠帶來人類的幸福，以及「恩典」和「救贖」。

雖然斯賓諾莎提出了上述抗議，但是無神論的標籤卻怎麼也撕不掉。由於太過厭惡無神論指控，他決定暫時擱置《倫理學》一書，著手撰寫一篇關於神學和政治問題的論文。從他在一六六五年九月寫給奧爾登堡的信中，我們可以清楚看到這個動機。他在信中列出了「撰寫我對《聖經》觀點的論文」之原因。其中幾個原因包括反對「神學家的偏見」、捍衛「哲思自由和思想自由」、擺脫「過度權威和自我中心的牧師」。此外他還提及：「反駁一般公眾對我的看法，畢竟他們經常指控我是無神論，所以我也不得不盡可能擺脫這種指控。」[18]

《神學政治論》是一本寫給公眾的書。與《倫理學》相較，《神學政治論》的寫作目標非常直接、具體、甚至充滿潛在的危險。該書的論點是針對廣大的一般讀者而寫，因為斯賓諾莎希望這些讀者能與他一同關心荷蘭政治的未來以及宗教在荷蘭社會中的地位。

斯賓諾莎充分理解他與其他人在荷蘭生活時所享受到的特權：「我們有幸生活在這樣一個國家裡，公民享有充分的選擇自由——可以隨心所欲地選擇是否要崇拜上帝。在這裡，沒有什麼比自由更珍貴了。」[19]考慮到那時阿德里安所受的待遇，斯賓諾莎的描述其實帶有諷刺意味。畢竟，如果當時的荷蘭共和國真的像斯賓諾莎所說的那麼自由，那麼他就沒必要撰寫《神學政治論》了。雖然當時斯賓諾莎的確也承認荷蘭共和國比歐洲其他任何地方都來得自由（有點像蘇格拉底在雅典面臨死刑時所說：沒有其他城邦能讓他如此享受哲學生活了），但是他擔心教會在公民事務中日益增長的影響力，也擔心教會將削弱德威特所提倡的「真自由」，進而威脅到荷蘭的共和與寬容傳統。同時，《神學政治論》也有著非常私密的寫作動機：這本書是斯賓諾莎痛失摯友的感懷，也是面對愈來愈多針對他的誹謗時所做出的回應。

第四章

神與先知

- 恐懼與崇拜
- 宗教的心理學
- 先知憑什麼？
- 宗教與哲學的分野
- 想像的救贖之路

恐懼與崇拜

根據十七世紀歐洲各國所簽署的條約以及各種社會和政治層面的和解情況來看，因宗教革命的餘波而爆發的歐洲宗教戰爭在當時可能已經結束了。然而，戰爭的影響仍持續了數十年。當時超級大國（特別是法國、英國、西班牙和荷蘭）之間的宗教分歧皆進一步引發政治對抗，反之亦然。而對當時的天主教徒、聖公會教徒、路德派教徒和喀爾文派教徒來說，他們唯一的共識就是社會與人們靈魂所面臨的真正威脅來自那些無神論著作，例如斯賓諾莎的《神學政治論》和霍布斯的《利維坦》等作品。

針對那些認為他無宗教信仰、是危險的無神論者、且意圖反對虔誠和道德等等的譴責，斯賓諾莎認為自己能提出一個完整的哲學論述來回應。與《倫理學》一樣，《神學政治論》是斯賓諾莎對「真實宗教」之辯護。我們隨後將看到，真實宗教原來是一種簡單的道德行為準則，同時這樣的準則能讓我們理解什麼是人類存在的最佳條件以及如何實現這樣的條件。然而，斯賓諾莎沒有透過嚴格的幾何學式論證來建立真實的虔誠的形上學、知識論和倫理學基礎。他在《神學政治論》中，是用批判性的方法來檢視宗教對他同時代的人來說到底是什麼。他特別關注那些主要的宗教傳統組織。在他看來，這些宗教組織似乎不是和平和幸福的源頭，尤其在近代早期的歐洲，更是衝突和痛苦的根源。因此與《倫理學》相較，《神學政治論》是一部探討傳統宗教或大眾宗教之歷史、心理、文本和政治基礎的爭議性著作。

斯賓諾莎最感興趣的兩個宗教，當然就是三大亞伯拉罕傳統宗教中的基督教和猶太教。自從十五世紀最後一次將穆斯林族群驅趕出西班牙以來，基督教便統治著西歐人民的精神生活與世俗生活。雖然在十七世紀的大多數時候，許多歐洲國家，包括英國、法國和西班牙仍然禁止猶太人居住，但在義大利、荷蘭、德國以及中歐和東歐，都有重要的猶太社區。斯賓諾莎在《神學政治論》的序言中提供了一個簡短的宗教自然史，並解釋為何這些宗教傳統基本上只是有組織的迷信。在他看來，這些宗教的基礎不是理性，而是無知和情緒，尤其是希望和恐懼的情緒。[1]

自古以來，哲學家和詩人就不斷提及人類在這個世界中生活的特點，也就是命運在人類追求幸福的道路上扮演著重要的角色。我們無法控制自己的生存環境，尤其無法控制好事與壞事降臨到我們身上。我們通常也無法決定是否能從自己依戀的人以及自己珍視的事物中獲得長久的快樂。死亡有時很快降臨，奪走我們心愛之人，而今天獲得的財富或榮譽也很容易就在明天失去。此外，我們在追求自己設定並希望實現的目標時，往往也會因環境的限制而受挫。總而言之，外在世界往往存在不可預知的無數障礙，使我們無法獲得幸福。所以幸福和美好生活的實現與否，經常取決於好運和厄運。就算一個人足夠幸運，能獲得某種程度的滿足，也不能保證這種滿足感會持續下去。就如同古希臘悲劇家所體認到的，人類的幸福中存在許多運氣成分。[2]

斯賓諾莎認為，我們在面對命運殘酷的追擊時所產生的自然反應就是迷信。只要事情的進展順利，我們就會滿足於依靠自己。一個對自己的命運感到滿足的人，通常不會向超自然的存在尋求幫助，甚至不會向其他凡人尋求幫助。斯賓諾莎提到：「如果人們能夠完全控制他們所處的環境，或者他們總是好運不斷，那麼他們就永遠不會成為迷信的犧牲品。」但一旦我們的希望破滅、恐懼成為現實，我們陷入無法自己掌控的困境，將很快改變行為模式，想扭轉事態，希望事情再次朝著我們的意圖發展。

當命運向他們微笑，大多數人都認為自己聰慧過人（即使事實上對世事所知甚少），任何他人的意見都被視為是一種侮辱。但在逆境當中，他們不知道該找誰求助，且會輕易接受任何意見。如此一來，即使是再愚蠢、荒謬或虛榮的建議，他們也會遵循。

對於那些運氣不佳或是懼怕未來的人，最微不足道的事情都會成為好運或厄運的預兆，而不尋常的現象則會被用來代表神的仁慈或惡意。「他們錯誤地認為大自然中含有某些特殊的意義，彷彿整個大自然都將屈從於他們的瘋狂。」在這些人眼中，事件的背後隱藏著某種力量，而且他們只要稍加努力便可以操縱這股力量，甚至認為這代表他們擁有虔誠的心。因此，他們建議以獻祭來避免即將發生的災難，並發誓能把失去的一切都找回來。正如斯賓諾莎所說：「恐懼……導致、維持並助長迷信。」同時，恐懼也是「虛假宗教崇拜」的起源。[3]

此外，恐懼和希望的情緒極度不穩定，因此應運而生的迷信也總是不穩定且多變。通常一旦事情再次開始好轉，人們會停止那些改變環境的做法。從迷信行為中獲益最大的人（先知、預言家、祭司等人）卻會煞費苦心地控制群眾，給予他們一些持續努力的目標。這些獲益者的主要做法是誇大宗教活動的重要性，並舉行一些令人印象深刻的莊嚴儀式。這些手段將會確保就算人們沒有遭遇困頓，也將持續對神以及在塵世中代表神的神職人員致上應有的敬意（或許後者才更重要）。最終結果就是出現有組織的教派宗教。

> 這種不穩定的迷信行為是許多可怕戰爭和動亂的原因，因為……沒有什麼比迷信更強而有力的統治手段了。人們很容易在宗教的幌子下，將統治者當作神明來崇拜，隨後又把統治者當作人類共同之禍來詛咒和譴責。為了抵制這種不幸的傾向，人們做出巨大的努力，創造宗教（無論其真假）以及華麗的儀式，使其能夠承受任何衝擊，並不斷喚起禮拜者最虔誠的敬意。[4]

最終，迷信被編纂成法典。而信徒的生活則是一種「受到束縛」的狀態，他們在身體和精神上被迫服從。他們生活在謊言之中，並被阻止（有時甚至是用強迫的手段）自由地做出判斷。就他們而言，對上帝的奉承取代了真正的崇拜；對錯誤教條的服從取代了對知識的追求；對異議者和非信徒的迫害則取代了思想和行動的自由。「虔誠和宗教……透過傳播荒謬的神祕故事。那些完全蔑視理性的人拒絕並遠離理智，甚至認為理智是一種自甘墮落。然而，這些人卻被認為擁有神聖之光（這是最不公平的地方）！」斯賓諾莎認為，如果這些自以為虔誠的守護者「真的擁有神聖之光，那麼他們就不會如此沉迷於傲慢的胡言亂語，而會以智慧之心敬拜神明，以愛心（而非以憎恨）引領同伴」。[5]

霍布斯曾在《利維坦》中描述宗教的起源。對早已熟悉霍布斯論述的同時代人來說，斯賓諾莎在《神學政治論》中的說法大概非常類似。這也解釋了為什麼兩部作品經常被教會當局一同譴責。與斯賓諾莎一樣，霍布斯將宗教虔誠的動機定位於人類的非理性情緒（其中扮演最重要角色的包括「焦慮」以及在面對不確定未來時的恐懼和希望）和對事件發生背後真實原因的無知。為了讓人民保持順從與和平，世俗政治領袖和教派宗教領袖經常利用這些情緒來引發迷信信仰和迷信實踐。事實上正如霍布斯所說，大眾的盲從對於政治統治者來說是件好事，所以他們更願意看到臣民履行宗教義務。宗教會讓人民無心參與政治事務，也無心仔細檢視國家治理的議題。例如，古羅馬人早就深知「人民相信儀式、祈禱、祭祀和節日可以平息諸神的憤怒。所以，透過這些宗教傳統，統治者可以確保平民百姓在遭遇不幸時，會將過錯歸咎於儀式上的疏忽或錯誤，或是歸咎於自己不遵守宗教律法，不太會反對統治者。此外，只要人民專注享受那些為了向神致敬而舉辦的節日慶典和娛樂節目，那麼要滿足他們就變得非常簡單。他們也就不會對國家不滿、心懷抱怨或騷動。」[6]

霍布斯書中的嚴厲批評是針對羅馬天主教。他在《利維坦》的第四部檢視了羅馬天主教的結構和各種儀式，且下了一個頗具煽動性的標題——「黑暗王國」。話雖如此，但是他顯然與斯賓諾莎相似，他鄙視的不僅是天主教，而是所有有組織的宗教。[7]

宗教的心理學

依照斯賓諾莎的說法，這些主要宗教組織在對於上帝的認知上，隱藏著某種簡單、卻不敬又有害的觀念。猶太教和基督教的迷信慣例和儀式，旨在贏得上帝的青睞並且避免祂的憤怒。但這些迷信是基於一個錯誤的假設，即上帝在大多數時候是一位理性的行動者，而且就像人類一樣被賦予了心理狀態和道德品格。換句話說，上帝也是人的一種，擁有智慧、意志、欲望，甚至情感。猶太—基督教傳統中的神是超然的上帝，是充滿智慧且公正的存在。但是祂也有目的和期望，還能命令、評判，並做出仁慈或復仇的偉大行為。

斯賓諾莎駁斥這種傳統宗教對上帝的描繪。他在其他著作中認為這是一種愚蠢的擬人論。而在《倫理學》一書中，他猛烈抨擊道：「那些人將上帝假裝成人的樣子，說上帝也是由身體和心靈組成，且受制於情緒。但我在其他文章中，已經證明他們遠遠偏離了對於上帝的真實知識。」[8] 斯賓諾莎認為自然是一個不可分割、無限、無肇因且唯一的整體。因此在自然之外沒有其他東西，一切存在的事物都是自然的一部分，且都是在自然內部透過自然規律以一種決定論的必然方式產生。所以斯賓諾莎得出結論：上帝和自然是等同的，是一切事物之實質、獨特、一統、主動、無限強大且必然的肇因。

斯賓諾莎在《倫理學》的命題中推論出這種形上學神學的宗教意涵時，他所描繪的自然之神很明顯地完全不符合猶太—基督教傳統中對神的想像。斯賓諾莎認為，由於自然有其必然性，所以在人類為自己設定的目的之外，宇宙中並不存在其他目的。上帝或自然並不是為了任何目的而行動，自然中的事物也不是為了任何目的而被創造。換句話說，上帝或自然不會為了實現某種目的而行動，而事物的秩序都只是遵循上帝（自然）的必然屬性。因此，所有關於上帝動機、偏好或目標的說法，都只是一種邪惡的虛構故事。

我在這裡所要揭示的一切偏見都有一個共通的問題：人們通常認為自然事物的一切行為都像人一樣也有目的。的確，有人說：上帝將所有事情都導向某個目標，因為上帝是為了人類而創造萬物，也因此我們要敬拜祂。[9]

然而，上帝不是一位會設定目標、然後判斷事物是否符合此目標的規畫者。事物發生只是因為自然法則。「自然並沒有目的……所有事情的運行都是依照自然的某種永恆必然性。」但人們不相信這個事實，這就是導致迷信的原因。而且傳教士和拉比很容易利用這樣的迷信來操縱一般大眾。

無論是從內在心理狀態還是從外在事物中，人們發現在追求欲望時存在許多可以為自己所用的工具，例如：眼睛可以用來看、牙齒可以用來嚼、動植物可以作為食物、太陽可以作為照明、大海可以作為魚場。因此，他們認為所有的自然事物都是為他們所用的工具。再加上他們知道這些工具不是自己發明、而是被他們發現的東西，所以他們有理由相信，存在某個人為他們準備了這些工具。畢竟他們既然認為這些事物是工具，也就不相信它們會自己憑空出現。但從他們在生活中所習慣使用的工具看來，他們傾向推斷有一位或幾位大自然的統治者，其擁有人類般的自由。這樣的統治者將會打理一切，創造一切人類所需之物。由於人類無從知曉這些統治者的性格，只能從自己的性格來推斷。因此人們堅持認為，神將一切事物設計成供人類所用，且對事物來說最高的榮譽就是供人類所用。最終，他們每個人都從自己的性格裡想像出敬拜神明的不同方式，為的就是讓神愛他們勝過愛其他的人，並且讓神引導整個大自然，以滿足他們盲目的欲望和無法滿足的貪欲。這種偏見就這樣漸漸成為迷信，在他們的心裡深深扎下了根。[10]

斯賓諾莎曾與一位令他厭煩的通信者提到上述觀點。在斯賓諾莎寫給一位在多爾德雷赫特的虔誠穀物商人和統治者威廉·范布里伯格（Willem van Blijenburgh）的書信中，強調以上述方式來想像上帝是非常荒謬的事。斯賓諾莎說，傳統神學的語言把上帝描繪成「一個完美的人」，並聲稱「上帝也有欲望，且上帝會對不虔誠者的行為感到不滿意，而對虔誠者的行為感到滿意」。然而從哲學的角度來看，「我們清楚知道，將那些對人類來說完美的特質歸給上帝，就像把那些對大象或驢子來說完美的特質歸給人類一樣，都是一種錯誤。」[11] 幾年後，斯賓諾莎在寫給霍林赫姆前議長雨果·波塞爾（Hugo Boxel）的另一封信中，用諷刺的口吻表達了類似觀點：

當你說你無法理解，如果我認為上帝不會看、不會聽、不會注意、不會有意圖，而且不具有完美的人類能力，那麼我相信的是哪一種上帝？我想可以推斷你認為沒有比上述性質更完美的存在了。對於這樣的結果我並不驚訝，因為我相信三角形如果會說話，它也會說上帝是一個完美的三角形；而如果圓形會說話，則會說上帝的本質是一個完美的圓形。[12]

人們想像的上帝是審判之神，祂在計畫和行動時帶有目的，也是人類必須順從和安撫的對象。相較之下，斯賓諾莎的上帝並不具有擬人化的幻想，畢竟他認為，上帝這種存在不是擬人化想像能夠觸及的對象。「『上帝像人類一樣行動』的這個教義，剝奪了上帝的完美。」[13]在斯賓諾莎的上帝概念中，人類將找不到任何安慰，因為上帝不是一個在人們困難的時候可以求助的存在，也不是一個人們能透過向祂祈禱以滿足欲望或避免恐懼的存在。

斯賓諾莎是在《倫理學》一書中發展出這種對上帝的看法。但是《神學政治論》的早期讀者都不可能有機會讀到《倫理學》，畢竟直到一六七八年斯賓諾莎過世之後，《倫理學》才有機會與他的其他著作一起出版。[14]相較之下，斯賓諾莎在《神學政治論》中則是以一種更謹慎的方式來描述他對上帝的哲學觀點。例如他討論了神的意志和神的恩典等概念，同時也討論了神如何做事、思考、計畫和偏袒。然而就如同我們將看到的，這些擬人化的上帝描述都有一種恰當的斯賓諾莎式解讀。《倫理學》一書中有許多重要且明確的上帝概念（也就是斯賓諾莎認為關於上帝的真實概念），能讓我們更好地理解《神學政治論》中的上帝概念。斯賓諾莎也經常明確地指出這一點（雖然他為了迎合基督徒讀者，不願意太招搖地宣傳這件事）。

先知憑什麼？

斯賓諾莎認為，宗教組織給社會帶來許多麻煩，也奴役了許多人的思想。而宗教組織的基礎，是在於某種關於宗教知識來源以及神聖真理傳播的特定觀點。在亞伯拉罕的傳統中，所有信仰的核心都是預言（即相信某些人被賦予了特殊天賦來接受和傳遞上帝的話語）。就像古代異教的占卜者和預言家一樣，通常有著能獲取他人無法取得、或無法透過普通手段取得之資訊的能力。先知可能是神啟（divine revelation）的直接接收者，也可能是詮釋天國訊息的牧師，或者只是人類面對上帝賜予的符號時受到啟發的詮釋者。根據這樣的傳統觀點，先知可能真的有能力預知未來，或者他擁有一種不完全準確但有點可靠的能力，以此預測事件的結果。這樣的能力也許是基於解讀過去和現在事態意義而培養出的特殊詮釋能力。根據亞伯拉罕傳統中的某些說法，先知的能力可能是一種超自然的天賦，也可能是基於自然能力而產生的。[15]先知可以透過異象或託夢的方式取得上帝所傳來的訊息，或者在最罕見的情況下，他能直接接觸到上帝本人。

在猶太教的眾先知中，據說只有摩西曾經直接面對面與上帝對話。其餘的先知只能透過圖像或聲音在異象或夢境中得到預言。根據伊斯蘭教傳統的說法，穆罕默德最初的啟示是來自大天使加百列。在基督教中，耶穌因為同時是人類也是上帝，被認為擁有獨一無二的先知能力。摩西、耶穌和穆罕默德都肩負重大責任，要將上帝最神聖的律法帶給子民。而其他的先知則是擔任這些律法的詮釋者，向子民預告遵守這些律法將會帶來什麼回報，並警告不服從者將招致厄運。所以，以西結曾代表上帝宣告：猶大王國將因其「叛逆的行為」和「可鄙的行為」而受苦（這裡的行為特指猶大的人民如同他們的祖先一般持續崇拜偶像）。以西結預言耶路撒冷必然滅亡，以色列人將被驅逐（而後巴比倫人在西元前五八六年實現了這項預言）：

主耶和華如是說：你們仍如同祖先們所為玷污自己嗎？仍將自己獻給祖先們所信的邪淫之神嗎？……我必使你們從杖下經過，使你們受約束。我必從你們之間除淨叛逆之人，將他們從所居之地領出，永不得再踏入以色列的土地。如此一來你們就知道我是耶和華。（以西結書20.30-38）

以西結並告訴子民上帝的怒氣以及將要降臨的嚴厲懲罰：

耶和華如是說：我將與你們為敵，並要拔刀出鞘，從你們中將義人和惡人一併剷除。正因為我要從你們中剷除義人和惡人，所以我的刀要出鞘，從南至北攻擊所有人；所有人必須知道我——耶和華已經拔刀出鞘，必不再入鞘。子民們啊，你們該歎息，苦苦地歎息直到爆裂而死。（以西結書21.3–6）

然而以西結也提醒以色列人，神是慈悲而可靠的。他預告以色列人將會回到這片土地上，重建耶路撒冷城與城裡的聖殿。

因此，先知都擁有一種智慧。他知道對他的聽眾來說攸關幸福的重要事項是什麼。所以如果人們無視他，將面臨很大風險。再加上他傳遞的訊息重要且可靠，所以人們會特別注意他的話。但這種智慧的本質究竟是什麼？先知是哲學家嗎？他擁有關於上帝本質的神學知識嗎？他擁有關於宇宙和自然世界的科學知識嗎？他是人性的權威，還是政治和歷史的專家？總而言之，我們要問的是：先知在他的預言中傳達了什麼樣的真理（如果有的話）？

以上這些正是斯賓諾莎在《神學政治論》開頭幾章所探討的問題。雖然許多中世紀和近代早期的思想家也討論過這些問題，但斯賓諾莎關於預言的討論則更多是在回應一位較早期的哲學家邁蒙尼德。斯賓諾莎顯然打算將自己的分析作為對邁蒙尼德觀點的直接批判。邁蒙尼德是十二世紀的拉比與醫生，同時也是《迷途指南》（*Guide of the Perplexed*）的作者（該書也許是猶太哲學史上最重要的作品）。斯賓諾莎在很多方面都深受邁蒙尼德的影響，包括他的形上學、哲學神學，以及道德哲學。從斯賓諾莎的哲學中，我們可以看出他必定曾仔細研讀《迷途指南》以及其他邁蒙尼德的著作。甚至有時斯賓諾莎可說是以有些激進的方式延伸邁蒙尼德的理性主義觀點。例如在《倫理學》中所描述的關於美德、理性和幸福之間的關係，或者關於知識和不朽性（immortality）之間的關係。[16]在其他層面，斯賓諾莎則是轉譯了邁蒙尼德的學說，用以攻擊早期猶太理性主義思想以及邁蒙尼德所代表的傳統哲學（或宗教）立場。斯賓諾莎在《神學政治論》中對預言的討論就是採取後者這種方法。

在《迷途指南》中，邁蒙尼德認為一個人在成為先知之前，必須具備幾項條件。首先，他必須身體狀況良好，且享有「完美的身體機能」。這裡提到的身體也包括心靈，因為虛弱的身體和混亂的性情都會讓人心神不寧，而且想像力（邁蒙尼德認為想像力是預言能力的核心）也是身體的一部分，與大腦有關。第二，他必須設法完善自己的道德品格，使自己充滿美德。一個邪惡或道德敗壞的人，永遠不可能成為先知。先知必須是道德楷模，並且能引導他人向善。他必須表現出「對肉體享樂的放棄和蔑視」。的確，有一種方法可以確定一個人在他裝腔作勢的表面下到底是不是先知：如果他不是過著嚴肅且合乎道德的生活、如果他很容易受到世俗的誘惑，那麼他就不是先知。

然而，即使一個人擁有最好的性情、身體素質以及最高層次的道德美德，仍不代表他就足以成為先知。假如這些因素就是成為先知的充分條件，那麼預言就會成為一種相對簡單且普遍存在的現象。然而事實卻並非如此。邁蒙尼德認為要成為先知，還有兩個條件是必要的：

先知要知道預言的真實性和本質是來自上帝話語的溢流，然後透過主動智性（Active Intellect）作為中介，讓上帝的話語受到珍視和尊敬。主動智性的內涵首先是理性的能力，然後是想像的能力。換句話說，這種狀態就是想像力的完美境界，這也是人類所能達到的最高境界。因此這樣的能力絕對不可能存在於每個人身上。此能力不是僅僅透過完美的哲學訓練或是改善道德習慣就能達到，先知還需要符合天生性情的完美想像力。[17]

一個身體狀況良好且擁有傑出道德的人，只有在他的智性和想像力也達到完美境界時，才能成為先知。一個人透過追求知識和智慧（也就是科學和哲學）能完善或實現自己的智性。在獲得「完美而成熟的人類智性」時，此個體便與上帝聯繫在一起，並開始享受從上帝溢流而來的智性恩賜（畢竟上帝是宇宙裡最高層次的智性存在）。到了這個階段，他的理性能力開始能夠進入屬於造物者的理論知識境界。但如果這樣的恩賜僅止於理性能力的範圍，那麼這個人將屬於擁有完美智性、「從事系統性理論思考的人」。也就是說，他將成為一位哲學家。

然而，如果這個人在想像力層面也發展完全，且他的想像力能夠接受來自理性能力的溢流，那麼他就獲得了預言的能力。預言降臨的時候，感官將處於靜止狀態，不去接收來自外部世界的物理衝擊，這會使得想像力從理性能力中接收溢流的內容，並轉譯此內容為圖像。其結果就是由溢流的知識傳遞而來的幻象和「真實的夢境」。

> 毫無疑問，當這個人的完美想像力從智性中獲得了溢流的知識，他只會接收到神聖和非凡的事物訊息，只會看見上帝以及祂的天使，只會察覺要達成人與人之間幸福狀態的真實知識、意見和指引。[18]

換句話說，先知知道哲學家所知道的一切，但他是透過具體的形象來掌握知識（唯一的例外是摩西，因為他能直接與上帝溝通，而不是透過形象）。先知還擁有一種額外的技能——他能夠以更容易理解的想像敘述（例如寓言）將訊息傳達給他人，而非以抽象的理論傳達。

> 當智性溢流只流向理性能力，而完全不流向想像力（要麼是因為溢出的東西太少，要麼是因為想像力天生具有某種缺陷，以致無法接收智性的溢流），那麼這個人便僅僅是擅長思考的人。另一方面，如果這種溢流能同時流向理性能力以及想像力……又如果想像力由於其天生性情而處於一種終極的完美狀態，那麼這個人就具有先知的特點。[19]

事實上，想像力的重要性讓先知比起哲學家在知識獲取上更有優勢。因為前者能透過夢境和異象，以富有想像力的方式接收溢流的內容，能察覺哲學家所不能察覺的東西，畢竟後者僅專注在更抽象、更理論性的事物。先知能「看到即將發生的事件，並且掌握那些未來的事件，就好像他親眼所見」。[20]想像力讓先知掌握了哲學家可能錯過的事物連結，因為「事物之間其實都彼此互相關聯與暗示」，而僅僅透過理性思考的個體並不總是能理解或迅速掌握這些關聯。

因此，邁蒙尼德所描繪的先知便與哲學家一樣，也是真理的傳播者。先知會為了改善人們的品格而傳播道德真理，同時也會為了提升人們的智性而傳播形上學、神學和科學等真理。他不僅會傳達關於個人和社會福祉的實踐原則，也會傳達以哲學方式得證的「正確意見」。先知能告訴我們應該如何行事，也能告訴我們應該相信什麼（例如在上帝、宇宙和自我等問題上應該相信什麼）。

此外，就如同哲學家的智慧一般，先知的預見能力是其天賦發展完全的自然結果。或者如邁蒙尼德所說，「預言是人性的某種完美狀態。」[21]如此一來，邁蒙尼德將預言一事自然化了。一個人不是因為被上帝任意選擇或甚至是故意選擇才能預言。相反地，上帝並沒有透過任何故意或非故意地超自然的行為賦予某人預言能力。[22]「崇高的上帝，從人類中選擇祂想要之人，將他變成先知，並派給他使命（無論他是否準備好接受該使命）。」這樣的觀點是邁蒙尼德明確反對的觀點。邁蒙尼德認為一個人要成為先知，就必須在物質和精神層面努力完善自己的天賦。

宗教與哲學的分野

在《神學政治論》中，斯賓諾莎非常關心（並反對）上述這種「先知－哲學家」（prophet-philosopher）的概念。該書的目標之一是確保宗教和哲學的分野，以便哲學家可以自由追求世俗智慧，而不會受到教會權威的阻礙。在斯賓諾莎看來，哲學真理和宗教信仰兩者毫無共通之處，所以應該各自獨立、互不管轄。此外，他認為哲學不該回應宗教問題，而宗教問題也不該納入任何哲學體系之中。

然而，邁蒙尼德對預言的分析至少在某種程度上是正確的（而且邁蒙尼德對智性和想像力的分析也能在其他中世紀哲學家的文獻中找到）。[23] 畢竟預言的內容至少有一部分會與哲學內容重疊。在邁蒙尼德看來，哲學家和先知都傳達了真理，而且是相同的真理。此外，因為一個真理必然會與其他真理相容，所以只要我們理解正確，哲學與預言也必然會相容。對邁蒙尼德來說，哲學真理和預言真理兩者永遠不會有衝突。因此，當我們詮釋先知所說的話，不能與已證實的哲學原則相抵觸。反過來說，哲學家也必須尊重預言。雖然如果字面意義的解讀與既定哲學真理相抵觸，我們就不得不用比喻式的方法來解讀先知的話語。

因此，為了達成宗教和哲學分離的目的，斯賓諾莎便需要證明啟示或預言所傳達的資訊與哲學所傳達的知識之間，存在著實質性的區別，而不僅僅是表面上的區別。

不過在一個重要議題上，斯賓諾莎倒是認同邁蒙尼德的觀點，也因此他能利用這點來為自己的立場辯護。斯賓諾莎認為《希伯來聖經》中的先知們，確實如同邁蒙尼德所說是富有想像力的一群人。但是他們不是哲學家，也不一定有學問。他們並沒有接受過思辨上的訓練；事實上，他們當中許多人甚至沒受過教育。因此，他們的預言不應被視為神學、哲學、科學或歷史真理的來源。在這裡，斯賓諾莎之所以要討論預言，目的就是想要削弱預言在知識上的地位，特別是削弱預言與哲學和科學的關係。正如同《聖經》所描述的那樣，神啟雖然具有非常重要的社會和政治功能，卻不是真理的來源。

斯賓諾莎將預言或神啟定義為「上帝揭示給人類的那些關於某些事物的確切知識」。[24] 從表面上看來，這似乎非常符合傳統宗教的看法，儘管對熟悉斯賓諾莎哲學和宗教思想的人來說可能會感到有些困惑。斯賓諾莎所抱持的嚴謹自然主義並不允許任何超自然的事件，所以無論發生什麼事，都是在自然中或透過自然規律而發生的。因此，人的任何知識都必須以完全自然的方式來獲得，沒有例外，也不可能有例外。在斯賓諾莎的體系中，沒有超自然的上帝行使超自然的特別交流。話雖如此，斯賓諾莎仍然在一個非常特殊的意義下接受神啟的可能。因為對斯賓諾莎來說，神與自然是等同的，且所有人類知識都是來自自然。因此，所有人類的知識也都是神聖的。如果上帝即是自然，也是所有事物積極且實質的本源，那麼任何由自然及其規律所產生的東西，按照定義也都是由上帝所產生。此外，人類的心靈與其他事物一樣都是自然的一部分，人類的認知狀態最終也都遵循上帝或自然。斯賓諾莎提到：「先知的知識通常排除了自然的知識。然而，後者和其他任何知識一樣也有權被稱為神聖的知識。因為這些神聖的知識是上帝的本性（人類也是此本性的一部分）以及其命令所揭示給我們的。」[25]

此外，斯賓諾莎認為人類所能獲得的最高層知識，就是他在《倫理學》一書中所稱的「第三種知識」。這種知識是一種對事物本質的直觀掌握、對因果關係以及事物彼此之間必要關係的理解。更重要的是，擁有這種知識的人能將事物置於更高層次的普遍原則中。斯賓諾莎說：「這種知識是從對上帝某些屬性的形式本質到對事物的本質皆有充分的認識。」[26]在這第三種知識中，人能夠把握一個東西或一項事件的本質，並看到它們的必然性。此外，自然的普遍因果原則是上帝（或自然）之外延（就物質物體及其狀態而言）和思想（就心智及其想法理念而言）的屬性。當一個人將事物的概念與上帝相關屬性的概念連結起來（例如，當他對一個物體的概念，在認知上適當地與外延概念以及物體運動與靜止的定律連結起來時），他就可以說是完全理解了該事物。因此，上帝的本質讓人類的知識成為可能，因為上帝的概念能讓我們完全理解事物。斯賓諾莎提到自然知識可以被稱作預言，甚至也可以被稱作神啟，「因為我們透過理性的自然之光所獲得的知識，完全取決於我們對上帝以及其永恆律法的知識。」[27]只有當我們擁有關於上帝或自然的知識，我們才真正擁有知識。

當「預言」或「神啟」在這層意義上被我們正確理解，就包括了自然知識（因為無論是什麼知識，在因果和認知上都依賴於上帝）。更具體來說，預言或神啟包括了哲學和科學以及其他智性的產物，因此是所有人類所共通的知識。雖然說上帝是真正知識的最終肇因，但是人類知識的近因或對象永遠來自於一個自然物：人類的心智本身。

人類的心智包含了上帝本質的概念，因而能夠產生某些基本概念來解釋自然現象，並啟迪道德觀念，因此我們有理由這樣斷言：我們所理解的心智之本質，就是神啟的主要成因。因為正如同我剛才所提到的，我們清晰而分明理解的一切事物，都是由上帝的概念和本質所賜給我們的——但並不是用語言所賜，而是以一種更高階且完全相容於心智本質的方式。每個在智性上找到確定性的人，必定都在自己的經驗中經歷過這樣的方式。[28]

然而斯賓諾莎也說過，《神學政治論》一書的目的並不是要討論我們應該如何適當理解預言的本質（這可以說是他在《倫理學》中要處理的問題），而是要討論《聖經》上所描述和表明的預言。畢竟，《聖經》是近代教會權威的根基，也是宗教干預政治事務的主要依據。而在《聖經》中，我們會看到一種與斯賓諾莎所理解的預言完全不一樣的東西：《聖經》將預言描繪成無關智性，而是關於想像的。

斯賓諾莎注意到，《希伯來聖經》中所有的預言都是透過話語或圖像的方式出現。先知會聽見聲音、看見亮光而獲得預言。他們遇到會說話的動物以及拿著劍的天使，有些人甚至見到上帝的肉體形象。當然，並不是所有先知所感知到的景象和聲音都是真實的。傳統上來說，只有摩西聽到了上帝真實的話語。斯賓諾莎解釋，相比之下，撒母耳、亞比米勒、約書亞和其他人所感知到的上帝聲音都只是虛幻的，這些聲音要麼來自夢境，要麼來自異象。基於這些例子以及《聖經》的說法，斯賓諾莎認為預言能力不是來自智性而是來自想像力，因為想像力就是在人類虛幻夢境和異象中負責視覺和聽覺的能力。他說：「因此，要擁有預言的天賦，需要的不是更完美的心智，而是更活躍的想像力。」[29]

《聖經》中的預言是先知想像力的體現。這解釋了先知是如何理解神聖的訊息，以及為何常以敘事體來與他人溝通。哲學家處理智性的抽象領域，用論述和命題來表述，但是先知則不同於哲學家。先知接收與處理的是具體的經驗表象。「我們不再會覺得奇怪，為什麼《聖經》或先知訴說的精神、心靈或上帝等概念是如此的奇怪或模糊不清……彌迦看見的上帝是坐著的形象，但以理看見的上帝卻是穿著白衣的老人，而以西結看見的上帝則如同火焰一般。」[30]先知看見異象，而從這些異象中他所感知到的洞見則是透過比喻和寓言來傳遞給他人。雖然富有想像力的故事可能會造成智性理解的障礙，但是這些故事是先知們天才的產物。此外，這些故事也非常適合先知的受眾。

的確，斯賓諾莎抱持與邁蒙尼德相反的立場，他認為人類智性在《聖經》預言中並沒有扮演任何角色。先知並不是特別有學問的人。相反的，他們通常都只是普通人、甚至出身卑微。他們並不具備哲學智慧、神學訓練或科學知識，因此他們在這些領域發表意見時，我們未必要相信他們。換句話說，斯賓諾莎認為預言不是一門牽涉到認知能力的學科，他說：「預言的天賦並沒有讓先知變得更博學，就像聽先知的話語不會讓人變得更有智慧。」[31]

之所以有這樣的情況，部分是因為預言本身就是非常主觀的事務。預言是天生和後天能力所共同塑造出的個人主義產品。先知對某事的看法、先知想像力傳達訊息的方式、先知擁有之異象或夢境的內容等等，都是他天生能力以及教養作用下的產物。換句話說，這些產品取決於先知的生活、腦中的想法、他的社會地位、說話方式、性格以及情緒狀態。來自農村的先知，其所見的異象中會出現公牛與母牛。而一個比較都市化的先知則會產生非常不同的預言形象。我們也沒有理由認為，影響先知預言的那些先入為主的看法必然是正確的，就像我們沒有理由認為一般人在人生中所獲得的先入為主信念必然是正確的。斯賓諾莎提到：「我將證明⋯⋯預言或啟示也會隨著先知們根深柢固的信念而變化，先知們抱持著各種信念（甚至彼此矛盾的信念）以及各種偏見。」[32]因為約書亞並不是天文學家，所以他相信地球靜止不動，而太陽則繞著地球旋轉。而當他在戰役中看到日光的時間比平常更長久，並沒有將之歸因於自然現象，而是簡單地宣稱這是上帝聽到了他的禱告而讓太陽停在空中的奇蹟。斯賓諾莎如此評論道：

> 如果一位先知的生性樂觀，那麼勝利、和平以及其他令人愉快的事物就會在他心中顯現，因為這類事物正是這些人的想像力之所在。但如果一位先知生性憂鬱，那麼戰爭、屠殺以及各式各樣的不幸則會在他心中顯現。先知們懷有各種個性，可能仁慈、溫和、易怒、嚴厲。所以先知們也適合不同種類的啟示。[33]

斯賓諾莎承認，雖然先知未必受過教育，但這並不代表他們與芸芸眾生沒有區別。相反地，就算先知或許沒有完美的智性（如同邁蒙尼德所說），但他們擁有極其生動、非比尋常的想像力。邁蒙尼德也曾提到，先知所擁有的想像力讓他們比哲學家更有優勢。斯賓諾莎也贊同此觀點，因此說：「既然先知是借助想像力來感知上帝的啟示，那麼他們所感知到的東西毫無疑問已經超出了智性的極限。」[34]在《倫理學》一書中，斯賓諾莎通常貶低想像力在知識上的價值，進而讚揚智性的角色。想像力中的內容，就像感官經驗中的內容一樣，不足以成為知識的來源，而主要只是用來培養情緒之用。[35]斯賓諾莎在《神學政治論》中仍然沒有反駁自己的觀點。但是他確實承認，先知的想像力賦予了他們短暫但非凡的洞察力。先知擁有敏銳的洞察力、直觀的能力。藉由此能力，他們可以預見事物的後果，而這是僅僅善用理性思維和邏輯工具的人所無法企及的。因為想像力的力量，先知的知覺非常敏銳。斯賓諾莎說：「比起整體自然知識所依據的原則和公理，人類從文字和圖像中可以建構出更多想法。」先知可能不具備哲學家的學識或深刻的形上學理解能力，他也可能永遠無法達到完美美德的條件以及完美智性個體所體會的真正幸福，然而先知有時能看到一些智性個體看不到的東西，一些更實踐面向的東西。斯賓諾莎沒有詳細說明先知的特殊天賦，但他想說的似乎是，比起使用抽象思考的思想家，使用圖像和具體內容來思考的人，可能擁有更敏捷的思維以及對道德情境更深刻的洞察力。也許先知的想像力能增強他的實踐判斷（practical judgment），因此比起知識分子來說更能判斷具體的情況，或看到一般抽象原則如何應用於具體的特定情況。

更重要的是，斯賓諾莎和邁蒙尼德皆同意先知在道德上是更優越的人。關於對與錯的道德問題，《希伯來聖經》中的先知們擁有一種磨練過的意識，且對實踐問題有敏銳的理解。「先知的思想完全是朝著正確與善的方向……他們贏得的讚譽與其說是來自崇高的目的和卓越的才智，不如說是來自虔誠和忠誠。」[36]先知比起大多數人更能抵抗感官享樂的誘惑，也更關心正義的行為。因此，他們可以傳授關於善事和正義的重要經驗。而斯賓諾莎也認同，如果先知傳遞的預言故事有任何價值的話，那麼正是因為這些故事能有效傳遞道德訊息。由於先知擁有善良的性格以及富有創造力的敘事天賦，因此他們特別適合擔任道德導師。就如同我們將讀到的，斯賓諾莎認為，如果《聖經》的所有預言中皆存在一個共同的主題、一種「神聖的訊息」，那麼此訊息便是：愛護你的同胞；且唯有在這一點上，我們應該聽從先知的話。為了獲取美德，先知作品中所提供的實踐方法可能不如哲學中所提供的智性方法要來得那麼崇高或具有革命性，但是對大多數人來說，先知的方法才是最好的途徑。

古代以色列人也了解到先知的這種想像力和道德優勢，因此將他們視為超越一般人的存在。此外，根據斯賓諾莎的說法，正因為以色列人無法透過自然的方式來解釋先知為何如此善良和敏銳，所以便將先知的能力歸給上帝之靈感——一種超自然的靈感。他說：「因為當時猶太人對自然成因一無所知，所以便將不明白的事物皆視為上帝的產物。」[37]就像自然中不尋常之事和不尋常之強人經常被稱為上帝的奇蹟或上帝之子一樣，那些在某些方面超越其他人類、且其能力在一般大眾眼裡將引發驚奇的先知，也被認為擁有上帝的靈魂。斯賓諾莎說：

> 現在我們已經能很清楚地知道以下《聖經》段落的意思：「耶和華的精神附在先知身上」、「耶和華將祂的靈澆灌於世人」、「世人之心充滿著聖靈與上帝精神」等等。這些句子的意思只是說：先知被賦予了一種超乎常人的美德，並且以特別堅貞的方式獻身於虔誠。[38]

雖然先知傳遞的訊息中確實有一些「神聖」的東西，但是斯賓諾莎想表明，先知並沒有從一個擬人化的神（譬如《聖經》中所描繪的上帝）那裡接收到任何超自然的訊息。斯賓諾莎認為，超自然的解釋既不符合上帝的真實本質，也不符合預言的真實基礎。事實上，預言是一種雖不尋常但完全自然的現象，源自於某些人的卓越能力。對此點而言，斯賓諾莎和邁蒙尼德的觀點一致。

然而，就算先知再偉大或其作品扮演了再重要的社會或歷史角色（事實上斯賓諾莎將反對先知角色的重要性），從知識分子的角度來看，先知仍算是較低等的個體。這不僅僅是因為他們不像哲學家那樣睿智或博學；相反地，他們的預言能力讓他們天生就不適合理性追求知識，所以就知識而言，他們還低於一般人的標準。先知身上過於強烈的想像力，會阻礙其智性的發展。先知心中的具體感受力將干擾清晰而分明的充分理解力。這正是斯賓諾莎認為邁蒙尼德所犯下的錯誤之一：一個人不可能同時完善智性和想像力。完善一種能力必然會削弱另一種。強大的智性會造成想像力的障礙，反之亦然。所以斯賓諾莎如此說：「那些想像力豐富的人並不適合純粹的智性活動，而那些致力於培養更強大智性能力的人，也會讓自己的想像力受到更大的控制和約束，就好像不想讓想像力入侵智性能力的範疇。」[39]

想像的救贖之路

正如斯賓諾莎所觀察到的，預言的主觀性、想像性、可變性和非認知性等特質，對先知的聽眾來說都具有重大的影響力。先知擅長的領域是高度限縮的，其權威只涉及到道德問題，例如：我們如何追求各種好的價值、如何組織社會，以及如何對待他人。

先知很可能對那些與善行和道德行為無關、與哲學思考有關的事情一無所知。事實上，他們的確對哲學議題一無所知，甚至對相關議題持有矛盾的信念。因此，我們絕對不該期望先知具有科學知識和心理知識。於此我們能得出一個結論：我們只需要在關於啟示的目的和本質等議題上相信先知。而對於其他一切議題，我們可以自由地相信自己的想法。[40]

當先知談到正義和博愛，他知道自己在說什麼，也知道自己應該注意什麼（雖然說他的做法與哲學家不同，因為他沒有能力提供論述證明這些話為真）。而在其他任何問題上，他都沒有理由要求聽眾信服。

在《神學政治論》開頭幾個章節中，斯賓諾莎對預言的分析幫助他達成此書的主要目的——知識事務應獨立於宗教事務之外、捍衛哲思自由不受政治和宗教領域的侵犯。斯賓諾莎對於預言的分析，完美地鋪陳了此書其餘的論點，包括對《聖經》起源的大膽描述、《聖經》的正確詮釋方式、「真實宗教」和「純粹遵守儀式」之間的區別、將以色列歷史教訓應用到當代荷蘭政治的解讀，以及擴大寬容政策和國家控制宗教活動的主張等等。先知的著作（例如摩西的《妥拉》）是《聖經》的核心，也是其歷久不衰的權威之來源。斯賓諾莎展示了先知是如何透過其嚴守道德的洞察力以及充滿想像力（但非智性）的故事來傳遞訊息。這也是一個重要的論點基礎，能以此用來削弱教會對人們公共生活和私人生活的控制。

預言確實指出了一條救贖之路（按照斯賓諾莎的看法，這條路將通往世間的美德、幸福和福祉）。因此，先知們的教誨具有重要價值，但是他們的受眾主要是針對一般大眾，畢竟一般大眾不像受過哲學教育的人，他們無法走上更為艱難的智慧之路，以此達成美滿的人生。先知們運用更容易讓人理解的故事以及豐富多彩的敘述，幫助並督促一般人至少在表面上遵守正義和善行的要求。在這種情況下，先知們的存在具有非常實用的價值。所以斯賓諾莎認為，先知作品的目的是讓大眾「服從」，也就是讓人們遵守正確的道德行為。當然，這些道德行為同樣可以在理性知識中、在關於上帝、自然和人類等概念的哲學真理中（就像那些在《倫理學》一書中所論述的真理），找到更深且更穩固的理論基礎。然而，雖然在《聖經》預言的段落中找不到如哲學般深刻的知識，同時這些段落在激發人類的善行時也不是必要的，但比起一堆具有嚴謹論證的哲學真理，有時候一些優秀的虛構故事更加有效。

第五章

奇蹟

- 霍布斯的震驚
- 奇蹟與科學之爭
- 「超自然」不可能
- 反常
- 善惡，誰的標準？

霍布斯的震驚

約翰·穆勒（Johann Heinrich Müller）於一七一四年就任阿爾特多夫大學自然與數學哲學教授。當時，他發表了一場主題為「論奇蹟」的演講。穆勒將奇蹟定義為「某種不尋常的活動……其原因完全無法透過一般的自然法則來解釋，甚至是與法則完全相反。因此奇蹟是無視於這些法則的，或是使該法則被其他法則取代」。[1]隨後他展開研究，探索如此定義的奇蹟是否可能存在，以及事物是否有可能違反牛頓的運動定律。他的結論為：由於自然法則本身是由上帝自由制定的，因此這種情況「並非絕對不可能」。事實上，因為上帝擁有絕對的權力、自由和智慧，必然有可能無視某些自然法則。於是穆勒說：「沒有人可以懷疑奇蹟的可能性。」[2]但這裡穆勒所指涉的對象顯然不包括斯賓諾莎，畢竟斯賓諾莎是「最著名迷思的繼承者和傳播者，他讓上帝與宇宙變得毫無區別」。此外，斯賓諾莎還提出了「關於奇蹟的惡劣假說」。[3]

斯賓諾莎在《神學政治論》中提出的很多論點，都冒犯了當時社會上的宗教情感。而從當時的宗教觀點看來，其中最深遠且最邪惡的影響就是來自於他在第六章對奇蹟的討論。正如同歷史學家喬納森·伊斯里爾（Jonathan Israel）曾評論：「在斯賓諾莎的哲學中，沒有其他元素像他對奇蹟和超自然現象的徹底否定那樣，在當時引發諸多恐慌和憤怒。」[4]如果就像斯賓諾莎所說，奇蹟不存在（這裡「奇蹟」的意思為神對自然和人類歷史的干預），那麼似乎可以推論出，所謂「神意」也不存在，於是，《聖經》中關於奇蹟發生的描述只不過是神話故事罷了。一向沉著冷靜的霍布斯在讀完《神學政治論》後說，此作品的作者「狠狠甩了他幾條街，因為就算是他也不敢如此大膽地寫作」，最令他感到震驚的大概就是斯賓諾莎對於奇蹟的看法。[5]

奇蹟與科學之爭

十七世紀的進步派哲學家都致力於鑽研自然科學這門新科學。對於像伽利略、笛卡兒、惠更斯、波以耳和牛頓等思想家來說，僅僅是運動中的物質就能解釋物理世界的自然現象。因此他們不再需要考量中世紀亞里斯多德經院哲學中的「奧祕」力量。過往，經院哲學用內在於身體、使其產生生命意義的非物質形式或性質來解釋許多現象，譬如「小心靈」，就是對經院哲學抱持著嚴厲批評態度的笛卡兒之用語。對經院哲學家來說，這些非物質的存在能影響人的形體，如同人的靈魂能移動人的身體。然而在新哲學中，一切現象都得用「機械式」的語言來解釋，例如分析物質的衝擊、聚合和分離，必須符合固定的自然規律。

根據近代早期的機械論，解釋事物為何發生並不需要訴諸有智慧的主體——智慧主體的定義為：在心中能產生目標，並能以某種方式有意圖地達成這個目標。[6]但另一方面，這也不代表自然現象是無中生有、自行發生的。至少就從事科學研究的機械論者而言，自然既無目的，也不是隨機的。更確切地說，無論發生什麼事，都是由於某個先前的原因而導致的必然結果。對於這門新科學的支持者來說，自然現象的運行必須符合定律，且現象之間的關係可簡化成因果序列，而每個因果鏈結則是由物質的運動或靜止來決定。機械論者認為這個框架可以透過精準的數學來掌握。描述自然現象的清晰、有益之理論也得以發展，且這些理論將具有真正的解釋力和預測效力。

儘管如此，那時是十七世紀，基督教國家仍因宗教分歧而相互戰爭。當時，人們會因為發表異端邪說而被囚禁在監獄，有時還會被綁在火刑柱上燒死；如果人們出版的書籍被認為與教義不符，就會被列入天主教會的禁書目錄。所以在當時無論多麼進步的自然哲學，仍然無法完全排除神性。當時的機械論者認為，自然或許是透過統合的物質成因，以必然的定律在運作，它仍然是上帝的創造物；自然世界並不是一個獨立且自給自足的系統，更非單純由機械定律運作而不需要神意的監督；此外，雖然自然世界中可能不存在類似心靈的形式或性質，會有意識地指引事件進行的方向（例如當時已經不再相信亞里斯多德式的重力解釋：沉重的物體往地球中心「尋找」自然休憩之處），但是近代早期哲學家和科學家也不打算採用伊比鳩魯式的世界觀，認為這個世界是源於盲目的必然性並受其支配。

因此，笛卡兒在他一六三七年出版的《談談方法》中聲稱，支配所有物質現象的最普遍物理定律，就是上帝在創造世界時所制定的。雖然我們可能無法完全看穿神的智慧，也無法完全理解上帝為何如此安排事物，但是笛卡兒並不願意否認上帝對自然事物的安排證明了神意和祂的仁慈。[7] 同樣地，萊布尼茲*是機械論傳統中的代表性物理學家，也是那個時代最聰明、最博學多才的人之一。他認為世界的存在本身只有一個解釋，那就是上帝明智肯定地選擇我們的世界作為所有可能世界中最好的那一個。而牛頓則堅持認為，物體按照自然法則運行就是上帝統治世界的最好證據。誠然，牛頓曾主張，以數學形式來描述重力就是超自然神意的最佳證明。於是我們可以看到，在這個理性時代，上帝在自然世界中仍然扮演著一如既往的重要角色。

然而至少對當時的大多數哲學家來說，承認上帝創造世界和其基本規則是一回事，但承認祂「奇蹟般的介入」則完全是另一回事。承認神的意志和遠見，不會讓科學研究的方式產生任何重大改變。[8]正如同萊布尼茲所堅持的，那些形上學問題雖然對建構物理學的基礎來說很重要，但本身不是物理學的一部分。不過，一旦允許奇蹟的可能性，自然的必然性就會受到威脅，因為如此一來，自然定律的規律在原則上就會出現例外。反過來說，承認所謂自然的必然性，也就代表否認自然活動有可能出現任何「奇蹟般的例外」。由此可見，在近代早期機械論的核心信念中，存在著上述強烈的緊張關係，尤其對那些在宗教上虔誠的機械論者而言。

奇蹟通常被理解為是違背或超越自然秩序的神聖事件。這種超自然的現象可能明顯違背自然法則，譬如說一個物體因被上帝移動而違反物理定律，或者一種物質突然變成另一種物質。因此，《聖經》曾如此描述奇蹟：以色列人出埃及的時候，上帝使紅海的水分開，亞倫的手杖變成了一條蛇（出埃及記7.8-11）。又或者：上帝讓太陽停在半空中，約書亞因而擁有更多時間向以色列的敵人復仇（約書亞記10.12-15：「太陽在天空中停住不急速下落，約持續一日之久」）。此外，我們也能採用一些中世紀思想家的方法來定義奇蹟事件。一種說法是，儘管奇蹟本身並不與自然法則矛盾，但它要麼

* 萊布尼茲（Gottfried Wilhelm (von) Leibniz），德意志哲學家、數學家，獲譽為十七世紀的亞里斯多德。在數學史和哲學史上都占有重要地位。

發生在事物的自然秩序之外，如湯瑪斯・阿奎那（Thomas Aquinas）以人死而復生為例；要麼就是統計上不常見的事件，其發生原因雖可由自然法則來解釋，但實際上是由上帝造成的，例如，但以理毫髮無損地從獅子洞中爬出來。另一種說法則是，奇蹟是自然中看似平凡的事件，比如病人痊癒，在某些罕見的情況下，我們只能用神的力量來解釋這種事件。[9]

中世紀關於奇蹟的哲學討論不僅聚焦在奇蹟的定義，同時也聚焦在上帝創造奇蹟的方式。當時很少有思想家會認為，所謂的奇蹟，是上帝為特定場合做出的各種特殊干預。但這可能是最符合大眾想像的奇蹟概念，也就是上帝在適當的時候才會採取行動，在自然秩序中引入暫時性的變化。然而，對許多中世紀的哲學家來說，這似乎是一位過於奇幻、擬人化且缺乏先見之明的上帝。這種概念違背了神性中的智慧、簡明性以及全知能力。於是，這個時期的猶太教、基督教和穆斯林哲學家更傾向把奇蹟看作是上帝創世時就已經嵌入事件序列中的東西。換句話說，無論是根據自然法則還是超越自然法則，上帝都會有一個預先決定的計畫，且祂確切知道什麼事情將發生、什麼時候會發生。上帝從一開始就決定了事物的秩序，讓自然法則中的奇蹟或例外事件在適當的場合出現。這樣的安排可能是上帝透過設計事物的本質（譬如亞倫手杖），讓事物在某一刻會從這種本質中呈現出一種嶄新且不尋常的形式（譬如蛇）；或者也可能是上帝在自然事件的進程中，不論事物的本質如何，便計畫安排暫停自然法則和自然運作。在這兩種情況下，上帝植入的奇蹟都將隨著時間進展，像一般的事物般出現在事件序列當中。正如同一位中世紀哲學家所描述：

不論奇蹟是否已發生，或者依照承諾所述在未來發生，一切偏離自然規律的奇蹟都是在六天創造日中，按照神的意志預先安排好的。自然規律在當時就被安排好，讓那些將要發生的奇蹟能確實在後來發生。而後，當奇蹟在適當的時間發生，儘管可能被認為是一種絕對創新的事件。實際上卻並非如此。[10]

因為奇蹟是神所制訂的，所以它的出現有必然性；然而自然本身的必然性（以自然律體現）則因此被破壞了。

關於上帝活動的本質以及奇蹟生成的爭論一直持續到十七世紀，許多斯賓諾莎的同代人也都參與了這場爭論。法國知識分子皮埃爾．貝勒*可能是這個時期裡少數相信奇蹟的人之一（但他似乎想要降低奇蹟於日常生活中發生的可能性）。貝勒是喀爾文主義盛行下的宗教難民，最終在鹿特丹定居。他認為奇蹟是神在特殊情況下的干預，用以顛覆自然的運作。[11]另一方面萊布尼茲則強調，若上帝需要不斷引入奇蹟，世界便是不完美的，因為這個世界需要不斷地維護，所以幾乎不值得上帝選擇。[12]他相信，奇蹟不與自然矛盾，而是上帝創造和預先安排好的一般自然秩序中的一部分，且奇蹟這種非凡的事件超越了人類的力量。[13]

---

* 皮埃爾．貝勒（Pierre Bayle），法國哲學家、作家。

當時許多進步思想家都致力於在科學中找尋機械式的解釋，並認為自然受到某種因果的必然法則支配。但是這並沒有削弱他們為奇蹟辯護的決心。事實上若是追溯到古代，希伯來語、阿拉伯語和拉丁語世界中的哲學家皆普遍認為，所有自然哲學都有一個嚴重的缺點，就是它不可能允許奇蹟的存在。究其原因就是因為自然哲學強調必然性。例如亞里斯多德哲學就強調自然系統受到因果必然性支配，而在後來的亞里斯多德批評者看來，這種必然性似乎過於極端，以至於奇蹟在此系統中不可能出現。根據亞里斯多德哲學，永恆不變的「不動之動者」（Unmoved Mover）不會、也不能干預自然的運作。[14]因此，許多宗教思想家（甚至包括那些傾向亞里斯多德主義的宗教思想家）都拒絕接受亞里斯多德學派的這個主張。他們抱怨，亞里斯多德關於無造物者之永恆世界的學說以及隨之而來的世界存在的必然性學說，都沒有為奇蹟可能帶來的變化留下空間，因而從根本上威脅到上帝對祂創造的世界所擁有的統治地位。

對於幾乎所有中世紀和近代早期的哲學家來說，奇蹟的形上學可能性是不容置疑的。無論是出於真誠的宗教虔誠，還是因為不願與神學機構發生衝突，斯賓諾莎的前輩和同時代的哲學家，至少在原則上不願排除神阻斷自然規律的可能性。上帝無法做到邏輯上不可能的事，例如：祂不能做出一個「正方形的圓」。然而，祂肯定能做到自然法則上不可能的事。這是因為自然可能性的限制（即自然法則）就是上帝所建立的。

哲學家會探究奇蹟的本質以及奇蹟如何發生。此外，與上述同等重要的問題是奇蹟的目的為何？傳統宗教和哲學社群一向有共識：基督教、猶太教、穆斯林思想家、亞里斯多德學派，柏拉圖學派、笛卡兒學派、理性主義者、經驗主義者以及唯意志主義者，他們全都相信奇蹟確實是為了達成某種目的而存在，儘管這種目的的基本原理未必是人類所能夠理解的。不論一個人如何理解奇蹟的本質（例如是神隨心所欲地超自然干預，還是這種自然規律的中斷是早就安排好的），大家一致認為上帝不會任性妄為。畢竟，奇蹟是預定的神意事件，具有其宗教和道德意義。

那麼奇蹟是如何對應到上帝的預定目的呢？思想家們在此議題的細節上可能發生分歧。對有些人來說，奇蹟是為了證明上帝的臨在（presence）和權力；對某些人來說，上帝會用奇蹟來傳達重要的資訊或警告。人們常說奇蹟為預言提供了保證，因為任何人都可以假裝是先知，但真正的先知能用奇蹟來建立自己話語的正當性。或者有人認為，當人類的固執行為阻礙了上帝所計畫的歷史過程，奇蹟可以視為一種對歷史的推進。當然，《聖經》中的奇蹟可滿足以上所有目標，因此，思想家的分歧通常是關於如何詮釋奇蹟故事：我們應該以字面意義來解讀奇蹟，還是以隱喻意義來解讀？奇蹟是用來傳播某種真理，還是僅僅用來推動事情向前發展的權宜之計？

即使是最支持理性主義的哲學家，也非常嚴肅地看待這些問題。正如同一位學者所指出的，當奇蹟威脅到對世界的理性理解，宗教和哲學傳統的衝突可能尤為尖銳。[15]當時的哲學家偏愛哪一種「奇蹟問題」的解決方案，通常是根據他所青睞的遠古文獻以及他所屬的宗教傳統（不論是名義上所屬或是真的信仰）。但是任何關於上帝以奇蹟和超自然之力介入世界的本質和方式之爭論，都只是內部的分歧。因為爭論者普遍同意，上帝確實有可能介入，甚至在歷史上的某個時期曾經發生過。

「超自然」不可能

在斯賓諾莎早期的《形上學思想》（*Metaphysisical Thaughts*）著作中，他發展出關於奇蹟的成熟觀點，雖然說他仍然有些謹慎，因而避免過於直接的表述：

> 上帝具有平凡的力量，也具有不平凡的力量。平凡的力量指的是他讓世界保持某種秩序；而不平凡的力量指的是他能做到一些超越自然秩序的事，例如一切奇蹟，包括說話的驢子、天使現身等等。
>
> 關於最後這一點，人們似乎有理由抱持相當程度的懷疑。因為比起上帝由於人類的愚蠢，自由地廢除自己在自然世界中所訂出的最傑出之法則（只有徹底無知的人才會否認這些法則的傑出之處），若上帝總是以一種固定不變的秩序統治世界，似乎才更是偉大的奇蹟。但我們就把這個問題留給神學家來解決了。[16]

斯賓諾莎認為奇蹟是可疑的，也是對上帝力量的一種低級證明。但此時的斯賓諾莎還未明說奇蹟是否至少可能發生。

幾年後在《神學政治論》一書中，斯賓諾莎的謹慎語調消失了。他勇敢地直接表示：傳統意義上的奇蹟是荒謬的，而且會相信奇蹟的都是愚蠢之人。斯賓諾莎認為，對於真正虔誠的人來說，奇蹟是不必要、甚至是有害的。而且奇蹟不相容於上帝的真實本質，更非對於宇宙的正確形上學理解。事實上，奇蹟故事長期以來都是神職人員用來操縱容易輕信之群眾的便利工具。當他們拿著《聖經》，講起大海分離、驢子說話、死人復活的故事，都只是為了鞏固自身權威。所以牧師能夠藉此控制人們的精神生活，甚至控制公民社會。由此可見，斯賓諾莎對奇蹟信仰的攻擊，就是他在整體神學—政治計畫中的一個重要元素。

斯賓諾莎提到，根據大眾的看法，奇蹟發生的時候，「自然在此時暫停了它的運作，或者自然的秩序暫時被中斷了。」奇蹟不是透過自然原因產生，而是透過超自然的干預出現，代表著超越人類世界的上帝作為。在此，上帝是「立法者和統治者」，被賦予意志、智慧、正義和仁慈等心理狀態和道德特徵。根據這種帶有混淆和想像的觀念，上帝從無到有創造了自然世界，且有時會出於其意志暫停自然的運作。

> 因此，一般大眾想像著兩股截然不同的力量（powers）：上帝的力量和自然的力量（雖然說他們同時相信後者是由上帝所決定，又或者如現在盛行的觀點所說，後者是由上帝所創造）。他們把上帝的力量想像成君主的統治力量，然後把自然的力量想像成一種能量和力（force）。除此之外，他們對這兩種力量（上帝和自然之力）的意義一無所知。因此，一般人通常將大自然的反常現象稱為奇蹟或上帝的傑作。這麼做的原因有一部分是出於虔誠，另一部分則是為了反對那些鑽研自然科學的人。一般大眾寧願無知於自然的因果，因為他們只渴望聽到最難以理解的東西，

從而能引發他們最大的驚奇反應。

這種態度通常被認為是虔誠的態度，也最有益於培養出真正的敬畏上帝之心。

一切都很合理。因為只有拒絕自然因果，想像著超自然事件，他們才能夠崇拜上帝，並將一切歸因於上帝的治理和旨意。而當他們想像大自然的力量似乎臣服於上帝的時候，他們才最能佩服上帝的力量。

事實上，斯賓諾莎強調以上述這種方式思考的人，「並無法對上帝或自然產生健全的觀念。他們混淆了上帝的決定和人類的決定，而且對於自然世界的想像過於設限，以至於他們相信人類是自然中最重要的部分。」[17]任何真正有理解力的人都知道，違背自然法則和自然程序的事件是絕對不可能發生的。之所以不可能，不是因為獨立於自然而存在的上帝無力違背自然秩序，而是因為這種自然秩序正是上帝之力的獨特表現。

斯賓諾莎在《神學政治論》中發展出反對奇蹟的主要論點，但是他並沒有假定接受這些論點的讀者必須同時接受他「上帝即自然」的哲學概念。最開始，他宣稱上帝是一種永恆和必要的存在。而無論上帝透過什麼樣的神性或智慧來理解這個世界，都一定會符合「永恆的必然性和真理」。但是既然對上帝來說，意志和智性都是一種相同的能力（因為上帝不會分散多種能力），那麼當我們說上帝理解某件事，就等同於說上帝對那件事有意願。因此，無論上帝的意願是什麼，都必須符合永恆的必然性和真理。上帝的意願就像其智慧一般，是無法改變的永恆真理。「上帝理解事物時，所牽涉的是上帝完美本質所蘊含的必然性，這與上帝對事物產生意願的必然性是相同的。」因為任何真實的事物只有在上帝的旨意下才是真實的，「自然世界的普遍法則僅僅是上帝的旨意，其必須遵循神聖本質中的必然性和完美性。」因此如果一件事違背自然法則，那麼它也會違背上帝的旨意。這也代表，如果上帝創造了一個超自然的奇蹟事件，那麼祂就會自相矛盾。「如果有人認為上帝的某些行為能夠違背自然法則，那麼他同時也必須認為上帝的那些行為違背了祂的本質——沒有比這種看法更荒謬的事了。」[18]

此外，斯賓諾莎強調如果奇蹟真的發生了，也不能用來證明上帝擁有永恆且無限之力量。相反地，奇蹟只會證明祂的局限甚至無能。因為一個需要外部干預的系統必然是相當不完美的系統，從而反映出其創造者的無能或缺乏遠見。所以，相信奇蹟意味著：

> 上帝創造了非常無能的自然，為自然訂下了非常糟糕的律法和規則。在這樣的情況下，若上帝想要保護自然、讓事情如祂所願發展，就常常不得不再次現身拯救自然的運作。我認為這種上帝觀是完全缺乏理性的。[19]

正如同斯賓諾莎在《神學政治論》中所描述，自然遵循著「固定不變的秩序」。而自然法則蘊含

「永恆的必然性和真理」，因此我們不可能違反這些法則。換句話說，無論發生什麼事都是必然的結果。當然，人類不一定總是能理解這種必然性，因此我們有時會以為自然界中也存在偶然性。

斯賓諾莎在《神學政治論》中提到「自然的美德與力量」等同於「上帝的美德與力量」，以及「自然的法則和規則」等同於「上帝永恆的命令和意志」。然而，他並未完整解釋這些句子的意思。他在書中論述反對奇蹟的可能性時，提到了上帝的「意志」、「命令」和「智慧」等概念，而這些概念似乎完全符合傳統的上帝觀。事實上，斯賓諾莎試圖表明，即使是相信這種擬人化上帝概念的人，也必須否認奇蹟的可能性。然而，在《神學政治論》的這些主張背後並不難看出斯賓諾莎「上帝即自然」的主張，以及他的形上學神學和自然現象的必然論觀念（當然在《倫理學》一書中才看得到更為完整的論證）。

如同前面所提到的，對於斯賓諾莎來說，上帝或自然（兩者等同）是整體、無限、永恆、必然存在且主動的宇宙系統，在其之內，一切東西皆絕對存在。這是《倫理學》的基本原則，並且我們也可以在《神學政治論》中看到類似的句子：「自然之力就是上帝之力」。在《倫理學》中，這種實體（上帝）之力的必然和永恆之首要作用即是支配一切事物的原則和法則。具體來說，就是實體之「屬性」（attributes）或說存在方式（思想、外延等）的首要作用。例如，在「外延」的屬性中，此種法則體現於支配物體運動的物理定律。根據這些首要作用以及上帝或自然的必然性而生的，便是世界本身，一個由有限事物所組成的永恆、無限序列；也就是說，這是由我們周遭熟悉事物所組成的序列。[20]因為自然法則和現存事物的世界是透過絕對且必然的方式，從一個永恆、絕對必然的存有，亦即上帝或自然本身中產生，所以世界以及在世界中發生的一系列事件是必然的存在，不可能有其他可能性。

換句話說，斯賓諾莎認為宇宙運作的基本原理是嚴格的決定論，甚至是必然論。對他來說，一切事物都在因果的意義上被決定了，無一例外。而只要確定了事物的成因，便只會有一種結果。再者，因為其他所有肇因都可追溯到最基本、最終極的肇因本身，也就是上帝或自然的屬性，以及其衍生出來的法則；基於終極肇因的存在有形上學或邏輯上的絕對必然性，斯賓諾莎得出了一個結論：宇宙中沒有偶然性。不論是宇宙本身，還是宇宙中的任何事物都不存在偶然性。他說：「自然中沒有偶然的事物，一切存在和結果，都是由必然的神聖本質所決定。」[21]

簡而言之，對斯賓諾莎來說，現實世界是唯一的可能世界。斯賓諾莎似乎抱持這個特別的想法：如果我們不可能接受上帝存在的同時，這個世界中的一系列有限個體和事件卻不存在；又如果上帝（自然）的存在是絕對且必要的（如同斯賓諾莎所認為），那麼這個世界就是唯一的可能世界。[22]他說：「上帝不可能以其他方式造物，也不可能以其他順序造物。」[23]唯一可能出現有別於當前現實世界的不同世界之情況，就是「自然秩序」（the order of nature）可能不同，但除非「上帝的本質」可能不同（自然秩序必然遵循上帝的本質），自然秩序才有可能有所不同。然而，既然上帝的本質本身就是絕對且必要的存在，此本質不可能有其他可能。因此，世界上的事物（包括隨著時間演變的事件）與宇宙的普遍性質一樣，必然就是它現實中的樣子，而不存在其他可能性。

現在我們可以清楚了解為什麼斯賓諾莎在《倫理學》一書中認為，如果上帝創造世界的意思，是上帝預先存在而後選擇將世界從虛無中創造出來，而同時上帝也可能選擇不創造世界，那麼他否認這種上帝創造世界的觀念。畢竟，如果根據斯賓諾莎所說，現存事物的世界是上帝（即自然）存在之必然和永恆的結果，就不會出現上帝存在但世界不存在的可能性。斯賓諾莎因此將《聖經》中的創世記章節視為虛構故事。此外，如同許多哲學家所承認的，創造世界與奇蹟降臨是一體兩面。換句話說，一個與上帝同為永恆且必然的世界，會拒絕上帝干預的可能性。

在斯賓諾莎的形上學中，支配宇宙起源以及運作原理的是必然性原則。這種必然性就如同在數學真理中發現的絕對必然性。斯賓諾莎並不害怕眾人知道他對這個結論的支持。在早期出版的《形上學思想》中，他提到：「如果人們能清楚理解自然的整體秩序，那麼他們就會發現，世界上所有事物就像數學中的所有事物一樣，都是必然的。」[24]數學上的必然性不允許任何例外。而若世界上沒有例外，也就不會有奇蹟。

斯賓諾莎深知自己在《倫理學》中所發展之論述的危險性。在書中，他先提出證明，指出一切事物都是由自然的某種永恆必然性所引發，而且事物發生除了純粹的自然原因之外，不會有任何其他原因。以此為基礎，斯賓諾莎便猛烈抨擊那些運用上帝意志來解釋事物的人，因為他認為這些人無法理解那些事物的自然原因。他抱怨，這些人身在「無知的庇護所」，卻又因宗教虔誠而受到讚揚。相較之下：

> 一位尋求奇蹟的真實原因、同時渴望理解自然事物的有學識者，不會像傻瓜那般對自然事物

感到驚奇。然而這樣的有學識者通常會被那些世人尊為自然和神明詮釋者的人譴責為不虔誠的異教徒。因為這些詮釋者知道，若去除無知，也就去除愚昧者的驚奇，那麼他們辯護和保護自己權威的唯一手段也就被剝奪了。[25]

我們可以看到，在關於奇蹟的議題中，存在著重要的宗教與政治問題。[26]《神學政治論》的第一批讀者可能對斯賓諾莎的必然論（necessitarianism）以及它背後的哲學神學一無所知（除非他們從《形上學思想》中細心讀到一些相關內容）。但斯賓諾莎也不希望《神學政治論》中所傳遞的訊息，必須依賴於《倫理學》中更激進的神學論點。他的大多數讀者還沒有充分準備好面對那些更深刻、更困難（或更令人困擾）的洞見，所以要讓《神學政治論》中的神學與政治訴求成功，就不能讓這些訴求依賴於《倫理學》中的神學論點。因此，斯賓諾莎必須在不透露太多自己對於上帝和自然的看法之情況下，來說服這些讀者。[27]

儘管如此，斯賓諾莎在《神學政治論》中推出的結論，仍然成功地反映了《倫理學》中的重要形上學論點（不過是以非幾何學式的呈現方式）：「自然界發生的所有一切事情都必然遵循自然法則……自然法則涵蓋了一切可設想的事物（甚至包含了那些由神的智慧所設想的事物），而且……大自然遵循著一種固定不變的秩序。」[28]所以，相信奇蹟不是虔誠的觀察力之展現，而是無知的表現。或者，如同斯賓諾莎在寫給奧爾登堡的信中所說：「奇蹟和無知是等同的。」[29]

正是上述這個觀點讓斯賓諾莎認為，我們可以在某種解讀下有意義地談論奇蹟。事實上，正確理解奇蹟的方式，就是將它視為自然因果解釋還未知的事件，而不是將它視為超自然或違反自然的事件。斯賓諾莎說：「奇蹟這個詞只能在人們的信念層次上來理解，意思是我們（或者奇蹟事件的作者或敘述者）還無法運用解釋其他正常事件的方法，來解釋該事件的自然原因。」[30] 如果該事件確實可以根據目前的科學知識來加以解釋，那麼在這種情況下，「奇蹟」這樣的標籤只是來自敘述者自己對科學和自然的無知，或是來自於他在寫作時的特定目的。例如，《聖經》的作者（斯賓諾莎叫他們「古人」）對科學領域一竅不通，同時也渴望對讀者灌輸敬畏之心，因此他們把奇異和不尋常的事件都歸因於上帝的意志。所以當《聖經》描述到「洪水退去，彩虹出現在諾亞面前」，斯賓諾莎認為「這不過是因為太陽光線在水滴中形成折射和反射的結果」。《聖經》的作者卻如此描述該現象：「上帝將彩虹放在雲端」。斯賓諾莎繼續說道：

> 所有《聖經》描述的事件毫無疑問都是自然發生的。然而，這些事件卻被歸因於上帝，這是因為……運用自然原因來解釋事件不是《聖經》的工作。《聖經》只採用那些能激發想像力的方法來描述事件，因為採用這樣的方法和風格最能激發人們的好奇心，從而在群眾心中灌輸虔誠。[31]

因為《聖經》的作者以及其讀者（也就是一般大眾）通常都不熟悉彩虹現象背後的物理原理，所以很容易將所有這些不能被同化為「與過去類似且不足為奇」的現象，視為神的介入。

又或者，無知的不僅僅是奇蹟的敘述者，而是整個科學和哲學社群。因為後者可能還沒完全理解這種現象背後的特定法則以及其自然原因，因此無法充分解釋這個事件。在這種情況下，就算一個事件確實「超越了人類的理解」，但在原則上，該事件仍然會有一個自然的解釋。[32]

反常

相較半個世紀後大衛．休謨*提出的著名懷疑論，斯賓諾莎對於奇蹟的懷疑看法其實更為激進。休謨是蘇格蘭啟蒙運動時期的偉大哲學家，他對於那些宏大的形上學主張抱持著懷疑的態度。休謨認為，要證明奇蹟的存在極其困難、甚至是不可能的事。休謨提到，根據定義，奇蹟是一種違反自然法則的現象，因此也是一種違背「確實而不可改變之經驗」的事件。[33]此外，相信奇蹟之證據與相信其他現象之證據一樣，都必須根據其發生機率來判斷。然而，在這方面與奇蹟相反的例子卻具有壓倒性的優勢（畢竟對於每個奇蹟般的事件，都必定存在與之相對的常規經驗，否則奇蹟就不會如同其名般讓人驚奇），因此奇蹟證據成立的機率很低，甚至可以說我們有「直接和充分的證據」反對奇蹟為真。因此，所有關於奇蹟的報告，都必然令人難以置信。換句話說，相信奇蹟為真的理由永遠不足以

* 大衛．休謨（David Hume），蘇格蘭的哲學家、經濟學家和歷史學家，是蘇格蘭啟蒙運動以及西方哲學歷史中最重要的人物之一。

使奇蹟本身更加可信。反之，令人比較感到可信的是：奇蹟的報告為無心之過，或者奇蹟的證人存有故意欺騙的意圖。[34]

但休謨在此只提出了一個知識論上的觀點，他的重點在於探討一個人有什麼好的理由去相信或不相信奇蹟。相較之下，斯賓諾莎則將重點放在實在（reality），提出了一個更強的形上學論點。他的論點不僅是奇蹟不太可能發生，或是奇蹟的故事不可信賴。相反地，他認為奇蹟「絕對不可能」：「任何事件都不可能違背自然，因為自然保持著一種永恆不變的秩序……自然中所發生的任何事件都不可能違背其本身的普遍法則，所以也不可能存在任何不符合或不遵守這些法則的事物」。[35]對休謨來說，奇蹟不太可能出現，所以可以說幾乎令人無法置信。至於對斯賓諾莎來說：「無論是違背自然的奇蹟，還是超自然的奇蹟，都完全是荒謬的。」[36]

十七世紀時，斯賓諾莎並不是唯一否認奇蹟存在的思想家。在《神學政治論》出版的兩年前，倒楣的科爾巴格就已經出版過一本荷蘭語「字典」——《各種美好之物的花園》。正如我們先前所提到的，他在此書中利用對語言史和語言用法的探討，提出了顛覆性的神學和政治觀點。書中所「定義」的詞彙就包括「奇蹟」（mirakel），科爾巴格寫道：「奇蹟就是令人驚奇的傑作或行動。神學家堅稱奇蹟應該是違背自然或超自然的事情。但這樣的看法有誤，因為事實上並沒有任何事情可以違背自然或超越自然。」[37]不過值得一提的是，科爾巴格在此時已然熟悉並信服他朋友斯賓諾莎的哲學原理。事實上，他在其他文章中反對奇蹟時所發展的論述包括：上帝與自然等同，以及上帝（自然）無限力量之永恆性、必然性和不變性。[38]也就是說，科爾巴格對奇蹟的反駁是基於斯賓諾莎的論述基礎，所以他的激進立場並不代表在斯賓諾莎之前，就存在反對奇蹟的有趣先例。科爾巴格的觀點只是讓人們預先以另一種形式體驗斯賓諾莎在《神學政治論》和《倫理學》書中更徹底發展的形上學論述。

就這方面而言，針對斯賓諾莎與另兩位哲學家的比較更具啟發性——邁蒙尼德和霍布斯，尤其這兩位哲學家對斯賓諾莎的思想皆產生重大的影響，尤其是他的《神學政治論》。

邁蒙尼德對奇蹟的看法是出了名的複雜。學者們很難確定究竟邁蒙尼德是否相信奇蹟的可能性或相信奇蹟在歷史上曾經實際發生。[39] 邁蒙尼德曾在《迷途指南》一書中明確告訴讀者，為了讀者好，他故意將一些自己真實的觀點隱藏在矛盾的文本之中，以免讀者中的「無知之人」被其中教條所迷惑而陷入懷疑論。這也就是解讀邁蒙尼德的部分困難所在。邁蒙尼德認為，某些深奧的真理只能向那些準備充分的人揭示。這些人必須透過道德、邏輯、哲學和神學的訓練，才能在掌握真理的同時而不危及他們的信仰。顯然，在這些真理之中存在一些關於奇蹟的真理。

邁蒙尼德並沒有在猶太信仰的十三項基本原則中納入對奇蹟的信仰。此外，他還在《迷途指南》中堅持主張自然因果決定論。但同時他也不願意完全放棄奇蹟存在的可能性。他的結論似乎是：「奇蹟其實在某種程度上是自然事件。」奇蹟事件如果以自然事物的普遍規律來判斷，是一種反常的現象。但是這種反常的現象仍然是透過完全自然的方式所產生。邁蒙尼德認為，根據上述定義的奇蹟是上帝植入自然的事件。他引用並贊同拉比智者的話，並指出：「他們說，當上帝創造了存在的事物並在其中烙印存在的本質，祂同時將所有的奇蹟置入本質之中，使奇蹟在應該發生的時候發生。」例如，上帝在水的本質中制定了從上往下不斷流動的性質，但也讓例外出現在埃及人溺水的時候。同樣地，紅海分離也可以用海水的本質來解釋。「所有其他的奇蹟都可以用類似的方式來解釋。」[40]當然，有人會疑惑這種違反自然規律的事件，是上帝在歷史中的某個特定時刻特別置入到自然之中，還是在創世時就置入到自然之中？這兩種情況其實並沒有太大差異，因為當自然的恆常運作出現例外，這就算是一種神的干預。不過我們可以將邁蒙尼德所持的觀點理解為：這些異常現象是雖然罕見但屬於正常自然過程的自然事件。它們源自於自然法則，但不像其他事物那樣可以清楚對應到法則。所以海水分離就像地震或海嘯一樣，也是由自然原因所引起，且至少在原則上可以用理性和科學的語彙來解釋。[41]

可以確定的是，邁蒙尼德不強調奇蹟是上帝旨意和智慧的證據，因為比起反常的例外，自然的正常運作才更能代表上帝的旨意和智慧。邁蒙尼德寫道：「什麼是敬愛和敬畏上帝的最佳方式？當一個人想著上帝那些奇妙而偉大的作品和造物，他或她透過這些作品和造物能看到上帝無限的智慧，也因此他或她會立即熱愛、讚揚並體驗到意欲了解偉大上帝的強烈渴望。」[42]換句話說，在自然本身或是宇宙的平凡秩序之中，最能體現上帝的完美。邁蒙尼德認為神的作品就是自然的常態，且這些作品「都是最完美的，沒有任何多餘或不足之處。它們必然固定不變，因為不可能有什麼東西會讓它們改變」。[43]當斯賓諾莎在《神學政治論》中明確否認了奇蹟的存在，可能象徵著自然主義論述的最終目標。但從邁蒙尼德的觀點中我們可以看到，斯賓諾莎論述的基礎很可能就是來自於邁蒙尼德的《迷途指南》。

有鑑於邁蒙尼德的身分是拉比和宗教領袖，我們可以理解為何他謹慎地不直接發表立場，也不否認傳統上理解的奇蹟之可能性。另一方面，霍布斯帶著對宗教權威的敵意以及對迷信的嘲諷，則願意更進一步反駁奇蹟。他深知《聖經》中奇蹟的重要性，因為奇蹟能決定一個自稱是先知的人是否是真的預言者（但他對於《聖經》中奇蹟的結論是，既然奇蹟的時代已然結束，那麼現在也已經沒有什麼確切方法來區分先知和妄想症瘋子了）。[44]然而，如果問題不在於《聖經》對奇蹟的看法，而在於對奇蹟的信念是否合理，那麼霍布斯採取了一個相當激進的立場。

霍布斯將奇蹟描述為「上帝的絕妙作品……因而也被稱為奇觀（wonders）」。他認為奇蹟具有兩個基本特徵。第一，奇蹟是「奇怪」的事件，意思是說它們很少發生。第二，那些目擊奇蹟的人「無法想像奇蹟……是自然發生的，所以只可能是上帝的傑作」。因此，「如果一匹馬或一頭牛會說話，那就是一個奇蹟，因為這件事是奇怪的事件，且我們也難以想像其自然原因。」[45]然而，這種奇蹟或奇觀很快就會隨著無知一同消散。畢竟，一旦我們確定了事件的自然原因（或者就算沒有發現確切的自然原因，但我們仍意識到這個事件並不像我們最初認為的那般罕見），我們就不會再把這種現象視為奇蹟。

> 人類在世界上看到的第一道彩虹是奇蹟，因為它是第一道，所以少見而奇特。於是，這樣的奇蹟被視為上帝放置在天空中的神蹟，目的是向人類子民保證世界不會再因水患而毀滅。但是在今天，因為彩虹經常出現，所以對那些知道其自然原因或甚至不知道原因的人來說，都不會是奇蹟。[46]

霍布斯在這裡的論述很謹慎。他並沒有明確否認奇蹟的可能性，也就是非由自然原因造成而是由上帝之手直接造成的事件。甚至他曾說在過去有一段時間奇蹟確實發生了，雖然我們有理由懷疑他在這裡的語氣並不認真。[47]霍布斯的主要論點是，如果我們無法想像一個事件是如何自然發生的，或者從我們的角度來看該事件是不尋常的，那麼這個事件就能被稱作奇蹟。也就是說，霍布斯是根據觀察者的經驗和知識來決定奇蹟的可能性。他說：「敬佩和驚奇的情緒是相對於人的知識和經驗，而每個人擁有的知識和經驗皆不同，由此可見，同樣的事情對一個人可能是奇蹟，對另一個人來說卻不是。」因此，那些無知或迷信的人「將驚奇地面對許多作品，但其他知道作品是來自於自然的人卻一點也不驚訝，因為自然不是上帝的即興之作，而是平凡有序的作品。」[48]

那麼，霍布斯是否相信奇蹟確實曾經發生，或者至少有可能發生呢？[49]他並沒有說，諾亞在天空中看到的第一道彩虹是真正的奇蹟；這裡的「奇蹟」意思是由上帝直接或立即造成的事件，只有說因為相對於人類的經驗而言，第一道彩虹顯得很奇怪，所以會被認為是奇蹟。另一方面，霍布斯隨後正式定義「奇蹟」，稱之為「上帝的傑作」，有別於創世時就制定的自然運作，奇蹟的目的是為了向祂的子民表明，擁有非凡能力的傳道者將會拯救他們，譬如先知。[50]但這似乎只是霍布斯在解讀《聖經》中奇蹟的本質和作用，而不是承認「由上帝之手直接造成的事件」確實發生了。

儘管霍布斯深思熟慮後所得出的奇蹟觀點可能和斯賓諾莎的觀點一樣極端，但是前者在寫作上採取了一種更安全的方式。與斯賓諾莎相比，霍布斯似乎不太想從形上學的角度來探討奇蹟的可能性，他關心的是那些透過把戲欺騙他人的人，如何迷惑和傷害一般大眾。「當兩人合謀，一人裝瘸子，另一人則用符咒治好他，便可以騙到許多人。更糟的是，許多陰謀詭計是一人裝傻，另一人假裝治好他，而其餘的觀眾則作為見證人，這樣便會欺騙到更多的人。」[51]

如果霍布斯在這裡的敘述有警世意味的話，那就是要我們警惕那些會利用「人類過度輕信那些偽奇蹟之傾向」的神職人員。[52]所以，霍布斯在《利維坦》中對奇蹟的正式立場，可描述為一種強烈的懷疑主義，同時對那些利用奇蹟來強化自己權力的人展現敵意。這當然是一種激進的立場，也的確解釋了為何當時的宗教當局要攻擊此作品。然而，霍布斯並未採取（或者至少沒有公開表示）斯賓諾莎在《神學政治論》中那種更徹底、武斷且激進的自然主義。畢竟，他「不敢如此大膽地寫作」。[53]

善惡，誰的標準？

邁蒙尼德和霍布斯承認《聖經》中的奇蹟在神意上所扮演的重要角色，尤其是當這些奇蹟的作用是去證明先知的使命，或是遵循並完成上帝的計畫。[54]但是這種神意的概念，預先區分了自然的規律，與這個過程被神聖命令打斷的情況，這樣的預設是斯賓諾莎極力反對的。對他來說，神意會在自然的正常例行運作中展現，而不是在所謂的「超自然例外」中展現。

中世紀和近代早期哲學中的常見主張之一，就是世界的存在和設計可以用來證明上帝的存在。上帝是這個偶然出現之宇宙的「第一因」，也是宇宙秩序中充滿智慧的設計者（這些結論都應該能從現成且完全自然的經驗前提推導而來）。此外，一些思想家還認為，自然的規律秩序可以用來理解上帝所擁有的屬性。以笛卡兒為例，他相信自然法則是來自完美、簡明和良善的設計者，也因此能夠證明該設計者擁有這些屬性。另一方面，一個同樣常見但卻更有感染力的論述則是：不平凡的事物（而非平凡的事物）才能提供最好且最明確的證據來證明上帝的力量；超自然的事物（而非自然的事物）才能最直接地揭示上帝的旨意。換句話說，自然或許有自己的進程，但當上帝介入其中，祂的神意之手便會顯露。斯賓諾莎強調這對一般大眾來說是最常見的信念。他在《神學政治論》中如此描述：

> 一般人皆認為，當自然中發生了一些不尋常且與他們認知習慣相反的事件，就代表上帝的力量和神意得到了最清楚的證明（特別是這樣的事件對他們有益時）。他們認為，最明顯的上帝存在之證據，是在自然偏離尋常秩序時出現的——雖然說這種偏離往往只是他們的錯誤認知。因此他們相信，所有那些運用自然原因來努力解釋或理解周遭現象和奇蹟的人，都是在忤逆上帝，或者至少是忤逆上帝的旨意。他們認為上帝在自然正常運作時一直是休憩的狀態，但只要上帝開始行動，自然的力量和成因就會暫時停止運作。

那些會這樣思考的人，就會「以為存在兩股截然不同的力量——上帝的力量和自然的力量」。然而這是錯誤的觀念。這種錯誤是來自於教派宗教中那種難以令人理解的擬人化上帝概念。斯賓諾莎說：「他們對於兩股力量以及上帝和自然等概念其實一無所知，他們只知道把上帝的力量想像成某種君主的統治力。」[55]

如前所述，對於斯賓諾莎來說，上帝的力量就是自然的力量。由此可知，神意不會透過非比尋常的超自然行為來揭示。如果「神意」指的是一個由卓越、有目的且充滿智慧的主體來執行的計畫，那麼在斯賓諾莎所理解的宇宙中，神意不會、也不可能存在。不過，其實斯賓諾莎並未斷然拒絕「神意」這樣的概念或語言用法。只是他對這個詞彙的理解與一般的理解截然不同，甚至與他同時代的讀者也幾乎難以辨認他對「神意」一詞的特殊理解。總之，對斯賓諾莎而言，以《聖經》的詮釋來看，神意不可能履行其傳統意義上的功能。

因為上帝即自然，而且祂的旨意具有無一例外的規律，並以此規律體現在自然秩序之中，所以一切事物都是源於自然或透過自然產生的。用《倫理學》書中的語彙來說，一切物質的事物以及其狀態，都遵循著「外延」的屬性以及其無限多的模式；一切心理的事物以及其狀態，都遵循著「想法」的屬性以及其無限多的模式。但這代表來自上帝的神意只是自然的普遍因果效力。神意因此能夠延伸到所有事物之中，因為不存在任何在自然統治之外的東西。任何事件不論對人是有利還有害，都是神意。因此從斯賓諾莎主義的角度看來，「神意」這個詞並不帶有道德價值，也對神學無害。斯賓諾莎繼續討論奇蹟，他如此解釋：

> 上帝的命令和戒律，以及因此而產生的神意，實際上都只是自然的秩序。這也代表說，當《聖經》告訴我們上帝或上帝的旨意塑造了某件事情，背後的真意其實是這件事情是依照自然法則和自然秩序而出現。並不像是一般人所認為的那樣，自然會在某段時間突然停止活動，或者自

然秩序在某段時期被中斷了。[56]

採取這種論述路線，讓斯賓諾莎能夠使用「神意」這個詞彙而幾乎不需付出代價。只要人們意識到這個詞彙實際上只是在指涉自然的必然運作方式，那麼就會了解到使用該詞彙並不預設我們相信任何迷信的說法，而僅是使用它的空泛意義，譬如上帝會獎勵善良的人、懲罰邪惡的人或對某人有特殊的照顧。這是一種「神意」的化約觀點，這讓該詞彙不再具有任何道德含義。

這樣的觀點也代表，建立關於上帝知識的最可靠方式，不是去記載眾多奇蹟和異常事件，而僅僅研究自然的規律即可。

我們知道所有事情都來自於上帝的決定和規定，也知道自然的運作遵循上帝的本質，而且自然法則就是上帝永恆的命令和意志。在我們知道這些事實後，我們會毫無保留地得出以下的結論：只要我們更加理解自然現象、更清楚理解這些現象與第一因的關係，以及這些現象是如何依照永恆的自然法則來運作，我們就會更加理解上帝和祂的意志。

斯賓諾莎不認為讀者必須接受他的形上學神學，才能在他的書中學到有價值的觀念。顯然，斯賓諾莎的論述對象不僅是那些接受他上帝或自然概念的人，也包含那些仍然堅持傳統宗教觀念的人。斯賓諾莎認為，後者雖然仍固守著一種錯誤的擬人化上帝概念，但他們至少需要知道：最能實現「上帝的意志和戒律」（嚴格說起來，這些是斯賓諾莎所反對的概念）的東西，就是祂所創造的有序世界。比起能被清晰、分明地思考的自然規律，那些我們無法理解的事件，雖然能「強烈地喚起人們的想像力和好奇心」，但無法體現「關於上帝的更高層次知識」。斯賓諾莎總結道：「從奇蹟中我們無法了解關於上帝的知識，也無法了解祂的存在和旨意，但從自然固定不變的秩序中，我們反倒能更加了解這些知識。」[57]

斯賓諾莎在《神學政治論》中對「神意」提出了一種自然主義式的理解。這樣的理解在某種意義上也相容於「上帝管理著獎懲體系」這種常見宗教神意觀中的重要主張。亞伯拉罕宗教傳統中的上帝，至少從長遠的角度看來，都會確保人類的善惡將受到應有的獎懲。這是神意針對人類個體所展現的道德面向。早期猶太哲學家稱此為「特殊的神意」，與「一般的神意」不同。後者這種神意體現在自然法則之中，並賦予了每個物種生存所需的特徵；例如，人類的理性或羚羊的奔跑速度。[58]不過，斯賓諾莎並不認為存在一位聰明、自由、主動且完全針對人類美德來分配獎賞的道德主體。

在《倫理學》一書中，斯賓諾莎認為有美德的人將會追求並獲得真實且充分的概念（true and adequate ideas），並對自然以及其運作方式產生深刻的理性理解。正如我們先前所見，這種理解所帶來的知識，與透過感官或想像力所獲得的資訊不同。它能使我們洞察事物的本質，也特別洞察到事物必然依賴於它們在自然中最高層次的肇因。斯賓諾莎強調，上述這種對於上帝或自然的知識，以及事物與上帝或自然之關聯的知識，會從兩方面帶給人類最大的益處。

首先，斯賓諾莎認為有美德的人能夠透過對自然本質和自然法則的理解，來獲得克服生活困難所需的工具。智性上完善的人能夠了解自然的運作方式，也因此比起那些受到感官經驗和想像力支配、臣服於機運和偶然事件的人們來說，他更能操縱事物和避免危險。換句話說，有美德的人對事物有更強大的控制力；相較之下，其他人則大都是靠運氣。所以，對事物的深刻知識會讓人在上述這種非常實際的面向上受益。

再來，也是更重要的一點，斯賓諾莎認為真正的知識對有美德的人來說，是抵抗命運、維持幸福和保持內心平靜的源泉。當一個人了解自然，他將看到所有事物的必然性，尤其他將明白自己所珍視的事物都將有其限制。更準確地說，他明白所有物體的狀態和關係（包括他自己的身體狀態）皆必然遵從物質的本質（也就是「外延」）以及普遍的物理法則。同時他也明白所有的想法（包括心智的一切性質）皆必然遵從想法的本質以及心智的普遍法則。

這樣的洞察力會削弱非理性情緒對個人的影響，這也就是人擁有美德的好處。當一個人對自然擁有高層次的理解，且能意識到自己無法控制自然將如何影響身邊的事物，他對事物的焦慮就會減少，也更不容易受到希望和恐懼（針對可能發生或可能不會發生之事）的支配。當他不再容易為失去所有物而煩惱或沮喪，就不太可能在事物出現或消失時被情緒所淹沒。這樣的人會以一種平和的心態看待所有事物，不會過於非理性地受到過去、現在或未來的事件的影響。換句話說，他的生活將是平靜的，不為突如其來的情緒所干擾。最終，他獲得的是內心的平靜以及自我控制的能力。斯賓諾莎寫道：

這種「萬物皆必然」的知識愈是連結到那些能讓我們更清晰生動地想像的具體事物，心智對情緒的控制力就會愈強大（就如同我們經驗所證實的那樣）。因為我們明白，當人意識到消逝之物無論如何都無法保存下來，人對於該物消逝而產生的憂愁也會隨之減少。同樣地，我們也明白，沒有人會因為嬰兒不能說話、不能走路、不能思考或不能意識到自己存在多年的經驗而同情他們，因為我們知道嬰兒時期就只是一個必要的自然事件。[59]

斯賓諾莎所謂的「自由人」是指那些僅僅根據理性而活、具有美德之人。[60]自由人能夠泰然自若地承受財富的饋贈和消逝，且只做那些他認為「生命中最重要之事」。這樣的人拒絕追逐或擔心那些稍縱即逝之物，也不太關心死亡。除此之外，他因明白了自己在自然事物系統中的位置，所以能擁有真正的快樂和心靈平靜。

因此，美德能帶來益處。人類追求、獲取理解力和知識的自然結果就是福祉（well-being）。[61]我們的自由以及身心美滿的狀態，都直接仰賴於對自然的知識，包括我們對所有事物之必然性的知識，以及我們在世界中所扮演之角色的知識。所以，美德是不受機運影響的恆久幸福之源泉。這也是美德所帶來的真實且完全自然的益處。如果說斯賓諾莎承認「神意」，那麼可以說這樣的美德概念在他的思想體系中構成了一種特別仁慈的神意，一種只有理性生物能理解的神意。

當然，我們也可以說從斯賓諾莎的觀點看來，世界上的一切都是神意的結果。畢竟，自然界中所有事情都是來自於上帝或自然，而且無論是什麼事物，都必然發生在自然之中，因為自然之外並不存在任何東西。因此，所有在人身上產生的益處和壞處（這裡談的不僅僅是幸福這種美德的副產品），以及所有利益和傷害，都是神意的結果。不管一個好人受苦，或一個小人得勢，也都是神意的作用。

雖然一切皆由神意而生，但從人類行為者的角度來看，一種看法是那些益處是因偶然因素而生（此偶然性是指從行為者的觀點和便利性來判定），且他是因為各種自然的方式受到外界事物的反覆影響；另一種看法則是那些益處是被有意地控制而出現。這兩種看法所帶來的理念完全不同。

這樣的區分也就是《神學政治論》中關於上帝之「外在幫助」（auxilium externum）和「內在幫助」（auxilium internum）的區分。斯賓諾莎寫道：

> 人依靠自身本性而生存的能力，可以適當地被稱為上帝的「內在幫助」；至於任何因外部原因而對人產生益處的事，則可以適當地被稱為上帝的「外在幫助」。[62]

外在幫助指的就是一種環境因素。此種環境因素會透過種種外在原因來影響我們。從斯賓諾莎的觀點來看，這種外在幫助通常仰賴於「命運」以及許多我們無法控制的因素，而其中神意會以一般人所理解的方式來介入。另一方面，內在幫助則是仰賴於上帝或自然所賦予個體的能力，而這種能力更進一步組成了個體的本質。斯賓諾莎在《倫理學》中稱此能力為「自然企求力」（conatus），即生物努力生存之能力。更具體地說，內在幫助會讓一個人在理性的指引下，透過自己的內在能力來獲得知識，從而增加自身的福祉，並在世界上獲取益處。

從此觀點可見，斯賓諾莎會同意，神意在上述的範圍內能帶給美德者一定的獎勵或利益。但是，這種「特殊的神意」並不需要預設超自然的干預或自然法則的背離。反之，神意是一種完全自然的過程。一切事物皆根據自然法則運行，一定的原因必然產生一定的結果。所以在《神學政治論》中，當斯賓諾莎談到「上帝的意志和戒律」或「神意」，他做了口頭上的讓步，但這樣的讓步與他基本的自然主義思想一致。此外，這些讓步也不影響斯賓諾莎完全否認奇蹟存在的決心。

第六章

《聖經》

- 《聖經》：一部文學作品
- 知識分子的大膽推測
- 誤傳的歷史
- 神之書，還是人之書？
- 哲學不是宗教的僕人
- 斯賓諾莎駁斥邁蒙尼德
- 一份人性化的文獻
- 道德效力

《聖經》：一部文學作品

斯賓諾莎在一六七七年二月去世前，一直住在南荷蘭的帕維恩格拉赫特區。當時他的房東是繪畫大師亨德里克・范德・斯派克（Hendrik van der Spyck），而斯賓諾莎就住在斯派克房子一樓的單人房裡。斯賓諾莎過世後，斯派克為了回收自己的開銷並償還斯賓諾莎的債主，便計畫拍賣斯賓諾莎的衣服、家具以及其他財產。為了準備拍賣，公證人威廉・范登・霍夫（Willem van den Hove）在當年三月清點了斯賓諾莎的遺物。遺物中有相當多藏書，包括哲學、科學、數學、宗教、政治和文學（含詩集）類書籍。他是一位涉獵廣泛、通曉多種語言的閱讀者。他的藏書中有希伯來文撰寫的《妥拉》注釋、拉丁文撰寫的古典歷史和戲劇、荷蘭文撰寫的醫學和政治論文，以及西班牙文撰寫的喜劇。具體來說，斯賓諾莎收藏了尼古拉斯・杜普*所撰寫的《醫學觀察》（*Observationes medicae*），這本書所介紹的解剖學後來被畫家林布蘭發揚光大；法蘭西斯科・德・奎維多†的詩集，以及馬基維利‡全集等等。他甚至還收藏了古希臘語指南、義大利語詞彙表，以及一本描述猶太逾越節規定的哈加達（haggadah）文本。

斯賓諾莎還擁有五本《聖經》，其中兩本是拉丁文《聖經》（其中一本是一五四一年的版本），另兩本是希伯來文《聖經》，包括布斯托夫§於一六一八年所編的《希伯來聖經》，以及一六三九年的威尼斯版本。此外，與阿姆斯特丹猶太兒童宗教會裡的大多數成員一樣，斯賓諾莎經常閱讀西班牙文版本的《聖經》，而他收藏的是一六四六年在阿姆斯特丹出版的西班牙文譯本。值得一提的是，十七世紀賽法迪猶太人在家庭和工作領域都是講葡萄牙語。無論是在家中還是出門在外，他們說的都是祖先家鄉的語言。即使是那些沒有伊比利文化背景的猶太人（譬如斯賓諾莎的老師、來自威尼斯的德裔猶太人莫特拉），也必須學習葡萄牙語，才能在這個社群中與他人和睦相處。然而，當他們面對神聖文學或高層文化的作品（譬如《妥拉》研究或是文學戲劇），住在阿姆斯特丹的這些「葡萄牙民族的希伯來人」（其中許多人大都只懂一些希伯來語）讀的書籍通常都是以西班牙語寫成的。

對斯賓諾莎同世代的人們來說，無論當時閱讀的是西班牙文、希伯來文、拉丁文還是荷蘭文所寫的《聖經》，所有人都像他們的祖先一樣，對《聖經》的起源抱持著不可質疑的信念。當時阿姆斯特丹的喀爾文教徒、路德教徒、猶太人，以及為了避免騷擾而依舊在私人場所做禮拜的天主教徒，全都相信《聖經》的神聖起源。換句話說，他們相信《聖經》的作者就是上帝，而且其中字字句句都忠實反映了上帝的思想、命令和行動。當然有時是以隱喻的方式。

---

* 尼古拉斯・杜普（Nicholas Tulp），荷蘭外科醫生和阿姆斯特丹市長。

† 法蘭西斯科・德・奎維多（Francisco Gomez de Quevedo），西班牙貴族政治家，也是巴洛克時期的著名作家。

‡ 馬基維利（Michiavelli），義大利的政治學家、哲學家、歷史學家、政治家、外交官。義大利文藝復興時期的重要人物，被稱為近代政治學之父，著名作品為《君王論》。

§ 約翰尼斯・布斯托夫（Johannes Buxtorf），著名的希伯來文學家，以「拉比大師」的稱號而聞名。巨著《*De Synagoga Judaica*》詳細記錄了近代早期德國猶太人的風俗和社會。

雖然上述這些人對《聖經》懷有神聖的信念，但從某種意義上，他們也同意《聖經》是人類的歷史文獻。這些人會同意，上帝的資訊在某個時刻揭示給人類，而後透過人類的轉錄而成為《聖經》。換句話說，在近代早期讀者眼前的這些文字，最早是由古代先知所記載下來的。根據傳統上的說法，摩西撰寫了《摩西律法》（即《希伯來聖經》的前五卷），而相繼的幾個重要人物例如約書亞、撒母耳、大衛和耶利米等人，都以自己之名寫成了書或是編纂了以自身為重要角色的編年史。但從宏觀的角度看來，這些歷史因素的價值微不足道。畢竟，這些訊息如實記錄了上帝的話語以及講述了上帝子民的歷史，而人類作者只不過是上帝永恆訊息的優先接收者。這些人所寫下的暫存《聖經》手稿傳達了故事和法則，那是神聖和永恆的產物。所以在傳統觀點下，《聖經》當然不會是任何歷史偶然事件的產物。

在《神學政治論》的第七章到第十章中，斯賓諾莎欲抨擊的正是上述這種神聖起源觀點。他的結論是，《希伯來聖經》的起源並不是什麼超自然的啟示；相反地，《聖經》只不過是一部人類文學作品，在古代以色列的政治環境中被創造出來。他引用了各種哲學、語言學和歷史學證據，其中也包括他自己的上帝或自然形上學之論述（如前所述，這些論述在《神學政治論》中只有部分呈現）以及他對預言和奇蹟的看法。

斯賓諾莎並不是第一個重視《聖經》歷史的人。對《聖經》文本的批判性研究傳統已經存在了很長一段時間，尤其在宗教革命之後變得更加蓬勃。在斯賓諾莎之前的主流天主教和基督新教神學家，皆曾敦促針對《希伯來聖經》進行語言學和歷史研究，尤其是因為他們考慮到手寫文本和後來的印刷文本皆出自於人類之手（但文本所傳達的神聖內容則不然），所以可能出現各種難以預測的誤傳。雖然宗教革命要求人們應該回到「《聖經》本身」，這也成為忠實、但不一定是受過教育的讀者去直接了解《聖經》，以便掌握那些清晰易懂的訓誡，但是文藝復興晚期以及近代早期的人文主義者則是為了發掘那些隱藏在《聖經》文本之中更「真實」的歷史意義，而進行語言學和語言學研究。到了十七世紀，關於《聖經》手稿以及現代印刷文本的起源和出處，學術界已經建立了完整的研究傳統。[1]

例如，十六世紀荷蘭的天主教人文主義者德西德里烏斯．伊拉斯謨（Desiderius Erasmus）便強調運用原著語言（希臘文和希伯來文）文本、古典時期作家作品以及教會神父們的著作，來評論甚至修訂傑羅姆（Jerome）的拉丁通俗福音書譯本，同時伊拉斯謨也運用這些材料來為「詩篇」和其他書籍撰寫評論。雖然教會當局並不總是喜歡這種學術研究（尤其是當這些研究被用於神學辯論，例如伊拉斯謨就因為他的大膽言論而受到教會神學家的強烈譴責），但這些研究顯然不少，尤其在大學裡更是常見。然而，斯賓諾莎對於《聖經》所進行的歷史研究，尤其是在針對《聖經》之世俗作者的議題上，則比之前的思想家都走得更進一步。只要文本和歷史證據支持（不論是何種宗教派別的證據），斯賓諾莎便願意推論出任何結論。所以相較於其他人而言，更可以說斯賓諾莎開創了現代相關的學術研究。或許對許多近代的《聖經》讀者而言，大部分人都聽過這樣的觀點：《聖經》的作者是人類，其內容主要是在處理當時的社會和政治歷史事件。[2]但就如同他所寫下的奇蹟觀點一樣，斯賓諾莎在那個年代所寫下的關於《聖經》起源的結論及其傳播史與含義，震驚了許多與他同時代的人。

知識分子的大膽推測

《妥拉》中的每個字應該都是由摩西所寫。正如同霍布斯曾以輕蔑的態度指出，在亞伯拉罕宗教傳統中（尤其是在正統教會和非學術界人士的眼中）這就算不是事實，也至少是一個不容置疑的原則。霍布斯在《利維坦》中寫道：「人們相信無論如何，《聖經》的最初作者就是上帝。」[3]更具體地說，這樣的宗教傳統認為，上帝在西奈山將所有戒律傳達給摩西，也包括創世的故事、摩西之前幾代人的記事，以及後來以色列人苦難的記事。據說，摩西僅靠一人之力便將所有律法、歷史、政治、宗教和形上學內容整合成一部歷久不衰的作品流傳下來。因為這些內容是直接從上帝傳給先知摩西，然後再傳到一般人的耳裡，所以也保證了《聖經》的神聖權威和永久有效性。此外，這樣的傳播過程並不存在任何缺陷，因此這些內容必然代表了上帝之語。

對於歷史上各種宗教派別（以及反宗教派別）的讀者來說，上述這種觀點顯然存在一些嚴重的問題。一些猶太教和基督教的評論家以經文文本、眾所周知的歷史事實和無可否認的經驗原則（例如「死人不會說話」）為基礎，非常謹慎地表示、暗示《妥拉》中的所有內容不可能由摩西一個人完成。事實上在斯賓諾莎的時代，提出懷疑認為摩西不是《妥拉》的唯一作者，並不是什麼太新鮮的事。甚至就算有人肯定地說摩西並沒有寫出書中所有的內容，也不會令人感到意外。

「《妥拉》是由摩西一人所寫。」這件事最明顯的問題在於描述摩西死亡的段落。一個人顯然不可能描述自己的死亡和自己的葬禮。即使《塔木德》書中描述的聖賢堅信《妥拉》所有的內容原則上都是摩西所寫，但他們也承認《妥拉》的最後八節是約書亞後來加進去的內容。[4]

十二世紀經文注釋家文士伊本小心翼翼地提出更進一步主張。在對《妥拉》的評論中他指出，經文中的一些元素顯示某幾節經文不可能是由摩西所寫的。例如，伊本針對《創世記》12:6（「那時迦南人就在該地……」）評論道：「這段經文隱藏了一個祕密含義。但理解此含義的人只能保持沉默。」這裡的「祕密含義」是從句子的時態文法中讀出來的。因為這節經文被寫出來的時候，迦南人早已不在這片土地上了。那時的迦南人已經被以色列人驅逐，而且這個事件只可能在約書亞的領導下發生。因此，撰寫這節經文的時間點，至少是在摩西死後的一個世代。他也評論了《申命記》1:1（「以下是摩西在約旦河東的曠野、沙漠、跨越紅海時，在巴蘭和陀弗、拉班、哈洗錄、底撒哈之間，向以色列眾人所說的話。」）。因為當時摩西並沒有越過約旦河，因此伊本必須推測這段經文的可能意思。他以一種神祕的語氣總結了這段話的詮釋：「如果你明白『十二的祕密』，也明白『當日摩西就寫了……』（《申命記》31:22）、『那時迦南人就在該地』（《創世記》12:6）、『在能看見主的山上』（《創世記》22:14）、『看哪，他的床是鐵的』（《申命記》3:11）等句子的意思，你就會知道真相了。」[5]後續的評論家普遍認為這裡的意思是，就如同《申命記》的最後十二節不是由摩西本人所寫（也就是所謂「十二的祕密」），其他上述的段落也不是由摩西所寫。畢竟，摩西不會以第三人稱提到自己（「當日摩西就寫了……」）；摩西也不需要提及鐵床來證明巴山巨人國王奧格的身高，因為當時的人都知道奧格的身軀大小。此外，摩西在世的時候，位於山上的聖殿（「在能看見主的山上」）尚未建成。所以，此處的真相指的就是《妥拉》中有些句子不是由摩西所寫，而是在他死後才被加上去的。

伊本暗指的上述主張其實非常局限，但他仍不敢公開宣告，以免一些讀者會自行推論認為還有許多其他經文或甚至是整個章節，都不是摩西所寫的。畢竟，他仍然相信摩西是《妥拉》絕大部分內容的作者。然而，斯賓諾莎在《神學政治論》中則認為這裡真正的意思是：「《妥拉》的作者並不是摩西，而是在摩西過世很久後的某人所寫。」這樣的解讀絕不正確。[6]

猶太教和基督教的詮釋者們皆熟知伊本對《妥拉》的評論，而且許多人也認為伊本提出的質疑很合理。事實上，許多著名的神學家都曾將伊本含蓄的暗示轉變成確切的明示。例如，馬丁・路德便認為就算《妥拉》中有幾行句子不是出自摩西之手，也不是什麼大不了的事。甚至還有一些評論家將懷疑轉到第二聖殿時期（the Second Temple period）的文士以斯拉身上，因為他們認為那些可疑的句子不會是出自約書亞之手。[7]這樣的觀點也為之後斯賓諾莎對《妥拉》的激進主張提供了舞台。

到了十七世紀，許多人都認同《妥拉》中有些段落並不是摩西所寫，而且抱持這樣的主張也不會帶有任何不敬的意味。當然，不是每個人都贊同這個觀點，但即使是批評者也會認真看待該主張。另一種稍微有點不敬但仍在合理辯論範圍內的主張則是，我們現在所見的所有《希伯來聖經》版本，都是在摩西和其他先知死後很久才修訂完成的，而經手修訂整理的是後世的編輯或編輯團隊，而且他們整理的資料來源確實是摩西。例如，天主教神學家安德莉亞斯・馬修斯（Andreas Masius）在他所寫的《約書亞皇帝故事集》（*Iosuae imperatoris historia illustrata atque explicata*）中指出，文士以斯拉在大猶太教會的協助下，將摩西和約書亞講述的原始資料「收集、整理，並整合成一本書」。[8]

然而，斯賓諾莎將這些解讀推到了前所未有的極致，而在他同時代的人看來，這也踩到了教會的底線。其實當時他並不孤單，因為我們將會看到，斯賓諾莎認為《聖經》完全是一部人類文獻，且當時還有其他幾個人也贊同這樣的觀點。但是他人的認同並沒有帶來任何實質的安慰，也絲毫未能改變當時人們對《神學政治論》的攻擊。事實上，反而還激怒了其他人。

誤傳的歷史

斯賓諾莎很清楚自己在《神學政治論》中所採取的立場之危險性。「人們普遍認為《妥拉》的作者是摩西。過去，法利賽人（Pharisees）非常頑固地捍衛這個觀點，[9]因此認為其他觀點都是異端邪說。」[10]然而，對他的神學─政治計畫來說，質疑上述教條是一個關鍵。當時斯賓諾莎因荷蘭共和國中教會權力的擴張而感到困擾，尤其他有感於喀爾文教派的教徒意欲干涉公共事務以及普通公民的生活，因而發現這些教徒為自身奪權行為辯護的最有效工具之一就是《聖經》。[11]喀爾文教徒宣稱他們的行為有上帝之語作為後盾，並且將《聖經》作為他們在道德上、社會上甚至政治上的唯一權威。此外，他們自詡為唯一合法的詮釋者，並且依照自己的目的來解讀。因此，斯賓諾莎寫道：

> 我們四處都聽到人們說《聖經》是上帝之語，能夠教導人類獲得真正的幸福，或是找尋到救贖之路。我們能看到，幾乎所有人都把自己的思想當作上帝之語來宣揚。但他們只是以宗教為藉

口，強迫他人用自己的方式來思考。我們還能看到，神學家們主要關心的是如何從《聖經》中敲詐出自己任意創造的思想，同時聲稱自己的思想具有神聖的權威性。[12]

引用《聖經》一直都是說服群眾的有效手段。而且，對統治精英來說也是如此。無論牧師群體是多麼心胸狹隘或在政治上多麼保守，統治精英通常仍然認為牧師之道就是上帝之道。

斯賓諾莎曾模仿並嘲弄《聖經》的超自然觀點，寫道：「《聖經》是上帝從天堂捎給人類的訊息。」他希望證明《聖經》實際上並不是超自然的上帝作品，而是一部完全屬於自然的人類作品。在此他的主張包括：《妥拉》的作者不是摩西；《希伯來聖經》作為一個整體，僅僅是在不同的歷史和政治環境下由一些容易出錯且不是特別有學問的普通人所寫的著作之彙整；這些著作大都代代相傳，最終由現今的政治和宗教領袖進行編纂。簡而言之，斯賓諾莎希望能夠「自然化」《妥拉》以及《聖經》中的其他部分，為的是將它們看成普通的文學作品（不過同時仍然承認它們在道德上的價值）。藉此，他的目的是削弱荷蘭教會在政治上和其他領域的影響力，並且使他所鍾愛的國家免於教派鬥爭的危險。他強調，「為了逃離這個混亂的狀態、為了讓我們的思想從神學家的偏見中解放出來，也為了避免將人類的謊言草率地視為神聖的教義」，我們有必要了解《聖經》的真相，以及了解應該採取什麼「真確的方法」來閱讀。他繼續寫道：「因為如果我們不明白這些事情，那麼就無法確知《聖經》或聖靈的教導。」[13]

以中世紀學者伊本．以斯拉卓越的研究為基礎，斯賓諾莎展開了他的論述。斯賓諾莎整理了伊本所留下的微妙暗示訊息，並提出更多證據來證明《希伯來聖經》前五卷的作者並不是摩西，而是「幾個世代之後的人」。他提及的事實包括：這五卷的作者總是用第三人稱來指稱摩西，並將摩西與之後的先知做比較，說摩西遠超過其他人。此外，這五卷中也敘述了摩西死後發生的事情，例如：「以色列人吃嗎哪共四十年，直到進了有人居住之地，就是迦南的境界。」（出埃及記 16:35）斯賓諾莎點出，這也是「《約書亞記》5:12 中所提到的時間點」。這五卷還使用了摩西時代並不存在、而是他死後很久才出現的地名。例如，《聖經》說亞伯拉罕「追逐敵人直到旦」（創世記 14:14）。斯賓諾莎注意到「旦」這個城市是「約書亞死後很久才有的名字」。在此，斯賓諾莎的結論比起伊本或過去任何人明說或暗示的，都要來得更激進。他說：「從上述的證據看來，《妥拉》毫無疑問不是摩西所寫的，而是在摩西過世許久之後的某人所寫的。」[14]

不過斯賓諾莎認為，從《妥拉》中仍然可以看到真正的摩西思想。他引用《聖經》中的證言，主張摩西親手寫了三本著作：《主的戰爭之書》*、《約書》†、《主的律法書》‡。當然，這些書都沒有被保存下來，也無法在《妥拉》之中找到這些書的原文。但是斯賓諾莎認為，《妥拉》的真正作者至少手邊會有《主的律法書》，並「在《妥拉》中以適當的方式引用該書」。[15]

* 《主的戰爭之書》（*Book of the Wars of God*），描述以色列人與亞瑪力人的戰爭以及以色列人的旅程。

† 《約書》（*Book of the Covenant*），統整上帝的話語和律法。

‡ 《主的律法書》（*Book of the Law of God*），解釋上帝戒律和對上帝與其子民之間的約定。

同樣地，斯賓諾莎也認為約書亞並不是《約書亞記》的作者。他提到：「書中描述了一些約書亞死後才發生的事件。」所以，這本書是「在約書亞過世許久之後才寫成的」。斯賓諾莎繼續寫，「畢竟，這些歷史事件在他死後很久才發生。」此外，「任何判斷力健全的人，都不可能相信《士師記》是士師們自己寫的。」就如同《撒母耳記》不是撒母耳本人寫的，《列王記》也不是君主自己寫的。事實上，所有這些著作最早其實都來自一些古代編年史。斯賓諾莎總結道：「因此我們可以得出結論，所有《希伯來聖經》中目前討論的部分，事實上都是他人的作品，而且這些書的內容都是在講述古代的歷史。」[16]

那麼，《希伯來聖經》的作者、編輯又是誰呢？斯賓諾莎確信，「記錄了猶太人的古代故事，包括猶太人的最初起源，直到聖城的第一次毀滅的是一位歷史學家。」雖然《妥拉》和其他作品的出處不同，但是這些書籍之間的主題連結非常緊密，並且被巧妙地整合成一個井然有序且連續（雖然並不是完全無間斷）的敘事。正因為這個敘事很自然地描述了歷史時期或政治政權之間的過渡，斯賓諾莎認為，其作者「僅僅一位歷史學家」，他在自己所記述的事件發生後好幾個世代才開始從事這項工作，而且「心中懷著一個確切的目標」。而我們從敘事本身就能很清楚地看出這位歷史學家的目的：「闡述以色列人的第一位也是最重要的一位領袖——摩西——的話語和戒律，並且透過歷史進展來證明其中的真理。」[17]

斯賓諾莎承認我們無法斷然確定這位歷史學家的身分。但在他看來，就如同在他之前的其他思想家所推測的，所有的證據都指向文士以斯拉。那些文本內容清楚地顯示，作者的出生不可能早於西元前六世紀中期，因為作者在書中提到了巴比倫釋放猶大王約雅斤（Jehoiachim）的歷史事件，而此事約發生於西元前五六〇年。此外，斯賓諾莎指出，《聖經》本身也提到文士以斯拉「在他那個時代，獨自一人致力於建立和闡明上帝的律法（以斯拉記7:10），而且他還是一位學習摩西律法的文士（以斯拉記7:6）。」因此斯賓諾莎總結道：「除了文士以斯拉，我想不出還有誰會是這些書籍的作者。」[18]斯賓諾莎認為，文士以斯拉在當時之所以將他的前五本書以摩西的名字命名，就是因為這些書的主題是關於摩西的生平。此外，出於同樣原因，文士以斯拉也以《約書亞記》、《士師記》、《路得記》、《撒母耳記》和《列王記》等名稱來命名其他書籍。

當然，文士以斯拉顯然不是從無到有創作這些作品，而且也不是自行完成所有作品。事實上，以斯拉曾蒐集各種古代希伯來作者的歷史著作，有時甚至只是逐字逐句地抄寫古人的敘述。他想做的是修改整理那些古代敘述，並將之編輯成一個完整且精雕細琢的敘事。摩西、約書亞、以賽亞以及其他人的資料都被「隨意地蒐集和記錄在一起，為的是在日後某個時間更方便地找出來檢查和整理」。[19]斯賓諾莎並推測，以斯拉可能在他完成作品之前就去世了。所以，是在以斯拉過世許久之後，才有人選擇是否要在《聖經》中放入某些作品或不收錄其他同樣古老的作品。當然，這樣的選擇不會早於馬加比時期（大約西元前二世紀），甚至可能更晚。因此，斯賓諾莎認為最有可能執行這種選擇的就是法利賽人。而且他們的選擇，是基於捍衛自己的傳統和律法免於對手撒都該人的侵害。斯賓諾莎寫道：「學過律法的人們召開了會議，討論決定哪些書籍應該被視為神聖之書，又哪些書籍應該被排除在外。」[20]換句話說，這個選書的過程非常人性化且富有政治動機。

結果，我們從《希伯來聖經》文本的現狀就可以清楚看到，其中有許多重複、缺漏、破碎的故事、年代上的出入，以及前後不一的地方。經文缺失的例子包括：關於世界的創造，書中存在兩種截然不同且不相容的說法；非利士人的軍隊在其中一章（《撒母耳記上》第七章）被以色列人打敗，且再也無法入侵，然而不久之後他們又再次出現，發動又一次的攻擊（《撒母耳記上》第十三章）；君主的政權時序並不明確，甚至偶爾會重疊；出現令人難以置信的年表，例如，斯賓諾莎寫道：「在《列王記》第六章中，我們得知所羅門王在出埃及後四百八十年建造了他的聖殿，但敘事本身顯示這個時間並不正確。」[21]換句話說，這是一本經過刪減、不完整且缺乏適度編輯的選集。即使是最漫不經心的《聖經》讀者，也會不由得對文本中雜亂無章的組織方式感到震驚。所以斯賓諾莎認為「我們必須承認，這些故事是從不同的來源彙編而成，且沒有經過任何適當的安排或審查。」[22]

此外斯賓諾莎強調，當原始手稿被一遍又一遍地抄寫並世代相傳之後，大量的抄寫錯誤和不同的詮釋也就滲入了文本之中，讓事情變得更加複雜。斯賓諾莎出生於阿姆斯特丹的葡萄牙裔猶太社區，也因此他和那個世代的大多數年輕人一樣對希伯來語非常熟悉。但他們在伊比利亞出生的父親輩就不一定如此。他是《希伯來聖經》的忠實讀者，還在一六六〇年代晚期為他的非猶太人朋友編寫了一套希伯來語語法。於是上述斯賓諾莎的主張，便是來自於他對《希伯來聖經》文本的仔細閱讀以及語言學上的技術分析。那些「可疑詮釋」的來源包括缺失或錯誤的單字、類似外型的字母之間出現抄寫錯誤（例如，「resh」和「dalet」可能被誤認而混用），以及發音的變化所導致的錯誤。

任何對希伯來語稍有了解的人，都必定會懷疑《聖經》的文本是毀損的。例如《撒母耳記上》（13:1）是這樣寫的：「掃羅*登基時……歲，他擔任以色列王兩年。」在這裡我再說一遍，每個讀者都必定發現掃羅王登基時的歲數被省略了。而且我想沒有人會懷疑，該書的敘事透露了（掃羅王）的在位時間不只兩年。因為《撒母耳記上》（27:7）告訴我們，大衛為了躲避掃羅，逃到非利士人那裡，寄居長達一年又四個月。計算下來，他（掃羅）統治時發生的其他事件只占據了八個月的時間。我想沒有人會接受這個結論。[23]

神之書，還是人之書？

斯賓諾莎並不是那個時代唯一一位運用文本和歷史證據來質疑《聖經》起源的人（他運用了包括約瑟夫†等古代作家的著作，因為這些作家寫出了早期學者不願斷言之事）。但他當然也沒有什麼同伴。而且幾年前曾發表過類似觀點的人，肯定也沒有讓斯賓諾莎的論點更容易被當時的人所接受，反倒可能讓當局變得更加警惕，以防備這種褻瀆論述再次出現。話雖如此，「《妥拉》根本不是摩西所寫」這樣的說法，在十七世紀時本來就不太可能會得到公正的評價。

---

* 掃羅王（Saul），以色列聯合王國的開國君王，他的即位亦是君權和神權之間權力鬥爭的開端。

† 約瑟夫（Josephus），一世紀時著名的猶太歷史學家，也是軍官及辯論家。

在《利維坦》一書中，霍布斯曾主張我們所看到的《聖經》，並不是一成不變、真正的上帝之語。換句話說，《聖經》在許多重要的面向上，是一份非常人性化和具有歷史意義的文件。他承認「上帝是該書的第一作者」。透過超自然的啟示，上帝傳話給先知。但由此推斷，只有那些先知能夠確定上帝之語到底是什麼。畢竟只有直接接收到啟示的人，才能確定啟示的內容以及啟示的來源是上帝。然而，現在被列為「聖經」的作品早已和那些最初的啟示或接收到上帝之語的先知所記錄之事非常不同。所以，關於啟示的第一手知識已經消失了。

如同斯賓諾莎（和伊本．以斯拉），[24]霍布斯質疑了摩西的作者地位：「有一種奇怪的詮釋指稱摩西談到自己的墳墓……然而摩西還活著的時候並沒有這樣的墳墓存在。」因此，霍布斯認為《妥拉》至少有一部分、甚至是大部分，都不是摩西所寫的。儘管如此，霍布斯仍然相信，摩西確實在書中寫下了那些大家認為他寫下的東西，尤其是摩西律法（例如，霍布斯認為《申命記》11-26是摩西自己寫的）。此外，霍布斯認為約書亞本人也沒有寫下《約書亞記》，該書是在約書亞之後的時代才編輯完成。就像寫下《士師記》、《路得記》、《撒母耳記》等書的時間，也比書中記敘事件的時間要晚得多。霍布斯事實上認為，《舊約聖經》是由不同人彙編而成，不過「他們都受到同一種精神的感召，因為彼此同心合意。這也是聖父、聖子和聖靈之國正當性的明證」。此外，這些受到感召的作品是在巴比倫之囚*事件的許久之後才被集合在一起的。至於是誰擔下了這份工作？霍布斯對《聖經》作者和編輯的看法與斯賓諾莎相同，他寫道：「現存《聖經》是文士以斯拉編輯而成。」[25]

就如同斯賓諾莎在《神學政治論》中的主張，霍布斯也認為代代流傳下來的《希伯來聖經》就是一部承載著神聖訊息的人類文學作品。[26]所以，我們沒有理由將這種自然界的產物視為超自然的上帝之語，畢竟後者只有在最初階段直接揭示給先知。但是最初的神聖揭示以及巴比倫之囚後的那些「先知所做所言之事的真實紀錄」，都已經是很久以前的事了，而且在後續不同的政權下，那些紀錄又被反覆抄寫。我們很難坦然無懼地說，我們所知《聖經》的一切細節就是上帝之語。

以這樣的觀點出發，霍布斯便將上述對《聖經》（包括基督教福音書）的分析應用到政治論述上。他的結論為，無論《聖經》文本的權威基礎是什麼，肯定不是來自於對文本神聖起源的確切知識，畢竟沒有特殊的神啟能證實此點，所以這樣的知識並不存在。反之，《聖經》的權威基礎僅僅是來自於某個宣告其為上帝之語的君主，或者更準確地說，來源於統治該國官方教會。

除了那些上帝以超自然方式向他們親自揭示的人以外，沒有人能知道《聖經》是否為上帝之語（儘管所有真正的基督徒都相信如此）。所以，對於那些上帝沒有以超自然方式親自向他們揭示的人，以及那些不知道《聖經》是否為上帝之語的人來說，並沒有義務服從上帝之語的權威。反之，那些人只有義務服從具有法律效力的命令，也就是說，他們只必須服從對該地具有統治權的君主。[27]

---

* 巴比倫之囚（the Captivity），公元前五九七—前五三八年期間，新巴比倫王國國王尼布甲尼撒二世兩次征服猶太王國，大批民眾、工匠、祭司和王室成員被擄往巴比倫。

霍布斯以英文首次出版《利維坦》一書是在一六五一年。當時，他對《聖經》作者問題的討論其實相對簡短。所以，雖然該書提出了一些與《神學政治論》相似的主張，但是其內容並不如斯賓諾莎所討論的那樣仔細和廣泛。四年後，以拉丁文撰寫的《前亞當人》（*Prae-Adamitae*）在阿姆斯特丹出版（但此書可能早在一六四〇年代就已完成）。比起《利維坦》，後者更全面地討論了《聖經》的作者問題。於是，就如同《利維坦》以及一六七〇年代《神學政治論》的遭遇一般，這本書很快就被譴責為「褻瀆神明和無神論的作品」。

《前亞當人》的作者是四處遊蕩、窩居在近代早期「文人圈」（Republic of Letters）的成員之一以撒．拉．佩雷爾*。佩雷爾作為孔代親王†的祕書時，因公所需待過許多地方，像是波爾多、巴黎、阿姆斯特丹、倫敦、西班牙，甚至斯堪地那維亞。在這個旅居的過程中，他不僅擴大了工作上的人脈，也擴大了知識界的人脈。同時，他很有可能曾經見過斯賓諾莎和霍布斯。[28]

佩雷爾在書中的主要論點為：亞當不是第一位人類。更確切地說，在亞當出現之前就存在著人類世系。佩雷爾在這本書中整理的證據包括許多當時的最新科學發現。例如在新大陸上發現了「不是亞當後裔」的未知民族，同時有人也發現了《聖經》中沒有提到的古代文明史。此外，佩雷爾還指出了文本中的證據。他問道，如果除了亞當自己的後代以外沒有其他人類存在，那麼該隱的妻子是從何處而來？於是他總結道，《創世記》其實只是關於猶太人起源的歷史，而不是所有人類起源的歷史。而所謂的「創造亞當」，也只是意味著創造第一位猶太人。

佩雷爾在書中也指出，現存的《希伯來聖經》文本並不是由摩西所寫，也不是由先知所寫。如同之前其他人的觀點一般，他認為摩西不可能寫下自己的死亡或者自己死後發生的事情。所以，《希伯來聖經》是一份借鑑各種古代著作、經過多人編輯的文獻。佩雷爾寫道：「我想我不用再證明一個不證自明的事實，那就是《希伯來聖經》的前五卷，並不像人們所以為的是由摩西所寫的。」[29]事實上，「這些內容是由不同的作者所寫的。」[30]據佩雷爾推測，此作最後一位編輯和作者並沒有做好份內工作。畢竟，現存的作品就是一部充滿矛盾內容的選集，其中各部分的品質參差不齊，而在手稿中也可以看到很多不同的抄寫傳統，可見涉及了無數個粗心的抄寫者。「此後，當人們讀到許多雜亂無章、晦澀難懂、充滿缺陷的內容，且發現許多段落被省略或放錯地方，他們會認為自己讀到的是一堆胡亂抄寫的副本。對於這樣的情況，我們無需感到奇怪。」[31]佩雷爾質疑，這個腐敗的文本（他輕蔑地稱之為「大量副本之副本」）並不是真實《聖經》的準確紀錄，也不是先知所獲得之神啟內容的可靠紀錄。

正如同一位學者所說，佩雷爾將他對《聖經》起源的描述安置在他令人吃驚的「前亞當」理論中，但是他不只是一個狂人。在當時，他的書被廣泛閱讀，「許多著名的《聖經》學者都知道佩雷爾。」[32]的確，斯賓諾莎的藏書中就有一本《前亞當人》。此外，斯賓諾莎也收藏了一本霍布斯的《公民論》（*De Cive*）。在此書中，霍布斯暗示了關於《聖經》起源和摩西作者論的觀點。例如霍布斯

---

* 以撒・拉・佩雷爾（Isaac La Peyrere），十七世紀法國神學家，被認為是科學種族主義的先驅。

† 孔代親王（prince de Condé）法國波旁王朝時期的貴族稱號。

提到，《聖經》不是代表上帝「所有」說過的話，而只代表上帝在許多不同地方說過的話。[33] 還有毫無疑問地，斯賓諾莎在撰寫《神學政治論》時，也閱讀過霍布斯的《利維坦》，可能是他朋友范伯克爾在一六六七年翻譯的荷蘭譯本，或是一六六八年在阿姆斯特丹出版的拉丁語譯本。然而，我們很難確定霍布斯或佩雷爾對斯賓諾莎的寫作有什麼樣的影響。[34] 畢竟，斯賓諾莎已經很熟悉伊本·以斯拉和其他中世紀猶太評論家對《妥拉》和《希伯來聖經》其他部分的評論，所以他在思考《聖經》的作者問題時，可能不需要霍布斯或佩雷爾的幫助（而且這兩位思想家都不懂希伯來語[35]），甚至不需要任何同時代思想家的幫助。[36]

因此，對於斯賓諾莎、霍布斯，和佩雷爾來說，《希伯來聖經》是由不同人在不同時期、面向不同觀眾所撰寫而成的一堆雜亂文本合集。同樣值得一提的是，在《聖經》是否應該納入或不納入某些資料來源的選擇上，其實有很多偶然性，甚至很隨意（這似乎是斯賓諾莎的原創論點）。最初，第二聖殿時期的作者／編輯只能以不完整的方式整理資料來源，並從中打造出一部作品。接著，這個不完美的作品在傳播的過程中被一遍又一遍地複製抄寫，自然產生許多變化。經過許多個世代之後，這些變化也蔓延到作品之中。於是，《聖經》是一部「殘缺、攙假、不完整和前後矛盾的作品」。它打從出生起就是個混血兒，在經歷了不同的傳承和保存後更加劣化。正如同斯賓諾莎偏好的說法：《希伯來聖經》中有很多段落明顯是裁減過的，而有知識的人還會發現其中有些不那麼明顯的錯誤。「任何對希伯來語稍有知識的人，都不會懷疑這是殘缺不全的《聖經》文本。」[37]

然而就算這個文本存在許多問題，無論是《希伯來聖經》還是基督教福音書，我們仍無法忽視

《聖經》所欲教導的終極原則。事實上，這樣的內容反映的是一個相當簡單的原則：對所有人類同胞實踐正義，並懷抱仁慈友善之心。所有的戒律和故事教訓都經歷了文本的分歧、錯誤、歧義和劣化，但其中完整而純粹地被保存下來的東西，就是上述這個基本道德原則。斯賓諾莎強調，這樣的基本原則可以在希伯來先知的話語中看到，例如：「不要尋求報復或怨恨你的子民，但要像愛自己一樣愛你的鄰人」（利未記 19:18）；也能在福音書中讀到：「愛鄰舍者就滿足了一切律法的要求」（羅馬書 13:8）。所以，「我可以肯定地說，在道德教條的議題上，我從未觀察到文本解讀錯誤所導致的晦澀或懷疑。」斯賓諾莎如此表示。[38] 換句話說，道德教條是《聖經》中清晰而普遍的訊息（至少對那些知道如何正確解讀《聖經》的人來說是如此）。但問題在於，什麼才是正確解讀《聖經》的方式？

哲學不是宗教的僕人

斯賓諾莎於一六六三年出版了《笛卡兒哲學原理：依幾何學方式證明》的第一部和第二部，當時他與好友洛德維克・梅耶爾（Lodewijk Meijer）一起寫了序言。梅耶爾是一位不太虔誠路德教徒，年紀比斯賓諾莎稍長一些。他在萊頓大學完成了哲學和醫學學位，此後便將大部分的時間精力都用在知識和藝術上。在一六六〇年代早期，他發表了一些自己寫的詩歌和戲劇。到了一六六五年至一六六九年間，他成為阿姆斯特丹市立劇院的導演，同時也是戲劇和文學協會「世上無難事只怕有心人」（Nil Volentibus Arduum）的創始人。

然而在一六六三年時，梅耶爾只是阿姆斯特丹一位對哲學抱持濃厚興趣的普通醫生。他為斯賓諾莎出版的第一本書寫了序言，以提醒讀者斯賓諾莎在闡述笛卡兒思想之基本形上學和知識論原則上的確切目標，同時並警告讀者不該將這本書的內容與斯賓諾莎本人的哲學思想混為一談。「我想特別指出，在本書的所有段落中……我們的作者只是要列出笛卡兒的想法以及其論證，而這些想法要麼可以在笛卡兒的著作中找到，要麼可以從笛卡兒所奠定的基礎中有效地推導出來。所以不要誤以為斯賓諾莎在本書中講解的是他自己的觀點，也不要誤以為他是在闡述自己認同的觀點。」[39]至於有關斯賓諾莎自己的理論和原則之闡述，要在《倫理學》和《神學政治論》兩書中才會看到。斯賓諾莎撰寫這本笛卡兒專書的同時，也在撰寫《倫理學》，但後者直到他死後才正式出版。當然，梅耶爾在為前者寫序言時不可能知道此事。

當時，梅耶爾感興趣的不僅是引導斯賓諾莎出版自己的著作。事實上，梅耶爾有自己的哲學觀點，然而他的觀點曾引起許多同時代批評家的反對。在將斯賓諾莎的書籍介紹給公眾的三年之後，梅耶爾在阿姆斯特丹出版了《聖經之哲學詮釋》（*Philosophia S. Scripturae Interprete*）。在此書中，他提出了一個激進的主張，即哲學或理性才是詮釋《聖經》的標準。在梅耶爾看來，哲學不是宗教的僕人，所以不應迫使哲學中的結論相容於神學教條和《聖經》的字面意義。相反地，《聖經》必須回應哲學的進展。誠然，《聖經》所宣揚的真理僅僅透過人類的理性就能理解，而不需要任何特殊的神啟作為。

在他的書中，梅耶爾區分了一個句子的「簡單意義」（字詞按照尋常的用法閱讀時，所產生的字面意義和嚴格意義）、該句話的「真實意義」（作者意圖透過話語傳達什麼意思），以及「真理」（該句話的意思與現實之間的對應關係）。例如，若作者經常以隱喻的方式表達想法，那麼在這種情況下字面意義會與真實意義不同。此外，僅僅因為一個作者說了或意圖想說某件事是如此，並不代表這件事就確實如此。一件事之為真，「必須與事實一致，並且在實際上獨立於說話者的理解而存在」。[40]例如，「上帝是萬國之王」這句話的字面意義可能與說話者想要傳達的真實意義（上帝是全能的）差異甚大。甚至另一個值得問的問題是，「上帝是全能的」這樣的句子是不是符合事實。

上述三方的區分適用於所有的人類語句和幾乎所有文學作品，《聖經》卻是例外。就《聖經》而言，任何句子的真實意義都必然等同於真理。這是因為《聖經》的作者是上帝——全知、全能、本質上是睿智且真誠的存在。「上帝既不會欺騙，也不會被欺騙。」於是任何人都無從設想，上帝意圖用句子傳達的命題不是絕對真理。

> 《聖經》的作者（即上帝）在差遣抄寫者時，也帶領他們走上真理之路。真理之精神總是與這些抄寫文士同在，連一絲虛假和錯誤都不能發生。可以肯定的是，凡是寫在《聖經》上的東西，都只包含最純粹的真理，完全不存在任何虛假和錯誤之污點。因此，神聖話語的真實意義總是與真理相一致。[41]

在《聖經》中，每個句子的真實意義都是真理。此外，因為上帝不會欺騙，且祂擁有無限的智慧和力量，所以《聖經》中的每句話不必然只有獨一無二的真實意義。《聖經》中任何成功透過語句表達的真理，都可以當作語句的真實意義。上帝可以隨心所欲地在一個語句中加入許多真理，且這些語句將包含真實且合理的各種詮釋方式。「因為讀者或聽者在《聖經》中不可能看到上帝所沒有預見到的真理。事實上，上帝已經為各種解讀做了準備。又因為讀者或聽眾可能會看到所有不同的意義，所以一個語句中的所有真理都是上帝有意為之，因此這些真理就是語句的真實意義。」[42]

從上述的《聖經》本質和其作者之理解中，梅耶爾得出結論：哲學是「詮釋和評判《聖經》的規範和規則」。[43]決定一段《聖經》句子的真實意義，也就是確定哪些是真實和可證明的可能意涵。而決定什麼是真實和可證明的東西，正是哲學的任務。梅耶爾在此所說的「哲學」，並不是指某個思想家的特定哲學體系（例如柏拉圖、亞里斯多德或笛卡兒的體系），而是指理性本身——人所具有的理性探索能力，能透過嚴格的論證來判斷真假。上帝是《聖經》的作者，也是人類理性的創造者，因此關於《聖經》與理性的宣告必定會是真實且一致的。正如同梅耶爾（以及在他之前的多位哲學家）所強調的，「真理不可能自相矛盾。」

因此，對梅耶爾來說，「哲學是確切無誤的標準，可用來詮釋《聖經》以及檢驗詮釋本身。」[44]任何對《聖經》的詮釋，都必須通過客觀且獨立的理性測試。無論一個詮釋在文本中有多麼充分的基礎，如果與理性明確傳達的哲學真理相悖，那麼我們就應該拒絕該詮釋。例如，理性告訴我們上帝不會因人類的情緒而「激動」，畢竟這與完美且無限的上帝概念相悖。因此，《聖經》中任何描述到上帝生氣、悲傷或失望的句子，都不能從字面意義上來理解。換句話說，這些句子的「簡單意義」不可能是「真實意義」。所以在這種情況下，只能採取比喻或隱喻的詮釋方式，僅僅將我們理性所認為與神性相符的性質歸給上帝。同樣地，因為哲學也證明了「事出必有因」，所以當我們解讀《聖經》中關於上帝從虛無中創造世界的敘述，就不能只看其表面意義。梅耶爾認為透過這種方式，「《聖經》中那些難以理解的文本，都可以借助哲學來詮釋。」

事實上梅耶爾還進一步表示，嚴格來說《聖經》也不是獲得宗教真理的必要條件。因為《聖經》的真實意義都是簡單明瞭的真理，所以一個理性的人就算沒有讀過《聖經》，原則上也可以自己去發現這些真理。換句話說，雖然《聖經》確實教導了一些真理，但是我們也能透過其他方法來習得這些真理。《聖經》的作用「僅僅是喚醒讀者，促使他們思考經文中所描述的問題，同時檢視並考慮事實是否真實如此。《聖經》能做的只是啟發我們的思想，並提供思想以內容，使我們思考那些可能在其他地方永遠不曾思考之事」。[45] 所以，《聖經》或許是激勵我們真正思考上帝之事的有效手段，然而哲學本身也能扮演相同的角色。

不出所料，梅耶爾在出版這本「無神論」和「不道德」的書之後，就被眾人譴責為「憑空捏造異端邪說」。在一六六六年該書出版後不久，哈勒姆歸正教會便宣稱這本書充滿了「對上帝的不敬和褻瀆」。而後，一六七六年萊頓大學負責人也明確譴責了該書中的許多命題，其中之一便是「哲學是《聖經》詮釋的方法」。[46] 當然，梅耶爾採取了匿名出版的預防措施，因為他也很清楚此書會掀起什麼樣的波瀾。此書的一六七四年版，便曾與斯賓諾莎的《神學政治論》合併成一本書出版。所以在很長一段時間裡，有些人甚至認為斯賓諾莎同時是這兩部作品的作者。事實上，直到一六八一年梅耶爾去世為止，《聖經之哲學詮釋》作者的真實身分一直都是個謎。

那時，歸正教會的領導階層以自身對《聖經》的虔誠作為詮釋基礎，所以當梅耶爾批評他們立場不一且難以成立，他們被激怒了。對這些神職人員來說，他們無法容忍有人主張需要在《聖經》之外尋求獨立的真理標準，例如在哲學界或世俗理性中。他們也無法容忍《聖經》句子可能有多種同樣合理的解讀，包括純粹字面意義的解讀，或是比喻、寓言式的解讀。宗教革命時期神學家們的標準主張是《聖經》只有一種意義，也就是字面上的意義（或梅耶爾所說的「簡單意義」）。例如，馬丁・路德曾強調，「優秀的神學家必須仰賴僅由字句提供的真實主要意義。」當然，神學家可能需要一些重要的文本以及語言學和歷史學研究，才能發現「主要意義」是什麼。路德曾經很明確地表示：「雖然《聖經》中的陳述隱含了更深遠的事物，但是《聖經》中不該存在雙重意義。相反地，《聖經》中的語詞都應該僅僅包含一個意思。畢竟，使用字面意義和簡單意義會更確切也更安全。」[47]又或者如喀爾文所言，對《聖經》的正確字面意義詮釋，可能需要「神聖精神」（Divine Spirit）的特別啟示——這個觀點同樣遭受梅耶爾的嘲笑。

其實，梅耶爾在書中提出的論點也不算特別創新或新穎。例如，伽利略曾主張哥白尼主義*與《聖經》並不矛盾。當時他便提出了與梅耶爾相似的觀點。[48]此外，斯賓諾莎也曾提出類似的觀點，而且該觀點可追溯至梅耶爾為他寫序的那本《形上學思想》（此書是在梅耶爾作品出現的前幾年出版，斯賓諾莎在書中的一些章節展示了自己對形上學和神學問題的看法）。斯賓諾莎在書中表明：「《聖經》沒有教導任何與自然之光相悖的東西。」其後，他便以這個原則作為詮釋《聖經》的基礎。

> 只要我們證明了哪些事物能夠透過自然理性來確切掌握，就會知道《聖經》教導的也是同樣的事物。因為真理不會與自身相悖，《聖經》也不會教導人們毫無道理之事。因為我們若在《聖經》中發現有違背自然之光的事，我們就可以像駁斥《可蘭經》和《塔木德》一樣自由地去駁斥它。但是我們不會在《聖經》中找到任何與自然之光相抵觸的東西。[49]

如果斯賓諾莎在這裡是如實表達了自己的想法，那麼我們很容易得出這樣的結論：梅耶爾從斯賓諾莎那裡學到了關於《聖經》詮釋的觀點。當然這是在斯賓諾莎後來完全改變他對《聖經》看法之前的事。

毫無疑問地，梅耶爾的書給同時代的人們留下深刻的印象。但在這種理性主義的詮釋路線中，最重要的捍衛者或許是更早期的邁蒙尼德。而且儘管邁蒙尼德是偉大的哲學家，他的《聖經》觀點也曾遭受中世紀拉比和非猶太人評論家的嚴厲抨擊。

在《迷途指南》中，邁蒙尼德的主要目標是批判普通人（甚至包括有學問的人）將上帝人格化的傾向。上帝是無限且永恆的存在，祂與有限的生物沒有任何共同之處。換句話說，人與神是無法比擬的，所以我們透過觀察人性並無法了解神性。這點在身體形象方面顯然是正確的。《迷途指南》中的

---

* 哥白尼主義，在物理宇宙學中，無論是在地球還是在太陽系，人類都不是宇宙中特別的觀察者，位於地球上的人類並不處於造物者特別打造的中心位置。這個說法相對於當時教會宣揚的地球中心說。

許多章節都致力於消除上帝有身體特徵（例如手指、臉、腳等部位）的觀念。此外，邁蒙尼德更認為，在我們能掌握關於上帝的真實理解中，必須避免將人類心理特徵（例如憤怒、嫉妒、羨慕，以及其他我們從自我覺察中熟識的心理狀態）加諸於上帝心中。

然而，《聖經》中不斷使用心理和身體的詞彙來描述上帝。讀者會讀到上帝的憤怒、悔恨和寬恕，以及描述祂坐下、起身、來去，甚至展現視力和聽力的橋段。從字面意義上來看，這些段落鼓勵或甚至要求讀者將上帝擬人化。所以，《迷途指南》想要糾正的，正是這種在理性和信仰之間的明顯矛盾中所浮現的困惑。

邁蒙尼德認為，對希伯來先知所寫作品的字面意義解讀就是我們應該採取的主要解讀方式。除非有很好的理由不這麼做，否則我們便應該選擇對文本進行直接而簡單的詮釋。然而，如果在這種詮釋中產生的意義，與可證明的哲學真理不相容，那麼我們就必須採取比喻或隱喻式的詮釋。例如，理性使我們知道上帝不可能具有身體。「上帝是唯一的」是所有猶太教派中最重要的原則。事實上，這也是任何一神論信仰的基本神學真理。接著，我們可以透過理性以絕對且確切的方式證明，本質上唯一的存在或單一的整體不可能具有物質形體。「除非我們否認上帝具有物質形體，否則就不存在所謂的整體。因為一個物體不可能是單一的存在，而必定是由物質（matter）和形式（form）一起組成的。而根據定義，物質和形式是兩種不同的存在。此外，物體也是可分割的，它可能從完整的東西分解為一部分。」[50] 任何將形體賦予上帝的經文詮釋，都會與上述已證明的哲學真理相抵觸。因此，我們必須拒絕這樣的詮釋，而採用隱喻式的詮釋。當經文提到上帝之「眼」，指的是祂的警覺性、神意或理解力。此外，先知所說的上帝之「心」則應該被理解為是祂的思想或看法。當然上帝的思想或看法無法從人類的角度去理解。

另一方面，當一個經文段落的字面解讀沒有與任何已證明的事實相悖，不論這樣的字面解讀理解起來多麼奇怪，都應該受到採納。因此，邁蒙尼德強調，儘管亞里斯多德等部分哲學家堅定地認為世界是永恆且必然的存在，但是包括亞里斯多德在內，尚未有人能對此提供確鑿的證據。所以，我們沒有理由採取比喻式的詮釋來解讀《聖經》中關於創世記的敘述。

> 上帝不具有身體，這是已被證明的事實。因此，凡是與這個事實不相容的字面意義，都必須採用比喻的方式加以詮釋……然而，世界的永恆性尚未被證明為真。因此在這種情況下，我們不應只為了提倡某種意見（尤其我們也能透過各種論點提倡該意見的對立觀點），就拒絕字面意義的解讀，或採取比喻式的詮釋。[51]

邁蒙尼德堅定支持這種理性主義的詮釋原則，原因就如同先前所述，是因為他相信無論是《聖經》中的預言還是其他預言，本質上都是以充滿想像力的具體描述來傳達科學、形上學和道德真理。先知就像哲學家一樣，先知所宣告的內容對他來說是來自上帝的啟示或是「智性溢流」。因此在某種意義上，預言的語句和哲學或理性的語句具有相同的性質，也來自相同的源頭，更具有相同的認知地位。先知就像哲學家一樣，在思辨或理性能力上達到了完美的境界，而兩者的區別在於，先知在他的想像力層面也同時達到了完美的境界。由此可見，先知所傳達的訊息，就其本質而言也是理性的知識。因此，理性將成為詮釋真實先知作品的關鍵。[52]

斯賓諾莎駁斥邁蒙尼德

在斯賓諾莎成熟的哲學著作中，很少提及其他哲學家（無論是與他抱持類似觀點的哲學家，例如笛卡兒；還是與他抱持不同觀點的哲學家，有時這也包括笛卡兒。）這種個人風格與《倫理學》的幾何學寫作風格並不一致。而在《神學政治論》中，雖然他曾對伊本・以斯拉的摩西作者地位相關探討表示讚賞，也偶爾會提及柏拉圖或亞里斯多德，但是這些只是例外，甚至更彰顯了斯賓諾莎在提及他人思想時所持的保留態度。不過，他在《神學政治論》中討論到《聖經》詮釋時，上述這種保留態度卻不復存在。

斯賓諾莎的《聖經》詮釋理論與邁蒙尼德的理論形成鮮明對比，而且斯賓諾莎對後者抱持著高度批判的態度。這也代表他對朋友梅耶爾的詮釋觀點也有類似看法。斯賓諾莎在與預言相關的討論中曾展露出邁蒙尼德式的觀點，但是在《聖經》詮釋的相關討論中卻非如此。他首先評論了「那些在《聖經》詮釋議題上與我意見不同者的觀點」，其中花了許多篇幅說明「邁蒙尼德的詮釋法顯然毫無價值」。[53] 除此之外，他認為邁蒙尼德的方法是為了讓《聖經》的語句符合獨立的哲學主張，而扭曲了這些語句的含義。「邁蒙尼德認為，我們可以合理消除並扭曲《聖經》中的文字，以符合我們的先入為主之見；他否認《聖經》的字面意義，甚至當《聖經》文字完全直白且絕對清晰的時候，他仍會將其理解為其他意思。」[54]對斯賓諾莎來說，這種方法尤其不適合用來理解先知的作品，因為這些先知並不具有哲學知識。此外，他們更關心的是如何鼓勵道德上的服從，而不是如何交流知識上的真理。

斯賓諾莎指出，邁蒙尼德過度理性主義的詮釋法要求讀者必須知道一個命題的真假值，才能確定該命題是否為《聖經》所表達的意思。這樣一來，因為普通人沒有受過哲學訓練，也無法透過高度思辨能力獲得絕對確切的知識，所以他們無法理解《聖經》的含義。「畢竟只要我們不能確定一個語句的真假值，就無法知道該語句是與理性相符還是相悖。如此一來，我們也不會知道某個《聖經》段落的字面意義是真的還是假的。」斯賓諾莎如此寫道。換句話說，《聖經》的詮釋需要「自然之光以外的東西」，而且只有哲學家才有資格決定《聖經》想要表達什麼。

> 如果這個觀點是正確的，那麼我們就會得出這樣的結論：因為大多數普通人不知道什麼是邏輯推理或是沒有時間思考，所以他們只能依靠哲學家的權威和證詞來理解《聖經》，也因此必須假定哲學家對《聖經》的詮釋是絕對正確的。這必然會產生一種新形態的教會權威，以及一群非常奇怪的牧師或主教。但這樣的新權威更可能激起人們的嘲笑而不是尊敬。[55]

基於上述原因，斯賓諾莎總結：「我們應該拒絕邁蒙尼德那種有害、無用、甚至荒謬的觀點。」對斯賓諾莎來說，詮釋《聖經》的適當方法，應該是所有被賦予理性之光的人都能理解的方法。

找尋到這樣的詮釋法是極其重要的事，特別是因為當時社會充滿為了政治和社會目的而操縱《聖經》意義的人士。十七世紀的荷蘭神學家和宗教領袖尤其熱衷於從《聖經》中找到符合他們目的的段落。他們以「聖靈的啟示」來合理化那些方便但毫無根據的解讀。對於某些喀爾文主義者來說，這些啟示是超自然的啟示，也被視為理解先知話語的真正指南。然而，這些啟示就像神的恩典一樣，只會賦予少數受寵之人。[56]

我們能看到，幾乎所有人都把自己的思想當作上帝之語來宣揚。但他們只是以宗教為藉口，強迫他人用自己的方式來思考。我們還能看到，神學家們主要關心的是如何從《聖經》中敲詐出自己任意創造的思想，同時聲稱自己的思想具有神聖的權威性。他們誤以為最深奧的祕密都藏在《聖經》裡，所以竭盡全力解開這些謬論，卻忽視了其他有價值之物。他們把自身幻想所創造的一切事物都歸給聖靈，並盡全身的力量和熱情捍衛這些幻想。[57]

如此一來，《聖經》的詮釋將沒有任何基準。這些神學家相信神祕的能力，試圖「將人類的虛構故事當作神聖的教誨」。他們所說的結論不存在任何客觀驗證方法，也因此無法受到證實。他們的解讀，只反映了他們持有的偏見和他們希望在別人身上所引發的迷信。正如同歷史一再告訴我們的，這種狀態將會帶來不可避免的後果——宗教鬥爭和世俗和平的崩壞。

斯賓諾莎認為，詮釋《聖經》並了解其中教誨的真正方法，就是探求作者的意圖。斯賓諾莎也認為這實際上是一個微不足道的主張。他提到，梅耶爾做了一個絕對正確的區分：一段話的意義與它的真假值是兩個不同的議題。但梅耶爾的錯誤之處是認為在《聖經》中兩者可以等同。梅耶爾和其他許多人假設：

> 《聖經》中的一切都是真實和神聖的。他們並以此作為理解《聖經》和挖掘其真實意義的基礎。因此，那些我們應該在理解《聖經》的過程中所建立、並應該加以嚴格檢驗的想法，他們在一開始就把它們作為詮釋《聖經》的規則，並以此決定哪些是《聖經》本身不需要人類穿鑿附會就能給予的更佳教誨。[58]

《聖經》詮釋者就像人類文學作品的真誠詮釋者一樣，目的是為了發現作品的真實意義。而至少對於斯賓諾莎來說，這代表詮釋者應該去了解作者想透過作品傳達的訊息。「在此爭論的焦點僅僅是文本的意義，而不是它們的真假。」[59]一方面，我們當然可以探究上帝是否真的受到憤怒和嫉妒等情緒的支配……不過這個問題最好留給哲學家去探究。另一方面，確定摩西是否相信（並想讓別人也相信）上帝會生氣或嫉妒則是另一回事。而後者才是詮釋者的任務。詮釋者的目標應該是去了解「作者的意圖是什麼，或者可能是什麼……他應該聚焦於作者的想法上」。[60]

斯賓諾莎驚人又大膽地將詮釋《聖經》（以及任何文學作品）的適當方法，與自然科學的方法進行比較。「我認為詮釋《聖經》的方法和詮釋自然的方法並沒有什麼不同，兩者事實上是完全一致的。」[61]正如同我們不應仰賴任何實質、先驗的形上學或神學命題，而必須從自然本身尋找關於自然的科學知識，「《聖經》中的所有知識……也必須從《聖經》本身尋找」。[62]

在這裡，斯賓諾莎想到的是實證科學方法的要素，例如法蘭西斯・培根在《新工具論》一書中所描述的那些要素。[63]成為科學家的第一步是「對自然展開詳細研究」，包括在原始和受控制的觀察（後者更重要）中收集所有相關事實。這樣的步驟就是在統整培根所謂的「自然和實驗史」和斯賓諾莎所謂的「可靠資料」。科學家對他希望理解的現象收集相關資料，最終透過歸納法和實驗中的假設檢驗，得出「自然事物的定義」。在此斯賓諾莎所說的「定義」是指本質，也就是構成各種事物的基本屬性。關於這種定義的其中一個具體例子，來自於斯賓諾莎對於硝酸鉀（硝石）的均質粒子組成之解釋。在他寫給奧爾登堡的信中，反駁了羅伯特・波以耳認為硝酸鉀是由異質粒子所組成的說法。[64]

要發現上述所謂的「本質」，首先我們必須在受控制的觀測資料之基礎上，找出支配自然現象的普遍法則，例如支配所有物體的運動定律。這也就是自然哲學家從關於自然的批判研究中所習得的主要洞見。以這些普遍法則為基礎，後續我們也有可能找到不那麼普遍的自然法則，例如那些只能解釋某些現象的法則。斯賓諾莎寫道：

> 在研究自然現象時，首先我們應試圖發現那些對整個自然界來說最普遍的共同特徵，例如物體的運動和靜止現象以及支配它們的規律和法則。在自然中我們必然會觀察到這些普遍法則，且自然本身也持續依循這些法則運作。接著我們能以這些普遍特徵作為基礎，逐漸發現其他不那麼

普遍的特徵。[65]

隨後，個別的自然現象會被納入這些普遍法則，以此形成明確的因果關係。就像《倫理學》書中所推崇的充分知識、人類最高層級的智性成就，科學家所發現的自然現象本質，使我們清晰理解事物的組成以及事物為什麼是如此的知識。[66]對斯賓諾莎來說，「本質」在自然科學中的地位，等同於詮釋學中所謂的「意義」。正如他所觀察到的，在發現自然本質的過程中，科學家並沒有從自然以外的事物來尋找解答。但過去哲學家經常引用關於上帝的神學原則來尋找解答，像是笛卡兒就在他的《哲學原理》中以此闡述了最普遍的自然法則。[67]

同樣地，《聖經》的詮釋者也不該仰賴《聖經》以外的事物，來探索其中「原則」（也就是《聖經》作者想要傳達的教誨）。無論先知們希望讀者從他們的著作中學到什麼樣的宗教信仰和道德準則，讀者都必須在「自然之光」的幫助下，從這些著作本身尋找答案。

> 詮釋《聖經》的必要條件就是直接對《聖經》進行研究，我們應將《聖經》作為固定資料和原則的來源，並透過邏輯推理來推斷《聖經》作者的意思……我們不應引用其他原則或資料來詮釋《聖經》。我們只應研究從《聖經》本身和《聖經》的歷史研究中所收集到的內容。[68]

我們不一定需要仰賴《聖經》，也能理解其中所提出的道德原則。因為正如斯賓諾莎在《倫理學》中所論述的，我們能夠仰賴理性來知道道德原則。畢竟，道德原則是「可以從一些公認的公理中所證明的純粹理性原則」。[69]然而，《聖經》教導的一些具體原則卻無法透過上述這種方式來發現。這裡唯一的可行方式是以批判的角度審視《聖經》。

當斯賓諾莎說「僅僅仰賴《聖經》本身」，他的意思是必須排除邁蒙尼德等理性主義者求助於外部哲學經典的做法，以及喀爾文對於特殊神啟、聖靈啟示的依賴。另一方面，他也想要避免以個人主義和極度主觀的方式來詮釋。這是某些歸正教會中異議教派所偏好的方法。例如，斯賓諾莎有許多貴格派和荷蘭教友會的朋友，這些人將《聖經》詮釋為「個體良心」或「內在之光」的引導者。但斯賓諾莎並不支持這種詮釋法。對他來說，客觀的方法能指引《聖經》的實踐者大致理解其中文字、尤其那些重要段落的意義。當然斯賓諾莎的這個想法可能遭受許多挑戰。

要再次提醒讀者，斯賓諾莎對「僅僅仰賴《聖經》本身」這件事抱持相當廣義的理解。他認為，正確的詮釋方法，不僅需要檢視文本本身以及文本的寫作語言，還需要考慮文本寫成時的社會和政治環境因素，以及作者的傳記。「僅僅仰賴《聖經》本身」來研究《聖經》，指的是僅僅研究經文的所有相關資料。這就類似於說，「聖經」一詞指的是「聖經中的世界」。斯賓諾莎提倡從歷史的角度來解讀《聖經》，這種方法必須涉及對文本最初創作過程的多樣背景研究。

此外，雖然斯賓諾莎的《聖經》詮釋學不是邁蒙尼德式（或梅耶爾式）的理性主義路線，但理性在其中仍然扮演著重要角色。《聖經》的詮釋需要一個人運用其理性能力，系統性地研究文本和歷史材料。就像自然科學不需要依賴超自然的感知能力一樣——

現在大家應該很明顯地可以看出，這種詮釋《聖經》的方法只需仰賴理性的自然之光。因為自然之光的本質和美德，基本上就是透過邏輯演繹的過程，從已知或預設的事物中推斷出隱藏的事物。[70]

在《聖經之哲學詮釋》一書中，梅耶爾區分了理性在《聖經》詮釋中可能運作的兩種方式。其中一種方式是他（以及邁蒙尼德）所採用的：理性是「詮釋和判斷的規範和準則」。所以任何一種可能的詮釋，如果與「理性在最確切的真理之光下推導出的真實、確切且不容置疑的知識」相悖（換句話說，也就是與哲學相悖），那麼我們就應該拒絕這種詮釋。[71]在這種觀點下，理性提供了能用來評估詮釋的知識內容。

至於另一種方式，梅耶爾指出理性可能只是「追蹤和引出《聖經》意義的手段和工具」，而不是「所有詮釋都必須依循的準則」。[72]換句話說，理性可以作為知識內容，也可以作為發現事物的工具。而斯賓諾莎非常了解這樣的區分。他知道，雖然表面上看起來差異細微，但他仍必須區分清楚自己對《聖經》所持的理性主義，與邁蒙尼德和梅耶爾所持的另一種理性主義。畢竟最重要的是，抱持前者的立場讓他能夠宣稱：任何人都有理性。換句話說，至少在原則上，任何人都有理解《聖經》中最重要資訊的能力。

既然每個人都擁有詮釋《聖經》的至高權威，那麼支配《聖經》詮釋的規則就必然是所有人都共同擁有的自然之光，而非超自然之光或永恆的權威。此外，這種詮釋規則也不會困難到只有專業的哲學家才能理解。畢竟，此規則必然適合人類的普遍自然能力。[73]

一份人性化的文獻

就像自然科學一樣，詮釋《聖經》的「科學」也始於資料收集。而在《聖經》中，主要的相關資料就是各式各樣的作者陳述。例如收集某位《聖經》作者寫下的上帝說法，而這些陳述可以在據說是他所寫的段落中找到；或是收集另一位作者對於上帝旨意的陳述；最重要的是必須收集不同作者對於道德議題的陳述，也就是關於「對」或「好」的相關陳述。在收集這些資料的時候，所有材料都應該適當地按照作者和主題分類。「每本經書中的宣告都應該依主題來整理，這樣我們就能處理同個主題的所有文本。」[74]同時，詮釋者必須精通古希伯來語，因為「舊約和新約的作者都是希伯來人」。詮釋者也應在收集的段落中，注意任何語言的歧義或晦澀之處（斯賓諾莎將晦澀定義為「從前後文脈絡中理解某個句子意義的難度，而不是……句子的真理被理性理解的難度」），此外也應在同個作者以及不同作者之間的材料當中，注意是否有任何的矛盾或不一致之處。

除了這些文本資料，詮釋者還必須收集關於《聖經》作者的所有資訊。他必須探究每個作者的傳記、歷史以及政治，甚至心理相關的背景知識。

我們的歷史研究應該闡明所有現存先知經書相關的具體情況，以了解每部經書之作者的生活、性格和人生目標；詳細描述他是什麼樣的人，在什麼場合、什麼時間、為了誰、用什麼語言寫作……畢竟為了知道經書中哪些陳述是在闡明律法，哪些陳述則是作為道德教誨，我們應當了解作者的生活、性格和興趣。此外，當我們對一個人的品格和性情更加了解，我們也將更容易詮釋他的話。[75]

斯賓諾莎想說的是，在很多情況下你必須知道作者是誰、在乎什麼、為何而寫、為誰而寫，才能知道一個人想要表達什麼。「如果我們想要詮釋作者的作品，那麼我們就必須對他們有所了解。」[76]這種方法適用於撰寫《聖經》的先知，也同樣適用於小說《孤雛淚》的作者，因為他們都致力於創作富有想像力的文學作品，以此傳達道德和社會訊息。雖然他們的作品屬於不同的文學類型，也有不同的讀者群。但是事實上，這種方法是理解先知作品的重要原則，畢竟這些先知活在很久以前，其所處的歷史和文化環境與十七世紀的荷蘭居民相差甚遠。

最後一種關鍵的資料涉及《聖經》文本的傳播史。這樣的資料能夠用來確定文本的真實性，並用來發現文本經歷幾個世代流傳之後可能出現的變質或毀損。詮釋者必須知道「作品是否被植入偽造的語句，是否出現了錯誤，以及經驗豐富和值得信賴的學者是否曾經糾正這些錯誤」。[77]

考量到以上的情況後，如同科學家般的詮釋者就能探索支配種種現象的普遍原則。換句話說，在這種情況下，詮釋者得以從文學資料出發，去辨別先知作者們在著作中所宣揚的教義。如果說自然科學家在尋找的是自然規律，那麼《聖經》學者在追求的則是「最普遍、構成所有《聖經》文本基礎的內容。簡而言之，那就是所有先知在《聖經》上所一致讚揚的教誨、那些永恆且有益於所有人類的內容」。[78]

不論作者是誰，斯賓諾莎認為《聖經》中各處都表達了如此的普遍原則：上帝存在、上帝是唯一的、上帝應該被敬拜、上帝關愛所有人、上帝愛所有敬拜祂且愛鄰如愛己的人。這些都是《聖經》中最簡單的訊息。事實上，儘管讓人難以置信，斯賓諾莎認為這些命題在《聖經》許多段落中都有著非常清楚的意思，甚至不需要太多的詮釋工作就能發現其意義。「這些教義和類似的教義……都在《聖經》中被教導得非常清楚，沒有人會懷疑作者在這些議題上所表達的意思。」[79]

儘管《聖經》中的每個陳述並非都是如此明確且不含糊，與斯賓諾莎同時代的許多新教徒曾認為，其中所有段落的意義都是非常明確的，實際上根本不需要任何詮釋。例如，法裔荷蘭歸正教會神學家塞繆爾・德斯馬雷茲（Samuel Desmarets）就認為《聖經》的段落非常清晰，只要我們根據字詞的一般用法以及「它們的一般公眾意義」來理解其字面意義，就會得到真實意義。[80] 斯賓諾莎不認同這樣的觀點。他認為，我們實際上需要對《聖經》中的資料進行大量且嚴謹的詮釋工作，以便在關於上帝是什麼、上帝如何行使神意以及奇蹟的性質等形上學和神學問題上，盡可能準確地確定每位作者的想法。與這些詮釋工作相關的是不那麼普遍的原則，其可對應到自然科學家所找到的特定自然法則。這些原則不同於普遍法則，因為《聖經》的作者在這些議題上並沒有達到共識。此外，當議題涉及到「不那麼普遍或重要，但影響著我們日常生活」的原則（這種原則反映了道德行為的特殊性，以及每位先知認為符合正義和慈善的不同種類行為），許多隱晦、矛盾和歧義都會出現。雖然這些原則應當「從普遍教義中推導而來，就像涓涓細流從泉源中流出」，但是實際上推導這些原則可能不是一件容易的事。除此之外，詮釋者還必須考慮經文是在什麼場合所寫，以及其內容是寫給誰看的。

斯賓諾莎以摩西為例。摩西在《妥拉》中曾說：上帝是火、上帝在嫉妒。要詮釋這些言論（尤其是要決定是否該從字面上或比喻上來解讀），我們並不需要知道字面解讀是否與關於上帝的已證明哲學真理相容。反之，我們需要的是根據已從資料中推導而出的基本原則，來審視相關的段落，並且考慮到摩西所說的其他話語，以及他說這些話時的相關背景。因為摩西在其他段落明確且一致指出，上帝與可見事物並沒有相似之處，所以關於他說「上帝是火」的那句聲明，就必須以隱喻的方式來解讀。「關於摩西是否相信上帝是火的問題，絕對不能由理性或非理性的信念來決定，而只能由摩西在經文中的其他宣告來決定。」[81] 希伯來語中的「火」一詞可以用來指憤怒，再加上思想領袖發現這種意象化的語言更能有效激勵他人順從上帝，所以我們可以得出這樣的結論：摩西並不是要斷言上帝是像火一樣的存在。就像斯賓諾莎在一六六五年初寫給范布萊貝爾的信中所說：有時《聖經》的作者會調整他們的語言，以便讓大眾更能理解內容。「《聖經》持續以一般人的方式說話，特別符合普通人的需要，因為普通人無法理解更高層次的東西。」[82]

另一方面，因為摩西並沒有提到上帝無情緒，所以他說的「上帝在嫉妒」這句話，就可以從字面上來理解。雖然這樣的解讀不符合理性（至少斯賓諾莎在《倫理學》一書中是這麼說的），但是此解讀既不違背《聖經》的普遍宣言（「上帝是唯一的」等宣告），也不違背摩西自己所擁護的其他更具體的原則。[83]

同樣地，據馬太福音記載，耶穌曾說：「若有人打你的右臉，連左臉也轉過來由他打。」如果這樣的原則以字面意義來理解，並成為法官和立法者的指示，那麼斯賓諾莎認為，這種對不公正的容忍以及對惡行的屈服，與摩西的律法並不一致。因為摩西律法要求每一種罪行都該得到相對應且公正的懲罰（例如「以眼還眼」）。

> 所以我們應當考慮是誰在什麼時候對什麼對象說了這句話——這句話是由耶穌所說，但不是作為一位律法的制定者，而是作為一位闡述教誨的導師，因為……他當時意圖改善人們的想法，而不是改善他們的外在行為。此外，他是對那些在壓迫之下受苦難的人說話。這些人當時生活在一個完全不尊重正義的腐敗國家之中、一個他認為即將毀滅的國家。[84]

斯賓諾莎的詮釋方法並不會造成對《聖經》的主觀或相對主義式解讀。透過適當工具的使用，我們可以從文本中獲得客觀的意義。斯賓諾莎提供的是一種脈絡式的解讀，並透過檢視文本來發現其本質。對斯賓諾莎來說，《聖經》是在特定時間、為了達成特定人類目的而創作的人性化文獻。

斯賓諾莎承認，在解讀《聖經》真實意義的路上存在許多障礙，而要理解整體道德訊息則相對容易：「我們可以信心十足地了解《聖經》中關於救贖和恩典的意義。」但要掌握其中較不普遍的原則和勸告或是揭示先知的許多信念，則更加困難。在很多情況下，我們實際上只能猜測先知作者大概想要說什麼。

造成此結果的原因有幾個。首先，我們對《聖經》語言的理解非常貧乏，這也是斯賓諾莎曾提到的：「我們無法完整描述希伯來語」。數千年來，希伯來語的一些語法規則和常用詞彙等大量語言資訊已經散佚，所以我們現在對希伯來語只有片面的理解。斯賓諾莎寫道：「古代使用希伯來語的人們，並沒有將這種語言的基本原則和研究資訊流傳給後代。我們從古希伯來人那裡找不到任何東西，既沒有字典，也沒有語法，更沒有修辭學的教科書。」隨著古希伯來語和亞蘭語母語人士的消失，這些語言的日常使用者所擁有的許多資訊也一併消失了。「隨著時光流逝，幾乎所有用以表示水果、鳥類和魚類的單字以及其他許多單字都消失了。」[85]此外，即使我們知道某些字的意思，我們仍然缺乏習慣用語和口語化知識，後者才能幫助我們理解晦澀段落的意義。

再來，斯賓諾莎強調，《聖經》中存在一些模稜兩可的意義，這是因為古希伯來語的某些特性。這些特性包括：單字的多重含義，尤其是助詞和副詞（例如「vav」可以是連接詞，也可以是反意連詞）；看起來相同的字母（例如「resh」和「dalet」）；動詞之間缺乏清晰準確的時態；更重要的是，原始希伯來文本中沒有母音和標點符號，其發音標記是到了中世紀才由馬索拉文士*加上去的。斯賓諾莎稱馬索拉文士們為「後代人士」，所以「他們的權威對我們來說無足輕重」。因為他們加入的內容反映了他們自己對《聖經》的詮釋。

* 馬所拉文士（Masoretic scribes）泛指在西元七到十二世紀抄錄原始《聖經》手抄本的工作者。

最後，另一個因素在於難以準確重建這些古代著作的相關歷史。關於《聖經》的大部分作者，我們要麼完全不知道是誰，要麼只有部分資訊或可疑的資訊。我們必須仰賴非常微弱的證據基礎，才能推斷他們的社會地位、政治信仰和受眾。此外，他們的心理生活更難以被理解，所以我們只能透過作品來揣測他們的動機。

斯賓諾莎總結道，所有這些困難「都非常嚴峻，所以我可以毫不猶豫地說，在許多情況下，我們要麼不知道《聖經》的真實意義，要麼就只能憑空猜測」。[86]

道德效力

斯賓諾莎對《聖經》的自然化態度，以及他在詮釋上採取的歷史路線，雖然在某種程度上是一種緊縮式（deflationary）的理論，但這並不代表他想要剝奪《聖經》的全部權威。相反地，斯賓諾莎認為是那些過於關注《聖經》字面語句而不是真實訊息的人才背叛了《聖經》。教派宗教透過宣揚《聖經》的超自然起源神話，培養出對於紙上文字的崇拜，而不去關注作者希望傳播的倫理教義。斯賓諾莎強調，這就是一種偶像崇拜：「他們不是在敬拜上帝之語，而僅是在敬拜表象，就好像在敬拜紙張和墨水一般。」[87]

事實上，《聖經》的真正權威以及神性只存在於其道德內容。

如果我們想要不帶偏見地證明《聖經》的神性，那麼我們就必須從《聖經》中清楚地看到真正的道德教義。因為只有在這個基礎上，《聖經》的神性才能被證明。[88]

某個事物之所以神聖，並不因為它的起源是來自假定的上帝行為（這對斯賓諾莎來說尤其如此，因為他將上帝等同於自然，也代表說一切都是由上帝所造成的）。相反地，某個事物是神聖的，若且唯若它能促使人們依照正義和慈善原則行事，並能引導他們去愛上帝和同胞。「只有在人們虔敬地使用一件東西的時候，這件東西才是神聖且具有神性的」。[89]因此，「《聖經》之所以有神性，是因為它事實上教導了真正的美德。」斯賓諾莎相信《聖經》在這方面確實有一些特別之處。因為充滿道德優越和想像力天賦的先知作者，讓《聖經》在適當地閱讀之下，成為美德與虔誠之心的優秀導師。

斯賓諾莎因此有意地「相對化」《聖經》中的神聖內容。「在絕對意義上」，沒有任何事物本身是神聖或具有神性，而「僅僅是在與心靈的關係上，才有神聖和神性」。[90]一本書單獨看起來，就是一本書。所以如果《聖經》失去道德效力，失去了引導人們向上帝奉獻以及敦親睦鄰的力量，那麼它就會像任何一本書一樣，「只不過是紙張和墨水……忽視道德教義將會使它成為徹底褻瀆上帝的一本書。」[91]相反地，正如同只知道《聖經》字句卻不明白它真正道德訊息的人，不足以獲得幸福，擁有虔誠之心和宗教美德的人也不一定要閱讀《聖經》。畢竟，這些美德也可以由從未聽過《聖經》的人來實現。斯賓諾莎寫道：「完全不了解《聖經》故事卻抱持善良信仰、追求真誠生活方式的人，絕對是受祝福之人。」[92]

因此，斯賓諾莎強調任何一本書只要傳達的是道德正確的資訊，並且能有效地傳遞那些資訊，那麼就可以被稱為神聖之書。當然這又是一次大膽的聲稱，且必然激怒了他的批評者。他說：「教導和講述最崇高事物的書籍同樣是神聖之書，無論是用什麼語言，或由什麼民族所寫成。」[93]因此，從某種意義上來說，「上帝是《聖經》作者這樣的陳述仍然是正確的。但這不是因為上帝賜給了人類幾卷經書，而是因為經書中所教導的是真實宗教。」[94]換句話說，至少在原則上，在許多書籍中也可以找到上帝之語。畢竟我們沒有理由說，幾千年前希伯來人所寫成的一部人類文學作品，就應當獨占所有真實宗教的教誨。

第七章

猶太教、基督教和真實宗教

- 律法與國家
- 真實宗教
- 認識自然＝認識神
- 《聖經》對大眾的用途
- 從歷史背景看律法
- 斯賓諾莎的猶太認同
- 無神論者，還是基督徒？

律法與國家

一六七一年初，斯賓諾莎收到了來自雅各・奧斯登（Jacob Ostens）的一封信。奧斯登是鹿特丹的外科醫生和門諾會牧師，他大約是在一六五〇年代晚期結識了斯賓諾莎。奧斯登同時也是蘭伯特・范維爾圖森（Lambert van Velthuysen）的朋友。而范維爾圖森是烏特勒支的醫生，也是知識分子和相對自由派的思想家。從范維爾圖森的文章，可以看出他既推崇笛卡兒哲學也推崇哥白尼主義，這讓他被宗教權威盯上。其實范維爾圖森的思想並不是非常進步，但他還是能夠平靜地閱讀斯賓諾莎的《神學政治論》。在一六七一年一月，當奧斯登詢問范維爾圖森對《神學政治論》的看法，范維爾圖森給了非常負面的評價，因為他擔心這本書對奇蹟、預言和上帝的看法會對神啟宗教（revealed religion）造成威脅。當時，他針對斯賓諾莎的觀點進行了批判性的摘要，並在最後指出：「如果在此譴責作者用狡猾且偽裝的論述來傳遞純粹的無神論，我認為並不算偏離真相，也不會對作者不公平。」[1]奧斯登認為斯賓諾莎應該看看范維爾圖森的評論，所以把評論轉寄給斯賓諾莎。

斯賓諾莎並不喜歡讀到這位笛卡兒主義者對《神學政治論》的苛刻評語，畢竟他本以為笛卡兒主義者會對此書抱持更好的評價。於是，他隔一陣子才回信給奧斯登。「讓你等了這麼久，你必定很驚訝吧。不過，我很難有禮地回應那個人的信。」斯賓諾莎寫道。[2]同時，他指責范維爾圖森的寫作動機要麼是充滿惡意，要麼就是出於無知，因為他認為范維爾圖森扭曲了自己的觀點。此外，斯賓諾莎在為自身學說辯護的同時，也反駁了范維爾圖森認為他是無神論者的批評：「他（范維爾圖森）說：

『為了避免被指控為迷信，我認為斯賓諾莎放棄了所有宗教。』然而，我不知道他是如何理解『宗教』和『迷信』等概念。」[3]

換句話說，斯賓諾莎想說的是，要怎麼理解這句話，完全取決於我們對「宗教」一詞的定義。

真實宗教

這個世界上存在多神教，也存在一神教；有組織宗教——本質上是由教條所統一起來的教派崇拜，被特定的慣例和儀式所約束，並且由充滿權威的階級制度統治；也有真正虔誠的宗教，這裡的虔誠指的是對上帝和人類同胞的純粹之愛。

猶太教、基督教和伊斯蘭教當然是斯賓諾莎所說的組織宗教之典型。作為主要的亞伯拉罕諸教，此三者顯然具有共同的父權起源，至於三者之區別和排他性來源，則是在於它們分別以摩西、耶穌和穆罕默德作為至高無上的先知，以及將不同的經文當作經典，並要求信徒追隨不同的信仰和儀式。然而，斯賓諾莎確信當問題涉及到真實宗教，這些差異都無關緊要了。

斯賓諾莎主要是在《神學政治論》的第三章到第五章提及此議題。以猶太教為例，摩西制定了猶太教的《妥拉》律法。斯賓諾莎提醒他的讀者，制定這些律法的是摩西，而不是某個超然存在的神。而摩西創造律法，則是為了一個非常平凡的目的，也就是創建一個可行的政治社會體制，並迫使成員服從。在帶領以色列人脫離埃及的奴隸制度之後，為了將以色列人民統一成一個國家，摩西不得不從零開始打造一切。斯賓諾莎和同時期的其他政治哲學家皆認為，被解放的希伯來人當時基本上處於所謂的「自然狀態」。也就是說，他們不是某國公民，也不受任何政治權威支配。「不受任何國家法律約束」的這些人，可以自由地以任何方式組織自己。

以色列人第一次離開埃及後，就不再受到任何國家的法律約束。因此，他們可以依照自己的意願頒布新的法律，或在任何地方建立國家、占領想要的土地。然而，他們完全無法頒布明智的法令，或作為一個主體將主權掌握在自己手中。因為當時他們受到悲慘奴役的影響，幾乎所有人的想法都很粗糙。所以，主權必須掌握在一人手中。這個掌握主權者將指揮他人，用權力強迫他人服從；他將制定並詮釋法律。[4]

於是主權被置於摩西的手中，他被認為是「在神性能力上超越了所有其他人」，因此為了將秩序和團結帶給他所領導的群眾，他著手制定了一套律法。這些律法就是六百一十三條《妥拉》中的戒律。這些是必要的戒律，因為「如果沒有政府和強制力，或如果沒有法律來控制和約束人們的欲望和奔放的衝動，任何社會都無法維持運作」。[5]為了不讓機運或個人選擇危害社會，當時的律法不僅涵蓋了社會的各種主要層面，包括禮儀、社會、道德和經濟事務等等，更涵蓋了日常生活中那些枝微末節的事務，譬如人們所穿的衣服、吃的食物，甚至髮型。

此外，摩西發覺如果一個社會的成員之所以自願遵守律法，是因為出於虔誠和忠誠而非出於恐懼，那麼這個社會就會更加穩定和強大。因此，他說服民眾，自己所制定的律法實際上是來自於上帝，而且他們的國家已獲得神聖認可。他將希伯來人國家的律法作為上帝的指令，創造出一種國教。從此以後，服從國家就是服從上帝，而且即使是最普通的行為也充滿宗教意義。

這就是猶太教規則和儀式的歷史起源。斯賓諾莎總結，摩西所寫的禮儀律法「對神聖恩典毫無幫助」，只對古代以色列國的政治和經濟福祉有幫助。他說：「遵守儀式只是為了暫時的國家繁榮，與神聖恩典毫無關係……經書只承諾遵守儀式能帶來利益和快樂，但遵守具有普遍性的神聖律法才能得到神聖恩典。」[6]

這樣的看法也適用於基督教的儀式，例如洗禮、祈禱和神聖之日的慶祝。

> 如果（這些儀式）是由耶穌基督或其使徒所設立（關於這一點我還沒有被說服），那麼它們只是被當作一種普世教會的外在象徵而設立，而不是被當作能夠帶來恩典或是包含內在神聖性的事。因此，雖然設立這些儀式的理由不是為了支持某個主權國家，但是這些儀式被建立的唯一目的確實是為了團結社會。因此，獨居者絕對不會受到這些儀式規範的束縛。[7]

在這裡，斯賓諾莎提出了一個很冒險的說法。他質疑福音書中關於「最後的晚餐」的敘述，並否認晚餐與聖禮的關聯。這說法肯定會讓許多基督徒讀者（包含歸正教會以及其他教派）感到不安。畢竟對基督徒來說，聖餐是至關重要的概念。[8] 斯賓諾莎想說的是，猶太教和基督教（就此議題而言，也包含伊斯蘭教）的儀式對於實現人類的至善和救贖，既不是必要條件，也不是充分條件。這些儀式之所以不是充分條件，是因為一個人可能知道並遵循《妥拉》中的每一條戒律，卻仍然沒有獲得真實宗教。換句話說，一個人可能是嚴格遵守教義的基督徒，卻沒有真正的虔誠之心。這些儀式之所以不是必要條件，是因為一個人可能擁有虔誠之心，且是真實宗教的楷模，卻對猶太教的律法或基督教的儀式一無所知或毫不關心。斯賓諾莎寫道：「一個人可以不懂《聖經》，卻因自然之光而知道充滿智慧和公義的上帝必然存在，且他會追求真實人生的道路。這樣的人便全然是受眷顧的——事實上，與一般大眾比起來更受眷顧。」[9]

對斯賓諾莎來說，真實宗教的核心不是服從人為的禮儀律法，而是服從神聖的律法。人類法律規定的是一個人應該做些什麼來「保衛生命和國家」，換句話說，就是保衛自己的生命財產不受他人傷害，並確保國家的福祉。然而神聖的律法規定的是一個人應該做些什麼來獲得「至善」，換句話說，就是去考慮什麼對一位作為理性和道德者的人最好；而非考慮什麼對作為一位物質、社會或政治參與者的人最好。至少從表面上看來，這種神聖律法的命令很簡單：認識並愛戴上帝，且如同愛自己一般愛自己的鄰舍同胞。

認識自然＝認識神

對斯賓諾莎而言，「認識並愛戴上帝」這樣的命令具有模稜兩可的含義。因為要了解這句話，我們必須看這句話針對的聽眾是那些哲學知識豐富、在智性上優於大眾的人，還是那些不太可能獲得更高層次思辨真理的大眾。

「認識上帝」就其最真實的意義而言，是一種高度抽象的形上學成就。斯賓諾莎在《神學政治論》中以及更詳細地在《倫理學》中指出，對理性物種最有益的事情，就是努力完善他心中高尚且「更好的部分」，換句話說就是其理性能力或智性能力。而能使智性達到理想狀態、臻於完美的東西就是知識。因此，要讓一個人的智性本質臻於完美，就是要賦予他一種最高層次的知識、一種能對事物完美理解的知識。這樣的知識就是關於上帝的知識，也可以理解為世間萬物的普遍法則。對於斯賓諾莎來說，在一切形上學的真理中，上帝就是自然，因此要認識上帝，就代表必然要對自然現象有充分的因果理解。

> 我們的至善和完美完全依賴於我們對上帝的知識。如同之前所提，若沒有上帝，則沒有任何事物存在。因此很明顯地，自然界中的一切事物，都牽涉到上帝的概念，而牽涉的多寡則與該事物之本質和完美程度成正比。因此，隨著我們對自然現象有了更多了解，我們對上帝也就有了更多、更完善的認識⋯⋯我們對自然現象的認識愈深，對上帝的本質的認識也就愈完善，因為上帝的本質就是一切事物的起因。所以，我們的全部知識（也就是我們的至善狀態），不僅是依賴於我們對於上帝的知識，而是完全由上帝的知識所構成。[10]

在斯賓諾莎的體系中，「認識上帝」的命令在其哲學意義上，就是要認識和理解自然。換句話說，這代表理解事物的永恆肇因，從而看到事物的必然性。

正如斯賓諾莎在《倫理學》中證明且在《神學政治論》中重申的那樣，這種對上帝或自然的知識構成了「人類最高層次的幸福和恩典，以及所有人類行為的最終目的和目標」。這樣的知識將帶來心靈上的平靜，確保人類的繁榮和幸福；同時也構成了全部的神聖律法（包括要求我們追求人類最高層次目標的律法）。當然，神聖律法也包含更具體和更實際的要素，例如尋求實現最終目標的具體手段以及與之相適應的「生活規則」。這些規則便包括「愛自己的同胞」，這句話的意思是說，以某種合乎道德的方式對待他人，幫助他們成長並獲取美德。這是因為擁有美德的人明白，他對完美以及美德的追求，會受到周圍有同樣具備美德的人支持，甚至強化。所以他會在與他人的交往中，展現出慷慨、誠實與愛，也就是正義與慈善的態度。[11]

這種形式的神聖律法以及從屬於此的具體準則，都不是來自於某種超自然的律法制定者，而是從人類本性演繹而來。這些律法是「上帝頒布的命令，而上帝存在於我們的心智之中……只需要考慮人的本性，就能引導我們得出這樣的自然神聖法則」。[12]在《倫理學》一書中，斯賓諾莎在形上學和知識論命題的基礎上論述關於人類心智以及其在自然中的角色。因此，認識上帝（或自然）並為此做必要之事的命令，是一個永恆且理性的原則，「其普遍適用於……所有人類」。這樣的知識是先驗的（a priori），從人類的本質出發即可得知。「透過自然的理性之光，所有人都能清楚理解上帝之力和永恆的神性，從中他們也可以知道並推斷出應該尋求什麼目標，或應該避免什麼問題。」[13]事實上，這是人類心智中一種天生固有的命令。

獲得關於上帝之理性知識的人，將自然、甚至必然地體驗到對上帝的愛。「上帝之愛，」斯賓諾莎在《神學政治論》中說道：「是源於對上帝的認識。」[14]這種愛，不是外在事物影響而產生的情緒性回應。畢竟那種激情是不穩定的狀態，所以不是幸福的良好基礎。相反地，聖人所擁有的「對上帝的理智之愛」是源自於他們認知到，上帝是人對事物深刻認識的根本來源，也是人追求完美和幸福的原因。因此，他們會愛上帝。這種對於愛的理解，也對應到斯賓諾莎在《倫理學》中對愛的定義——愛就是伴隨著快樂之成因的概念所感到的快樂。畢竟，人都喜愛能改善自身狀況的事物，也喜愛能使自己受益的人。[15]

斯賓諾莎在《倫理學》中解釋道，當一個人充分理解了自然，尤其是當他將自己的思想和身體看作自然的一部分，他就會產生一種對事物的神聖理解。他會在與上帝或自然的關係之中，看到永恆的真理。斯賓諾莎說：「只要我們的心靈透過永恆視角去了解自己本身以及身體，就必然會同時擁有對上帝的知識，並且知道心靈本身便存在於上帝之中、透過上帝孕育而生。」[16]這是理性行動者能夠獲得的最高層次知識，也是人類的最高成就。「透過這種知識來了解事物的人，將會達到人類最完美的境界。」[17]因此，理性行動者也能體驗到最多的快樂或最大的「心靈滿足」。同時，因為這種最高層次的快樂取決於自身的理解力（主要是對自己和對上帝的理解），而且上帝被認為是這種理解力的成因，人們也會知道這種快樂的真正成因就是上帝。因此，人愛上帝。

> 從這種知識中，我們必然會產生對上帝的理智之愛。畢竟，從這種知識以及上帝作為這種知識成因的觀念（也就是對上帝的愛）之中，我們會得到快樂。這種快樂不是來自於我們對上帝現身的想像，而是來自於我們理解上帝是永恆的存在。這就是我所謂對上帝的理智之愛。[18]

雖然說「對上帝的理智之愛」是許多猶太教和基督教中世紀哲學常見的概念，但斯賓諾莎對此概念的理解可追溯至邁蒙尼德的思想。邁蒙尼德在其哲學和法律著作中都討論到上帝之愛。在《米書拿》（*Mishneh Torah*）中，邁蒙尼德強調，一個人不該為了得到祝福或逃避懲罰而侍奉上帝。也就是說，侍奉上帝不是為了個人利益或是對於某些好處的渴望，而是純粹出於遵守神聖誡命的奉獻精神。理智的人是單純為了智慧和正義而做正確的事。他做正確之事的動機不是害怕惡果或希望回報，而是出自於愛。這種愛是全面性的，會完全占據智者的心思。邁蒙尼德寫道：

> 什麼是適當的愛？一個人應該非常深刻、超量地愛著上帝，直到他的靈魂被上帝的愛所縈繞。這樣，他就會像患了相思病一樣，永遠被這份愛所縈繞。患相思病的男人永遠不會忘記對那個女人的愛。無論坐著、站立、吃喝，總是在心中想著她。人們對上帝的愛則更偉大，所以應該植入所有愛上帝之人的心中，並在任何時候都想著上帝，正如先知所吩咐的那般，用盡全心全意地去愛上帝（申命記6:5：「愛上帝……」）。[19]

然而，邁蒙尼德也強調，這種對上帝的愛只能建立在知識的基礎之上。事實上，一個人對上帝的愛的熱烈程度與一個人的智性成正比。而這裡所謂「知識」是關於上帝的知識。

人只有在擁有對上帝的知識時，才能愛上帝。一個人心中愛的本質取決於他心中知識的本質。少量的知識獲得少量的愛；愈多知識則獲得愈多愛。[20]

《迷途指南》中也有同樣的觀點。在該書中，邁蒙尼德如同斯賓諾莎，認為構成人類最高層次完美之愛的是人類的智性條件，也就是一種認知狀態。邁蒙尼德認為，預言即是那些卓越智者所擁有的偉大知識，是在人類經過適當準備的心靈中所接收到神聖溢流之智慧結晶。這裡所指的智者，主要就是哲學家和先知。當一個人與神聖溢流相連，並達到了理解力的最高境界，他就會令人稱羨地享受與上帝的認知結合。在最好的情況下，這樣的結合將占據全部的心思，引導我們產生正確的崇拜，並享受神意。[21]邁蒙尼德談到了這種人類與上帝之間的「紐帶」。但很明顯地，這種紐帶主要是一種智性上的聯繫。「如果你依循理解上帝及其行為，那麼在此之後你應該完全獻身於祂，努力接近祂，並加強你與祂之間的聯繫——也就是加強你的理智。」[22]邁蒙尼德認為，在思想上與上帝相結合，是猶太教其中一個核心命令的真正含義：「全心全意、盡你所能地愛主——愛你的上帝。」

然而，對於這個問題，斯賓諾莎和邁蒙尼德的觀點有一個重要區別。邁蒙尼德認為，對上帝的理智之愛伴隨著恐懼、害怕和敬畏。這是因為這些情緒代表了一個人非常接近或持續接近上帝時的自然反應。當一個人意識到自己與上帝同在，也就是個體所達到的完美狀態，我們無法不意識到上帝也正在審視我們。

正如同我們藉著上帝所指引的光來了解祂一樣……祂也同樣用這種光來審視我們；也正因為如此，祂常與我們同在，並從高處考察我們，所以我們希望能尊崇祂。人人都必須好好理解這一點。畢竟當完美的人明白這一點，他們會變得謙卑、敬畏上帝，並在上帝面前表現出尊敬而謙卑的心情，無論如何都希望能尊崇祂。這些都不只是一個人的想像，而是反映了真實的情況。理解到這一點後，人與妻子的祕密行為或在廁所裡的行為，就會表現得像在公共場合的行為一樣。[23]

這種對上帝的恐懼和敬畏不是來自於對上帝的想像（想像力通常會引發一些對上帝的錯誤或迷信看法，譬如誤認為上帝有身體），而是源於已經獲得完整知識的人。「一些優秀的人接受了這樣的知識訓練，達到了人類的完美境界，所以他們會害怕、恐懼與敬畏上帝。」[24]

另一方面，斯賓諾莎則認為，對上帝的害怕、恐懼與敬畏等情緒，都只是源自對上帝的不充分理解（即透過想像力的想法來理解上帝），而且這些不充分的理解導致了上帝的擬人化。因為斯賓諾莎觀點中的上帝並不會審視人類，也不具備傳統宗教觀念所賦予的心理生活或道德特徵，所以我們不應該恐懼上帝或對祂產生其他相關情緒。事實上，斯賓諾莎認為，對上帝的理智之愛並不會產生恐懼和希望，反而是驅散恐懼或希望等情緒的關鍵。當然，這種愛並不是那種傳統宗教信仰中所鼓勵的、混合敬畏情感的愛。[25]這種愛不是被動而是主動，而且涉及對自身力量及其來源的欣賞。此外，在斯賓諾莎的觀點中，這種愛更是美德的適當附加物。

《聖經》對大眾的用途

斯賓諾莎更強調，神聖律法是人類心中與生俱來的：

> 上帝的永恆之語、聖約（covenant）以及真實宗教，都神聖地烙印在人的內心（即人的心智之中）。這些烙印是上帝親筆所寫、親身印記。這樣的印記即是上帝本身的想法，也可以說是祂的神性形象。[26]

原則上，任何人都應該能夠透過自我引導的思考，發現最高層次的目標，並知道如何實現這個目標。

然而，對於那些不習慣或是沒有能力思考這些問題的人來說，這些神聖之語可能不是明顯存在的東西。哲學家所具有的演繹思考能力、遵守真實形式法則的能力，以及他對上帝的了解與愛，是大多數人都做不到的。

幸運的是，神聖律法和真實宗教（即「認識並愛戴上帝」）會以一種大眾更容易理解的方式呈現《聖經》的教誨，讓那些「無法以清晰而分明的方式理解事物的人」也能理解。對於大多數人來說，他們對上帝的認識並不是來自關於「上帝即自然」的深刻形上學真理，而是來自所有先知一致傳達的神聖原則。「《聖經》的教條並不是深奧的思辨或哲思，而是最遲鈍的頭腦也能理解的極簡單之事。」[27]

但斯賓諾莎指出，先知也沒有充分認識上帝。先知所相信關於上帝的許多事實都是假的。譬如，他們傾向以擬人的方式來看待上帝，因而認為上帝具有各式各樣的心理和道德屬性。舉例來說，摩西「將上帝想像成是仁慈公正的統治者、立法者或國王等等。但這些都是人的屬性，根本不適用於神性」。[28]先知把上帝描繪成一位頒布命令、獎勵服從命令者，並懲罰那些不服從者的人。他們設想了一個有遠見的上帝，以正義、仁慈和憐憫行事，是「真實生活的典範」。對耶利米來說，上帝是「喜愛在人類世界施行慈愛、公平和正義的主耶和華」。（9:23）而約翰在他的福音書中則強調上帝的正義和仁慈。然而，即使是先知，「也無法享受對上帝的理性知識。」因為唯有理性知識才能思考上帝的本質。[29]

然而，儘管先知並沒有充分認識上帝，《聖經》仍然成功傳達了神聖律法的核心（或者也可以說，正因為先知並沒有充分認識上帝，《聖經》反而成功傳達了神聖律法的核心）。「我們從《聖經》本身，了解到它的資訊本質是：愛上帝勝於一切，愛同胞如同愛自己。這並沒有任何疑問或模稜兩可之處。」[30]對於大眾來說，這個命令不是要追求對上帝的理性知識，而是要接受先知對上帝道德屬性的說法，並且在生活中模仿那些屬性。「上帝透過先知，只要求人們了解祂神聖的正義和仁慈之心，也就是說，上帝的這些特性是人們可以透過明確的行為準則來模仿的。」[31]摩西、耶利米以及其他先知所要表達的是：「認識上帝是每個人的責任……上帝是非常公正且仁慈的，這樣的知識就是真實生活的完美模式之一。」[32]

這種概念，其實無法構成對上帝的真實理解，因此也不能帶來以知識為基礎的真實美德行為，卻能非常有效地引導無知者對他人做出公正和仁慈的行為。換句話說，也就是對鄰舍同胞的愛。誠然，在這方面，將上帝擬人化可能比對上帝的真實知識來得更有效。因為後者具有一定的哲學抽象性，是一種「人們不能透過既定的行為規則模仿或作為榜樣的知識——而且這種知識與真正的生活方式之實踐沒有任何關係。」[33]先知寫出更通俗易懂且更豐富的故事，是為了激勵人們至少在外部行為上，遵從正義和慈善的要求。透過這種方式，故事非常實用。斯賓諾莎強調，先知著作的目的是要求人們服從，並遵守正確的道德行為。當然，這些道德行為也可以在對上帝、自然和人類的真理之理性知識中找到更深、更穩固的基礎（例如那些在《倫理學》一書命題中所證明的真理）。[34]然而，依靠理智來追求美德是一件困難的事，一般群眾皆難以達成。《聖經》正是為了避免這樣的困境。斯賓諾莎如此寫道：

> 我想明確地強調……我所賦予《聖經》或神啟的角色，有其重要性和必要性。畢竟依照自然之光的力量，我們無法了解為何單純的服從能得到救贖。而《聖經》告訴我們，救贖是由上帝

獨特的恩典而來，且我們無法透過理性獲得救贖。由此可見，《聖經》帶給人們極大的安慰。因為所有人都有服從的能力，但在全人類中，只有少數人能在理性的指引下獲取真正的美德。因此，若沒有《聖經》的存在，世界上絕大多數人都將無法獲得救贖。[35]

雖然《聖經》的預言文本並沒有提供對上帝和自然的深刻理解，甚至也不是正確的理解，但其中以正義和慈善原則所創造的神聖統治者模範，仍然激勵了大眾的良好行為。「就算一個人因為相信虛假的事物而服從道德律法，他仍擁有虔誠信仰。」[36]

當然，並不是所有《聖經》故事都與教導虔誠之心有關。事實上，許多故事只是歷史趣聞。甚至在有些經書中，常常包含作者的信仰和偏見，而不是討論如何真正地服從上帝之語。此外，在《希伯來聖經》中，我們還能讀到上帝和人類做了許多殘忍和可憎的事，且這些行為實在很難用「正義」或「慈善」來形容。儘管如此，斯賓諾莎相信，《聖經》中的許多章節確實鼓勵了道德行為，從而傳達了「真實宗教」的訊息。正如我們先前所看到的，真實宗教的訊息實際上也是所有先知著作中清晰而一致的普世訊息，這些「未受破壞或刪減」的訊息就這樣傳遞到大眾手中。「所以，一般人只需要熟悉那些最能有效灌輸服從和奉獻精神的故事。」[37]

當然，如果他們能在沒有《聖經》的情況下獲取同樣的訊息（無論是透過其他書籍或是僅僅透過哲學和理性思考），結果也一樣好。

擁有豐富美德的人（包括慈善、喜樂、平安、耐心、友善、良善、忠實、溫柔、自制等美德），律法並不會與他唱反調（正如同保羅在加拉太書5:22節所說）。無論這樣的人是受到理性的指引，還是僅僅受到《聖經》的影響，他都是在接受上帝的教誨，因此是受祝福之人。[38]

然而，斯賓諾莎強調，這樣的觀點與猶太教的期望相反。「猶太人抱持完全相反的觀點。他們認為，如果人們僅僅從理性的自然之光而非摩西的預言靈感中接收到真正的信仰，就無法得到祝福。[39]事實上，猶太教對「真正的生活方式」之定義並不是道德上的美德，而是對禮儀律法的服從。也因為如此，猶太人錯把只具有歷史和政治意義的迷信儀式看作上帝之語。

在斯賓諾莎看來，真正的神聖律法與歷史無關，也非形上學的教條或儀式規定。神聖律法不談過去的歷史事件，也不會要求人們贊同任何關於上帝本質、宇宙以及其起源等哲學主張，更不會要求人們舉行任何宗教儀式，例如：「行為本身並沒有意義，善行之所以是善行僅是因為傳統如此定義」。當然，神聖律法確實會要求某些行為，指引人們以正義和仁慈之心對待他人，例如：「維護正義、幫助他人、不殺人、不貪圖他人財產等等。」[40]對於擅長哲學思辨的人，這些實際的命令和指引最終都是為了帶領自身成長，也就是要一個人追求美德和智性上的完美，並且對他人在美德和智性上的完美也做出貢獻。至於對大眾來說，「愛他人」的命令，體現於依照先知所述，在自己的生活中模仿上帝的行為。然而，這些具體且實際的要求與教派儀式並無任何關係。畢竟，關乎儀式的戒律「對人的幸福與美德毫無幫助」。

所以，相對於教派主義宗教，真實宗教所關心的就只是道德行為。重要的不是你相信什麼，而是你做了什麼。在一六七五年，斯賓諾莎在寫給奧爾登堡的信中說道：「我認為宗教和迷信的主要區別在於，後者建立在無知的基礎上，而前者建立在智慧的基礎上。」[41]宗教要我們做那些對人類具有最大益處且能促進繁榮的事，例如：追求對自然的知識，藉此了解、熱愛上帝；用慈善和公正的態度對待同胞，並盡所能讓人類社群達到繁榮，最終以熱愛自身的方式熱愛我們的同胞。簡而言之，神聖律法是關於美德的命令。「宗教不需要迷信的裝飾。相反地，當宗教被幻想美化，榮耀也就隨之減少。」[42]

從歷史背景看律法

從上述討論我們可以發現，斯賓諾莎與猶太教之間的確存在複雜的關係。[43]斯賓諾莎年輕時在阿姆斯特丹的嚴格猶太社群中接受一群多元且博學的拉比的指導與教育。但很明顯地，他在年輕時就已經失去了對正常猶太生活的信仰和承諾。雖然他似乎在被驅逐出猶太宗教會之後仍然繼續研究猶太文獻，但是他的餘生都一直對猶太傳統抱持高度批判、甚至敵對的態度。

當然，斯賓諾莎非常鄙視所有有組織的宗教，因為他認為這些宗教都不符合「真實宗教」的標準，並且最終還會導致社會分裂。例如，在他的私人信件中，曾寫下一些對天主教的嚴厲批評。[44]他也認為猶太教在迷信和有害程度上毫不遜於基督教。事實上，他肯定基督教作為一個多數人的宗教，擁有對世俗世界巨大的影響力，也因此會對社會和平以及個人幸福帶來更大的威脅。值得一提的是，斯賓諾莎在《神學政治論》中不得不小心措辭，以免疏遠或激怒他的基督教讀者。而他似乎對自己的原生信仰懷有特別強烈的敵意。[45]他敬佩過往的偉大猶太思想家，且猶太哲學也強烈影響了他的形上學、倫理學和其他哲學觀點。在《倫理學》和《神學政治論》中，我們都可以看到邁蒙尼德主義的痕跡。但是斯賓諾莎也是這些猶太知識先驅底下一位非常不正統又充滿革命精神的弟子。畢竟，他總是無情地批判猶太教傳統。

斯賓諾莎在《神學政治論》針對猶太教的討論，清楚地表明了這一點。在《倫理學》中，斯賓諾莎與早期的猶太哲學進行了微妙而含蓄的對話，但是到了《神學政治論》，斯賓諾莎則直接檢視了拉比猶太教的基本特徵。具體來說，他反對《妥拉》具有恆久的有效性（從廣義上理解，《妥拉》包括摩西五經以及後來的拉比法律文獻，譬如《塔木德》），也反對現代猶太人有義務遵守大部分戒律。此外，他將猶太人所謂的「天選之人」（divine choseness）概念，化約理解為一套關於古代猶太政府的自然事實，並強調這套事實早已成為歷史。

在針對斯賓諾莎的驅逐令發布之後過了幾年，一些同時代的人流傳說斯賓諾莎承認自己被驅逐是因為他堅持「律法是錯誤的」。[46]雖然這些人並未告訴我們這句話到底是什麼意思，但是斯賓諾莎在《神學政治論》中對猶太律法的討論章節則提供了一些細節。這些討論始於驅逐令發布之後的十年內。

由於《妥拉》中的許多戒律都是摩西在獨特的歷史環境以及特定的政治目的下所制定，所以只與儀式和教派宗教的慣例有關。換句話說，這些戒律的適用範圍與有效性都很有限。猶太教的禮儀律法不像是那些對所有人都有效的真實神聖律法，而是只針對特定民族（古代希伯來人）的特殊律法，而且這樣的律法只在某段時間內適用於希伯來人，包括祭司、儀式純潔性、獻祭、崇拜以及其他禮儀事項的律法，乃至於賦予希伯來民族一統性、自我認同、力量與穩定性的律法，特別是在飲食、農業、服儀等方面的規定，使希伯來民族能有別於周邊民族。

因此，隨著希伯來王國的終結（特指西元七〇年時耶路撒冷聖殿的毀滅），摩西律法已經失去存在的理由。因此，律法的強制性也不再重要了。在猶太人被流放時，因為沒有自己的國家，所以他們也沒有義務、甚至沒有理由去遵守猶太律法。畢竟，他們有理由服從的唯一律法應是他們所生活其中的國家之律法，以及規定了通往真正幸福之路的自然法則。[47]「他們的國家毀滅之後，希伯來人就沒有義務繼續進行他們的儀式……自從他們獨立的國家垮台，猶太人就回到像是國家形成前一般，不受摩西律法的約束。」這個時間點也就是在摩西以誡命作為律法之前。[48]在斯賓諾莎看來，猶太律法對於十七世紀的猶太人，或甚至對於西元七〇年之後的所有猶太人來說，都是不合時宜且過時的東西。

在拉比猶太教之中，沒有比否認猶太律法的持續有效性更嚴重的罪行了。特別是在十九世紀晚期猶太教另類教派開始發展（不太正統的猶太教分支，譬如改革宗猶太教）之前，否認《妥拉》的書面和口頭內容就是否認猶太教本身。而正如我們將看到的，斯賓諾莎本人完全意識到了這一點。

另一個比較沒有那麼教條的猶太教信仰則是「猶太人是上帝的天選子民」。猶太人神聖的「天選說」據聞始於上帝與亞伯拉罕所簽下的獨特契約，並在之後幾個世代不斷更新。正如同摩西在《申命記》（7:6）中向上帝報告的話：「因為你是耶和華的神聖子民；耶和華從世上的萬民中揀選你，做祂自己的珍寶，做祂的子民。」即使猶太民族反叛地背離上帝、違反摩西律法，甚至更糟地去敬拜其他的神，他們也仍然是上帝的天選子民，這就是猶太人與其他民族的不同之處。

猶太人的天選信仰引領了後續的先知著作與拉比注釋，並以各種方式影響了後來的猶太哲學思想。[49]這種信仰也反映在日常的禮拜儀式：在猶太教禮拜中，會出現多次重複的妥拉卷前祝福儀式，聲稱上帝「從萬民中選擇了我們」。一般而言，這不僅代表以色列人享受神聖恩惠，並（與摩西一起）被賦予神聖律法，更被理解為他們擁有一種高人一等的特殊聖潔性（kedushah）。[50]正如一些猶太禱文所宣稱的那樣，上帝已經「神聖化」猶太民族，並賦予其特定的命運。當然，上帝也關心其他民族。根據《希伯來聖經》的說法，所有人類都是「按照上帝的形象」創造。但猶太人的天選特質仍然代表著猶太民族與上帝之間存在特殊關係，這賦予了該民族一種特殊性質，也因此在猶太民族中創造了關於上帝的特殊義務。其中一個猶太思想的分支甚至宣稱，猶太人的靈魂在形上學上也具有某種與眾不同之處，這使得以色列人在本質上不同於其他國家，乃至優於其他國家。例如，猶大・哈勒維*強調，就算其他民族的人改信猶太教，雖然仍享有與猶太人相同的好運，但還是「與我們不平等」。[51]

---

* 猶大・哈勒維（Judah Halevi），十一世紀西班牙猶太裔醫生、詩人、哲學家，是希伯來人歷史上最偉大的詩人之一。

對斯賓諾莎來說，猶太人所自認的特殊性既不理性又危險，因為這樣的觀點分裂了人群，阻止人們為了共同利益而合作。為了對抗這種觀點，他在《神學政治論》的第三章對「希伯來人的使命」進行分析，並對上帝的天選做出自然主義式的化約詮釋。他強調，把幸福建立在天賦的獨特性是一種「幼稚」的行為。別人擁有和我一樣的權益時，並不會剝奪我所擁有的權利，也不會減損我的享受。在猶太人的例子中，他們的幼稚之處在於堅認自己是上帝從世上所有國家和民族中天選出的獨特存在。

事實上，斯賓諾莎認為古代希伯來人作為一個群體，並沒有在智慧、性格或與上帝的距離上更優於其他群體。當然，任何宗教群體都不會如此。這個原則是斯賓諾莎在他討論普遍自然主義的論述。對他來說，所有事物都是根據這種自然主義而存在，因此所有人皆以同樣的方式從屬於自然，並受到同樣的法則所支配。理性和美德的能力是由自然來平等分配給所有個體，所以我們沒有理由說，在所有其他國家中都不可能實現至善。「希伯來人在知識和虔誠上都沒有比其他民族來得優越……希伯來人之所以會被上帝從人群中選擇出來，並不是為了真實的生活方式，也不是為了更高層次的理解力。」[52]

因此，無論是從認知能力還是從道德的角度來說，猶太人都不是一個特殊的民族。而且與哈勒維相反的是，斯賓諾莎認為猶太人不可能在形上學層面與其他人類不同。正如斯賓諾莎在《倫理學》書中所證明的那樣，所有個體人類都一樣是自然的一部分，也就是想法與外延的有限存有。沒有任何一個群體能比其他群體得到更多來自上帝或自然的天賦或恩惠。所有人在「上帝的外在幫助」上都占有同樣的份額，即自然規律所帶給我們的善與惡。我們已經知道，由於斯賓諾莎將上帝與自然視為等同之物，所以在一般意義上，神意與自然法則是相同的。

所謂上帝的指引，我指的就是自然中固定不變的秩序，或者說是自然事件鏈。無論我們說所有的事情都按照自然法則發生，或是說所有的事情都按照上帝的命令和指引發生，這都是指同一件事。[53]

無論一個人或一群人發生了什麼幸運的事，斯賓諾莎說：「任何由於外在原因對人所造成有利影響的事物，全都可以被稱為上帝的外在幫助。」我們當然可以嘗試把事情發展引導到對我們有利的方向，但是無論是否如我們所願，總是會有一定程度的運氣牽涉其中。「在這件事情上，愚者和智者在面對幸與不幸的問題上，有同樣的機率。」[54]

幸運的是，對於所有理性的人來說，有一條更安全的通往幸福之路。無論一個人的宗教信仰是什麼，都可以自由利用一種更特殊的神意，即「上帝的內在幫助」。人可以透過上帝（即自然）賦予的力量來保護自己，並最大化自己的幸福。[55]當一個人意識到知識和美德對安全和幸福的重要性，進而積極追求，就能達到這種境界。猶太人、基督徒、穆斯林或甚至無神論者，他們都能獲得上帝的內在幫助。所有人都同樣受自然力量的支配，但所有人也都被賦予了理性的能力。透過這種能力，他們可以成功地找到幸福的道路。

一個群體或民族也可以利用上帝的內在幫助，盡其所能來保護、增進自己的力量。透過「人類的發明設計和警覺性」，一個民族可以使用自然的手段進行組織，以此「維護群體的安全，避免受到他人或野獸的傷害」。斯賓諾莎強調，一個民族要做到這一點，最好的方法就是在固定的領土上，用良善而穩定的律法來組織社會。而如果立法者愈聰明且人們愈廣泛地服從他們，律法就能愈有效地維持一個穩定的政體，該社會便能抵禦敵人，並在命運的變化無常中生存下來。

根據上帝的外在幫助和內在幫助這兩個概念的區別，斯賓諾莎論述了猶太人的天選概念有其意義。斯賓諾莎同意，猶太人是上帝（或自然）的天選子民。但他將此句話理解為一系列沒有道德和神學意義，也沒有神聖意圖或神意的純粹歷史主張。

斯賓諾莎認為從兩個世俗層面來說，古以色列人確實超越了其他民族，並得到了上帝的青睞。這兩個層面是他們的地緣政治好運以及社會組織。一方面，古以色列人剛好很幸運，在很長一段時間裡，雖然他們自己並沒有什麼特別的美德，卻從上帝或自然的恩典中獲益。

> 僅僅隨意地閱讀《聖經》，就能清楚明白這一點。希伯來人優於其他國家的一點在於，他們成功地獲得安全的生活，並克服巨大的危險，但這主要還是靠著上帝的外在幫助。畢竟在其他方面，他們與其他國家沒有什麼不同。上帝對所有人都一視同仁。[56]

於是，幸運女神（即自然）向以色列人微笑，讓事情剛好朝著有利於他們的方向發展。這就是為什麼他們是被上帝「選中」的子民。當時的情況是，要麼他們的對手普遍比他們羸弱，要麼氣候剛好適合他們進行農作。正因為這些與其他有利的環境因素，以色列社會開始繁榮昌盛並擊敗了敵人。但顯然地，斯賓諾莎相信事情也可能朝著相反的方向發展。

另一方面，以色列人的確可以將成功部分歸功於自己。這是因為他們也利用了上帝的內在幫助。以色列人傾向遵守立法者為他們所制定的律法，所以自然而然使社會秩序良好，並讓自治政府長治久安。換句話說，「天選」的過程其實並不需要預設超自然力量的干預，需要的只是有能力的政治道德領袖，以及廣泛遵守規則。如果一個群體制訂並遵循明智和務實的律法，那麼自然而然就會產生獨立、安全、繁榮的政體。

> 希伯來民族之所以被上帝選中，並不是因為他們的理解力或精神素質，而是因為他們的社會組織和好運氣。藉此，他們獲得了優勢地位，並保持此狀態多年。因此，天選和使命只存在於物質上的成功與國家的繁榮。希伯來民族服從律法，而回報就只是律法所給的承諾，即國家的持續繁榮與與物質利益。而忤逆和違反聖約，則會導致國家垮台與最可怕的逆境。[57]

因此，所謂天選猶太人是具有特定時空條件的選擇。這種天選只適用於猶太群體，並且只在特定時間內有效。「一位脫離社會組織和政府的猶太人，並不具有任何優於他人的上帝恩賜，他與外邦人之間沒有任何區別。」[58] 隨著以色列王國的滅亡，他們與外邦人之間的區別也不復存在。畢竟，猶太人的天選說，實則是一種有條件的好運以及該民族自行創造的政治繁榮，但這兩者都已經不存在了。「當前，猶太人並不擁有任何能夠引以為傲、讓自己凌駕於其他民族之上的事。」[59]至於有關人類的美德、理解力、真正的幸福以及神聖恩賜，這些永遠不會是獨屬於猶太人的能力。[60]

斯賓諾莎的猶太認同

斯賓諾莎在《神學政治論》中展現了對猶太律法的輕視態度。人們因而認為他在猶太教世俗化的過程中扮演了重要的角色作用，甚至還認為他是第一位世俗化的猶太人。然而，其實人們誤解了斯賓諾莎對於猶太教以及其他宗教的許多觀點，也因此誤認為斯賓諾莎是在設想一種不受《妥拉》或嚴格儀式所規範的猶太教。

猶太教的世俗化具有許多層面的意義，但通常可以被理解為一種不需嚴格遵守教義的猶太教，或者稱為文化上的猶太教。在這種觀點下，「世俗化的猶太人」指的是出生於猶太家庭或皈依於猶太教、並具有明確自我認同的猶太人，且不須遵守猶太人的律法，也不按照猶太人的儀式來安排生活。對這樣的人來說，他的猶太身分不取決於是否遵守猶太常規，甚至也不取決於他是否仍然是猶太教社群成員。當然，這樣的人仍保有猶太身分，但那是屬於一種特定文化種族群體以及特定歷史的歸屬感，而且這種歸屬感會在他或她的生活中產生不同影響。此外，這樣的人也可能還是有意識地信奉所謂的世俗猶太信仰和價值觀，遵守某些道德和社會原則。雖然這些世俗價值觀已經與宗教和神學分離，但在某種程度上來說，其儀式性的基礎仍然來自於《妥拉》以及猶太歷史。

有些人認為斯賓諾莎在世俗猶太教的發展中扮演重要角色，這種說法其實模稜兩可。一方面，這暗示了斯賓諾莎曾明確想過作為一位世俗猶太人是否有可能在有組織的猶太社群與猶太儀式之外生活與思考，甚至也許他自己就曾過著這樣的生活。另一方面，這可能只意味著斯賓諾莎並不打算將猶太身分徹底世俗化，或完全脫離猶太信仰和習俗，但是仍然嘗試在傳統神啟宗教的背景下，討論個體化信仰。[61]這種說法淡化了斯賓諾莎對猶太教世俗化的貢獻，聲稱斯賓諾莎的角色僅是在猶太教中捍衛一種良心自由（也許是為了適應現代世俗社會，以追求個人主義式或非正統形式的猶太儀式），同時保持在傳統猶太社群中的生活。無論在哪一種解讀中，斯賓諾莎所看到的都是：一個人可以是非正統或甚至是不嚴格遵守教義的猶太人，但仍然是一位猶太人。

此外，我們也很難界定斯賓諾莎為第一位世俗猶太人。在被猶太社群譴責之後，他不僅斷絕了與所有猶太教會的正式關係，也毫無疑問地停止了猶太生活中的任何儀式和慣例。而且，成年的斯賓諾莎似乎沒有殘存任何猶太人的身分認同意識。猶太身分顯然在他的自我形象中沒有扮演任何角色。雖然說我們可以從惠更斯稱他為「福爾堡的猶太人」時，看出猶太身分在其他人對他的印象中，仍然扮演著重要角色。[62]我們沒有理由相信，斯賓諾莎在他的餘生中持續認為自己是一位猶太人。例如，他在《神學政治論》中，曾蔑視猶太傳統，同時他還使用第三人稱來稱呼猶太人。這都讓人感到震驚。斯賓諾莎曾提到，「他們」在神學或道德層面都缺乏天選特質；「他們」是透過自身法律閹割自己的人。

更普遍來說，斯賓諾莎似乎在他的著作以及現存的通信文件中，皆缺乏對猶太宗教和歷史的任何認同或同情，甚至用自己的方式與猶太傳統保持距離。然而，若要作為一位世俗猶太人，而非一位單單具有猶太背景的世俗者，必須至少保持某種猶太人的認同感；即使這種認同感的來源並不是特定的宗教信仰或宗教實踐，而是透過歷史、種族或社會群體身分將自己與他人區分開來。因此，從傳記歷史的角度看來，沒有理由認為斯賓諾莎是第一位世俗猶太人。因為他根本就完全不是世俗猶太人。如果真要說斯賓諾莎有什麼特別之處，那就是他是近代早期的「世俗個體」中最傑出的典範。畢竟對斯賓諾莎來說，宗教信仰或宗教傳統在他的自我認同中無足輕重。

但即使斯賓諾莎不認為自己是猶太人（因此也不能說他過著世俗猶太人的生活），但是他認為猶太律法和儀式與當代生活無關，並因此將「真實宗教」簡化為一個基本倫理原則，使其脫離神學─形上學的教條，難道斯賓諾莎沒有因此奠定了世俗猶太教的基礎嗎？或者，《神學政治論》中的論點，是否至少可能讓某個世俗猶太人在作為猶太人的同時，面對現代社會也做出了一些必要的調整，甚至過著完全世俗的生活，將其公民身分和社會認同放在嚴格的猶太教生活之上呢？

有幾個理由可以說明斯賓諾莎為何提供了無猶太律法的猶太教存在的可能性。首先，他認為幾世代以來，針對猶太人的仇恨使得猶太人甚至能在沒有宗教儀式的幫助下，成為一個獨立的群體。斯賓諾莎強調，即使就像十五世紀和十六世紀在西班牙和葡萄牙出現的情況，一些猶太人已經從猶太教轉而信仰其他宗教，反猶主義的出現卻強化了猶太人的身分認同。

> 我一點也不驚訝這麼多年以來，猶太群體能在四散各地和無國籍的情況下繼續存在。因為他們已經將自己與其他民族隔離得如此之遠，甚至招致所有人的仇恨。歷史事實表明，其他民族對猶太群體的仇恨使得後者持續保有群體認同。[63]

雖然也許這樣的主張不該被認真看待，斯賓諾莎如此評論：「我認為在這件事情上，傳統猶太割禮是一個非常重要的因素。我相信這件事本身就能永遠保存他們的民族身分。」[64]就如同中國人能夠僅透過一條辮子來保存他們的民族身分一樣。他帶有些許遺憾地補充道。

更重要的是，如果猶太禮儀律法因為失去了其合理背景因素就不再有效，要是有一天猶太人對宗教戒律的遵守消失了，會發生什麼事呢？猶太人也會跟著消失嗎？或者說，猶太人會在沒有律法的情況下繼續延續下去，只是與過去相比成為一個更世俗的群體？當斯賓諾莎說，摩西律法對當代猶太人不再具有約束力，人們可能會認為他是在建議猶太人追求自己的猶太身分時，不該再受到《妥拉》律法的約束。因此，人們認為斯賓諾莎預告了一種世俗的猶太教。然而，這其實是一種錯誤解讀。斯賓諾莎顯然認為，沒有了律法，猶太人就不會有持續性的群體特性和身分認同。對他來說，世俗猶太人並不是一個連貫的概念（即使他們面對同樣的仇恨，接受了同樣的割禮）。這點在斯賓諾莎對天選子民的反駁中尤其明顯。斯賓諾莎認為無論是在神學、形上學或道德意義上，都無法合理論述猶太人是由上帝從所有其他民族中天選而來這件事。但如果民族之間並沒有內在的差異，也沒有自然類（natural kinds）上的差異，我們要怎麼區分猶太人與外邦人呢？特別是在當時，以色列國已經不復存在，猶太人四散在世界各處，那麼他們作為一個民族有什麼獨特之處呢？是什麼造就了猶太人？

對斯賓諾莎來說，答案是禮儀律法。他說：「猶太人因為外部的禮儀……早已與其他民族不同。」[65]他指出，如果猶太人放棄遵守這些儀式和猶太律法，並且生活在一個沒有實行種族隔離或甚至賦予他們公民權的社會中，那麼政治同化就會導致族群的完全同化，最後猶太人的身分就會消失。在《神學政治論》中，他引用了巴比倫流亡者的例子，「他們背棄了整套摩西律法，將他們祖先的律法視為毫無意義的東西拋諸腦後，然後開始被其他國家同化。」[66]換句話說，世俗化和同化的結果並不是世俗化或同化的猶太人，而是將猶太教拋在腦後的世俗化、被同化的普通人。或許有點過分樂觀，斯賓諾莎也在這個脈絡下提到了西班牙猶太人的情況。他認為他們的政治同化是建立在放棄猶太教、放棄遵守摩西律法的條件上。結果就是猶太人群體的消失，「從此沒有留下任何痕跡」。[67]斯賓諾莎在此忽視了純正血統的法則，因為西班牙人其實繼續區分真正的（舊）基督徒和猶太皈依者（或所謂新基督徒）。但這表示，對斯賓諾莎來說要作為一個猶太人，除了遵守摩西律法，並不需要其他條件。

對斯賓諾莎來說，禮儀律法就是猶太教的本質。就算拿走強大的「天選」概念，對猶太教來說相對無礙。但是遵守猶太律法，就是猶太教的核心。拿走摩西的律法，你就消滅了猶太人。換句話說，在斯賓諾莎眼中，作為一個猶太人，就是必須遵守猶太教的宗教儀式。這是因為對他來說，猶太生活的定義就僅僅是猶太教的信仰、禮儀、慣例和律法，但隨著聖殿的毀滅，這些東西已經失去了基礎。對他來說，猶太人的自我認同就僅僅是取決於是否屬於某個猶太社群；而猶太社群則是由對猶太戒律的自覺和遵從所構成。

斯賓諾莎在此處的觀點似乎一反常態地狹隘。畢竟，就算是在沒有嚴格遵從宗教禮儀的情況下，猶太人還是可以維持他的身分認同。而且至少在過去的兩百年中，這樣的身分認同已經繁盛起來了。這種認同不僅是建立在誡命（mitzvot）的選擇性遵守上，更重要的是，它是建立在一種包含共同系譜、歷史敘事、共同知識，和文化傳統的歸屬感。然而，斯賓諾莎認為，若沒有律法和禮儀、沒有《妥拉》提供的客觀框架和連續性，這樣的世俗猶太教或文化猶太教終究只是一個空殼，所以不會是真正的猶太教。不可否認這是一種狹隘的觀點，不過，這個觀點受到他同時代的人認同，因為猶太教要一直到十九世紀才會分裂出其他教派，所以世俗猶太人的觀念也根本不存在。斯賓諾莎不會否認，任何一群人都可以透過歷史和文化環境找到團結感和群體身分認同。畢竟這是一個明顯的事實。但如果事實證明，除了別人對他們的仇恨之外，猶太人的團結和認同其唯一來源就是一種主觀的歸屬感和懷舊回憶的話，那麼斯賓諾莎會堅持認為，雖然某個人可能會被貼上「猶太人」的標籤，但猶太教本身終將消失。[68]

斯賓諾莎並沒有想過存在世俗猶太教的可能性。在他看來，做一位世俗或被同化的猶太人是不可能的事。這就好像說有一個無教派的教派。對斯賓諾莎來說，猶太教如果不遵從其文本和歷史定義中的原則、律法和儀式，那麼它就不再是真的猶太教。這些律法和儀式（還有非猶太人的反猶太主義）是聖殿被摧毀後猶太教仍得以保存的原因，也是構成其本質的東西。當然，斯賓諾莎非常鄙視傳統的教派宗教，尤其是猶太教。而且他確實認為猶太律法對當代猶太人已經不再具有約束力。也許就是在這個意義上，他無意中為世俗猶太教或甚至改革宗猶太教打開了大門。然而，他對什麼算是猶太教這點，仍然保有非常嚴格的理解。斯賓諾莎可能是一位宗教改革家，但是他所展望的並不是猶太教內部的改革。相反地，他想要的是一種普世性的理性宗教，以避免無意義且迷信的儀式，從而專注在一些簡單的道德原則上，其中最重要的就是「愛鄰如己」。

無神論者，還是基督徒？

關於斯賓諾莎所信仰的宗教，還有一個持續存在的迷思。這個迷思的來由，部分是來自於他的朋友，部分則是來自於他在《神學政治論》中的一些評論。據說在他被「從以色列人民中驅逐出去」之後，成為了一名基督徒，或許是加入了在荷蘭蓬勃發展的某個歸正教會的異議教派。畢竟當時他的許多朋友和合作者都屬於這個教派。

從一六五〇年代中期開始，斯賓諾莎最親密的夥伴便包括門諾會成員西蒙．德．佛里斯（Simon Joosten de Vries）、彼得．鮑林（Pieter Balling）以及賈里格．傑勒斯（Jarig Jelles）。他們都與在阿姆斯特丹和萊茵斯堡集會的荷蘭教友會團體有接觸。另外也有一些人認為，當時斯賓諾莎在阿姆斯特丹與英國貴格會有接觸。[69]他和這些無教會基督徒[70]的關係，似乎讓人認為斯賓諾莎要麼正式皈依基督教中的激進新教派，或是要麼至少成為一位實踐基督徒了。[71]

毫無疑問地，斯賓諾莎與基督教改革者之間的私人關係影響了他的宗教和政治觀——他們拒絕教會階層制度，主張取消集會儀式，並認為「內在之光」是通往上帝的真正嚮導。斯賓諾莎在《神學政治論》中區分了真實宗教以及傳統有組織的宗教，他對兩種宗教的諸多評論，反映了那些虔誠異議者所抱持的信仰或實踐。任何讀過《神學政治論》的讀者，都會因斯賓諾莎對基督教福音書的尊重、對耶穌的高度讚揚以及對使徒保羅的崇拜所感動。他認為耶穌是超越所有人——包括摩西——的先知。

斯賓諾莎針對《希伯來聖經》從文本和歷史角度展開了嚴格且廣泛的批判。然而，他從未針對《新約聖經》有如此批判。他對《希伯來聖經》抱持輕蔑的態度，且以一種化約式的描述來理解《舊約聖經》的先知。相反地，對於基督教福音書以及其作者，則常以正面的態度來評論。他曾提到，基督教的使徒以一種與希伯來先知完全不同的方式闡述他們的教義。事實上，他們是透過推理和說服，就像在進行討論一樣；而不是透過想像和武斷的主張來闡述教義，所以似乎更像老師而不是先知。此外，他們從自然知識出發，且常常只是在發表自己的意見，所以不像先知的宣告那樣具有權威的肯定性。因此，斯賓諾莎說：「使徒的書信是依據自然之光寫作而成。」[72]

斯賓諾莎尤其推崇使徒保羅。保羅是一位先知，但他似乎也是一位擅長用智慧與他人交往的哲學家。在這一點上，保羅不像摩西，因為後者「雖然是眾多先知中最偉大的一位，但是從未提出任何適當的論點」。相反地，保羅以博學之士的身分講道。他與其他使徒一樣，會以理性的方式傳播耶穌的訊息，並藉此鼓勵和強化聽眾的宗教信仰。[73]

斯賓諾莎對待基督教福音書的方式，與他對待《希伯來聖經》的方式非常不同。但他會這麼做的原因仍是個謎。他甚至一度暗示，自己無法如同評論希伯來語經文一般評論基督教福音書，因為他認為自己沒有資格對後者進行徹底的批判性分析。

> 現在是時候以同樣的方式來檢視《新約聖經》了。不過有人告訴我，承擔這份任務的向來都是那些在科學（尤其是語言學）上最有學問的人。但因為我對希臘語的了解還不夠透徹，所以我其實不敢承擔這項任務。此外，也因為《新約聖經》缺少了希伯來文的版本，所以我想避免這項困難的任務。[74]

然而，這樣的說法其實有點虛偽。斯賓諾莎雖然不熟悉希臘語，但這並未阻止他對《新約聖經》的教義發表評論，這在《神學政治論》中隨處可見。[75]與此同時，他聲稱「使徒們的母語正是敘利亞語」，甚至暗示我們在福音書中看到的是敘利亞語原文的希臘語譯本。[76]另外，他在《神學政治論》的前幾章也堅稱，理解基督教福音書所必備的重要語言是希伯來語而不是希臘語。

> 因為《舊約聖經》和《新約聖經》的作者都是希伯來人，所以不管是為了理解以希伯來語寫成的《舊約聖經》，還是為了理解《新約聖經》，希伯來語的語言史毫無疑問都是最重要的工具。畢竟，儘管在其他語言中，舊約、新約已經為人所熟知，但它們的真正意義只能在希伯來語中顯現。[77]

為什麼斯賓諾莎不願仔細探討基督教福音書呢？有個最有可能且顯而易見的解釋。因為斯賓諾莎從小所受的教育，讓他對《希伯來聖經》以及猶太評論傳統比起對基督教文獻來得精通。此外，如前所述，在談到基督教福音書時，斯賓諾莎的態度是更加尊重，這可能是因為他不想趕走自己的重要聽眾。他需要謹慎對待那些他希望透過《神學政治論》來說服的人，並將這些人納入他的宗教和政治改革計畫之中。所以，他不能冒險疏遠阿姆斯特丹的統治群體、自由派神學家以及歸正教會中的異議教派。這些人都不會接受任何詆毀基督使徒的言論。[78]正如列奧．施特勞斯*著名的論點所說：「《神學政治論》是寫給基督徒看的。」尤其是寫給那些斯賓諾莎想要讓他們皈依哲學的人，畢竟「攻擊《舊約聖經》遠比攻擊《新約聖經》要來得安全許多」。[79]

施特勞斯認為，斯賓諾莎因為恐懼被迫害且顧慮大眾的宗教虔誠，所以試圖向許多讀者隱瞞真相，同時又偷偷向博學者傳達真相——因此他主張《神學政治論》雖然是一部「公開」的作品，但讀者也必須「讀懂隱藏在字裡行間的意思」。[80]然而，施特勞斯的這種說法是錯誤的，《神學政治論》中並不存在所謂「隱藏的學說」。斯賓諾莎就像許多作家一樣，只是運用了修辭上的策略來吸引他的讀者。因此，他真正的意思並不總是與他所說的話完全一致，他說的話也不總是與他內心的想法完全一致。

---

* 列奧．施特勞斯（Leo Strauss），德裔美國政治哲學家，專事古典哲學研究，被認為是美國保守主義的思想淵源之一。

的確，斯賓諾莎對基督教福音書的態度相對溫和，也對使徒的教誨抱持贊許。之所以如此，除了他聲稱不懂希臘語之外，也許還有其他更充分的理由，而其中並不包括斯賓諾莎皈依成為基督徒的這種說法。

事實上，沒有任何證據表明斯賓諾莎成為基督徒或基督教同路人。他論述了有組織的宗教對個人自由、幸福以及社會福祉存在有害影響。依據這樣的主張，說他皈依成基督徒是個完全不合情理的假設。仔細讀過《神學政治論》的讀者會發現，當基督教作為一種教派宗教，斯賓諾莎所給予的評價其實不會比對待猶太教來得更友善。

誠然，在《神學政治論》中，斯賓諾莎把耶穌放在所有先知中最重要的位置。他認為，耶穌的啟示在本質上就不同於、且優於摩西或其他希伯來先知。耶穌預言的不同之處在於其對上帝之語的直接理解。《希伯來聖經》曾提到：「我們必須把摩西的預言和其他先知的預言區分開來。」因為只有摩西得到上帝的直接啟示。摩西的能力勝過耶利米、以西結、以賽亞以及其他先知，因為當其他先知要透過想像，才能在夢中和虛幻的異象中經驗到啟示，摩西則能直接聽見上帝的真實聲音，甚至曾看見「祂的背影」（但沒有看見祂的面貌）。[81]

然而，耶穌的能力甚至超過摩西。耶穌與上帝的交流不僅僅是面對面的，而是「心與心」的交流。在耶穌的啟示中，既不牽涉想像力，也不牽涉感官能力。耶穌能透過對神聖訊息的直覺性理解，立即領悟上帝之語。

> 我們可以很清楚地知道，上帝不需要透過中介就能與人溝通，因為祂能直接將祂的本質傳達給人的心智，而不需要透過物質工具。然而，如果一個個體能夠透過純粹的直覺去理解那些無法推論、也不包含在人類認知能力和基本原則中的東西，那麼他就必須擁有遠遠超過人類的卓越心智。

斯賓諾莎不許人類擁有超人（或超自然）的心智。然而，的確有些人對某些真理的直接理解力十分不尋常也十分獨特，所以我們無法確切解釋他們的才能。但我們可以肯定地說，一定有一個合乎自然的解釋。

> 我相信除了耶穌以外，沒有人的能力能夠達到如此完美的境界。耶穌不是透過言語或想像來理解，而是直接掌握上帝拯救世人的典章。因此，上帝是藉由耶穌的心智直接向使徒們啟示，正如同從前上帝是藉由心中的聲音向摩西啟示一樣。因此，耶穌的聲音也可以被稱為上帝的聲音，就類似於摩西聽到的聲音是上帝的聲音一樣。從這層意義上來說，這種上帝的聲音也可以說是一種在耶穌的心智中有了人性的上帝智慧（純粹的上帝智慧是一種超越人類的智慧）。所以，耶穌就是救贖之路。[82]

根據斯賓諾莎看來可疑的《聖經》權威，基督教宣稱，耶穌基督具有某種超自然的神性，所以從字面意義和形上學的意義來說，耶穌「比人類更偉大」。但是他哲學體系中的自然主義則不會允許這樣的事情發生。正如他在寫給奧爾登堡的信中所說：「關於某些教會在講道中提到上帝有人性，我已經明確表示不明白他們所說的話到底是什麼意思。說實話，在我看來，他們這句話的荒謬之處，不亞於有人告訴我一個圓形有了正方形的性質。」更普遍來說，考慮到基督徒的信仰是建立在相信奇蹟的基礎上，他在給奧爾登堡的信中寫道：「基督徒將信仰建立在無知之上，這也是一切邪惡的根源。也因此，他們將自己的信仰（就算這些信仰的事情可能為真）變成了迷信。」[83]

耶穌作為先知的優越性並不取決於任何超自然的恩賜或神奇能力，只取決於他深度的道德洞察力以及傳教技巧。他之所以成為「上帝的代言人」，是因為他比其他人都更能充分且準確地領悟上帝之語，即宗教中最真實的道德訊息——愛上帝與愛人類同胞。然而，耶穌並不是透過想像或其他原理的推論來得出這樣的普遍真理（同時也是最高層次的宗教原則）。相反地，他是透過對上帝或自然的直觀認識來明白這樣的真理。

> 上帝直接將啟示賦予耶穌或耶穌的心智，而不是像先知那樣透過言語和形象。這件事實代表耶穌能真正理解上帝的啟示。因為只有在使用純粹的想法，而非借助語言或形象來理解一件事的時候，才能真正理解它。[84]

斯賓諾莎認為耶穌的特殊之處在於他能與上帝展開「心對心」的交流。這句話的意思是，耶穌天生就具有一種獨特的道德洞察力，也是一名天賦異稟的道德導師。也只有在這種完全的自然主義意義上，斯賓諾莎才接受「耶穌是救贖之路」的觀點。因此斯賓諾莎認為，一個人就算對《聖經》無知，只要他仍然在善的事與對的事上堅持正確的信念，並追求一種美德的生活方式，那麼他就「絕對是受祝福之人，在心中具有耶穌的精神」。[85] 同樣地，如果我們要正確理解所有關於耶穌復活的討論，那麼就只能用一種「精神上」的意義來理解。耶穌是一個道德上的模範，所以道成肉身*和復活的教義應該被理解為：「在耶穌的生與死之中，提供了一個超越聖潔的榜樣。所謂能讓門徒死而復生，意思是，耶穌能讓門徒效法自己的生與死，視其為榜樣。」[86] 若有任何人會迫害那些熱愛正義與慈善者，他們就是「耶穌的仇敵」。[87]

斯賓諾莎可能會推薦基督教（或者更確切的說是「基督主義」）作為人們通往幸福的途徑。但他自己肯定沒有成為一位基督徒。畢竟，真正的信仰不在於相信迷信的教條或任何教派宗教所崇拜的空洞儀式。

---

* 道成肉身（incarnation），基督教術語，正統基督教信仰認為，耶穌基督是三位一體中的第二個位格，即是聖子或道，通過處子瑪利亞的子宮，成為肉體，降生在世上。

第八章

信仰、理性與國家

- 人心惶惶的理性時代
- 當理性對上信仰
- 世俗領袖崛起
- 國家存在的目的

人心惶惶的理性時代

在歐洲哲學史的通俗敘事中，十七世紀經常被稱為理性時代（Age of Reason），這樣的稱呼大概是為了與所謂的信仰時代（Age of Faith）區別（後者指的是中世紀時期）。然而，當時的天主教會與歸正教會等權威仍然持續監督、管理著整個歐洲大陸的公眾議題，而不僅僅管理教義問題，所以即使是一位業餘的觀察家也會合理懷疑「理性時代」這個標籤是否適切。

畢竟，事情一開始並不順利。一六〇〇年，喬爾達諾．布魯諾*被天主教會譴責為異端人士，並因為敢於宣稱「宇宙是無限的」且「地球不是宇宙的中心」，最終被燒死在火刑柱上。十六年後，主持布魯諾審判的紅衣主教羅伯．白敏（Roberto Bellarmine）警告伽利略不可再討論哥白尼學說。儘管表面上答應服從，但固執的伽利略持續公開主張「地球是繞著靜止的太陽轉動」。一六三三年，他因而被帶到羅馬教廷的信理部，被迫承認自己的錯誤，且判處終生軟禁。他所寫的《關於托勒密和哥白尼兩大世界體系的對話》（*Dialogue Concerning Two Chief World Systems*）則被列入了「禁書目錄」。

宗教法庭對待伽利略的方式，讓當時住在北方約一千公里外的笛卡兒非常不安。同年，笛卡兒停止發表自己的宇宙學著作《論世界》（*The World*）。

> 我已經開始修改（我的論文），準備將新版交給出版商。這是因為我了解到自己必須服從的一些人（他們對我的行為之權威，不亞於我的理性對自己思想的權威），他們不久前曾反對過另

一人（即伽利略）發表的物理理論。並不是說我自己已經接受了這個理論，只是，在這些譴責出現之前，我從未注意到、也從未想過，這個理論中有任何對宗教或國家不利的地方。因此，如果我能用理性說服自己的話，就沒有什麼能阻止我出版這本書。但這件事讓我開始擔心自己的理論中可能存在錯誤，這便足以使我改變預計發表文章的決定。[1]

許多年後，當笛卡兒在《哲學原理》中提出了哥白尼式的宇宙理論，他非常謹慎，僅僅將其描述為一種「假設或假定」。換句話說，雖然他的理論解釋了天文現象，但「可能是錯誤的，或非真實的」。[2]為了保險起見，他甚至提出主張說地球是靜止的。不過他也強調這是因為地球相對於周遭的物質而言保持在相同的位置，而且這些物質又帶著地球繞著太陽轉動。[3]然而，這個計策只是延遲了教會的清算。一六六三年，在笛卡兒死後的十三年後，他的著作被列入了「禁書目錄」，禁止出版很長一段時間。[4]

斯賓諾莎自己也知道，雖然奉行喀爾文主義的荷蘭共和國對進步派甚至是自由派的知識分子，通常比天主教鄰國更加寬容，但是著名的荷蘭式寬容畢竟還是有其限度。這一點在十七世紀上半葉尤其明顯。那時正是在德威特作為荷蘭大議長開創「真自由」時期之前。舉例來說，一六四〇年代的烏特

* 喬爾達諾．布魯諾（Giordano Bruno），文藝復興時期的義大利哲學家、數學家、詩人、宇宙學家和宗教學者。十七世紀在羅馬鮮花廣場被處以火刑。

勒支大學是哥白尼主義和笛卡兒主義爭論的主要戰場。當時，學術領導階層主要為保守的神職人員，他們強烈抵制科學和哲學領域的「危險創新」。支持笛卡兒主義的醫學、物理學以及其他學科的教授，遭到校長沃修斯與其盟友的粗暴對待。即使到了一六六〇年代，教會仍會煽動鎮壓知識發展影響著普遍傾向自由派的世俗荷蘭統治者。科爾巴格*在阿姆斯特丹的遭遇就是明證。科爾巴格在一六六九年被市議會扔進監獄時，就是由歸正教會施壓所致。

這並不代表天主教和歸正教會是在反對科學。雖然教科書上經常提到伽利略的案例，但是「當時的宗教在理論和實踐上皆反對科學進步」這樣的主張，早已被證明是一種迷思。中世紀和近代早期的宗教機構中，皆曾出現大量的科學研究活動，包括物理學、天文學、力學、化學以及其他領域。這些宗教機構包括耶穌會學院以及大學（當時的教職人員幾乎都是正統牧師）。然而，我們至少可以說這些都是非常保守的機構，而且當時的科學和哲學思想必須尊重學科領域之外的單位所設定的某些界限。當然，天主教會可能是當時科學研究的主要支持者，但是科學研究的結果仍然必須與其神學教義一致。在天主教中，教皇和他任命的代表會負責決定某個宇宙理論或類地物體學說的解釋是否將危害到宗教信仰。而在荷蘭的新教省份中，宗教委員會和宗教會議的牧師們則要防範萊頓大學當權者所提到的「有人將哲學應用於神學偏見上」。[5]

的確，布魯諾否認了一些天主教的核心教義，如三位一體；科爾巴格則曾大力嘲弄天主教和歸正教會所珍視的神聖信仰。但伽利略和笛卡兒兩人從未想要直接討論宗教議題。事實上，笛卡兒還特地避免捲入神學爭論之中。他只是想一個人靜靜地繼續自然哲學的研究。畢竟，一個純粹的物質理論或是運動定律的解釋又怎麼會威脅到神學教義或信仰呢？

不幸的是，在十七世紀，事情並沒有大家想的這麼簡單。的確，認為物質理論不會威脅到神學教義可能太過天真。笛卡兒儘管曾提出抗議，他面對自身哲學觀點在神學界引發的反應，大概也不會感到特別驚訝。對近代早期的教會人士來說，笛卡兒主義或是任何「新哲學體系」的問題不在於那些理論的佐證依據是否充分或者理論內部是否有邏輯缺陷。此外，不管這些理論偽裝得多麼世俗，攻擊或禁止它們出版的目的，都是著眼於那些哲學體系的宗教含義。但在非神職人員的眼中那些含義可能非常隱晦。譬如在一六四二年，烏特勒支通過法令禁止教授除了亞里斯多德以外的任何哲學理論。[6]

當然，一些科學理論直接被教會當局認為與上帝和自然真理不相符，他們的依據則是《聖經》中明白闡述或隱含的上帝真理。如果《聖經》斷言在古代戰爭中的某一天，太陽在天空中停止運動，哥白尼的太陽靜止說就必須被駁斥。但在其他情況下，教會針對那些表面上看起來是世俗思想的審查則牽涉到更為複雜的理由。尤其在當時對於「教會真實教義」的理解，變得愈來愈廣泛，而且，亞里斯多德經院學派長期以來對天主教和歸正教會教義的詮釋，實際上已經達到了宗教教條的地位。所以，笛卡兒一開始以為他只是在研究形上學，但很快就發現一些天主教神職人員認為他對物體的新詮釋，意味著耶穌真的會在聖體中出現。[7] 新亞里斯多德主義的形式和性質理論被用來解釋聖餐變體論†，

---

* 科爾巴格，見本書第三章，〈一位知識分子之死〉。

† 聖餐變體論（Eucharistic transubstantiation），也叫變質說、化質說，是基督教神學中有關聖體實在的理論之一，認為麵包和葡萄酒可以通過聖餐禮轉化為基督的身體與血液。

這樣的解釋已經根深柢固在天主教的神學體系之中，更成為討論神祕現象的重要基礎。因此，否認亞里斯多德的觀點就等於否認奇蹟本身——笛卡兒本質上就是在這麼做。

因此，當時的天主教會和歸正教會作為信仰守護者，總是會監控宗教事務以及哲學和科學事務。他們不僅在宗教虔誠的議題上有發言權，而且在關於真理的議題上也有發言權。

當時科學和哲學的界限取決於《聖經》以及其教派詮釋者。這就是斯賓諾莎在《神學政治論》中攻擊的目標。他認為，若人們相信在知識學科與宗教虔誠之間存在衝突，就代表他們對信仰的本質以及信仰與真理和理性之間的關係等議題有很深的誤解。這種誤解所造成的困惑和褊狹不僅影響了科學家和哲學家的研究，也影響了整個政治體制。在斯賓諾莎看來，信仰與理性或宗教與哲學之間的分歧，就如同他在自然形上學裡提到的「想法」與「外延」在性質上的分歧一般壁壘分明。

當理性對上信仰

一六六五年一月，斯賓諾莎收到了第一封來自范布萊貝爾的信。這位來自多爾德雷赫特的商人在他研究笛卡兒的《哲學原理》時認識了斯賓諾莎的思想。現在他寄信給斯賓諾莎，想更加了解斯賓諾莎對「邪惡」的看法。在這個時候，他顯然沒有預期到，斯賓諾莎所建構的哲學體系會讓他感到非常不安。「我發現你不久後將擴寫並出版《形上學思想》（即《倫理學》一書）。我非常期待你所寫的兩本書，因為我對它們寄予厚望。」[8]但在五年後，范布萊貝爾則會震驚於他在《神學政治論》中所讀到的內容，也因此將會長篇大論駁斥這本「褻瀆上帝的書」。

在一六六五年一月的信中，范布萊貝爾用荷蘭語向斯賓諾莎解釋道：「兩項普遍的原則一直在指引我的哲學思考。」其一是「我智性上清晰而分明的概念」，這是任何優秀的笛卡兒主義者皆會同意的原則；其二是關於「上帝所啟示的話語，或上帝的旨意」，此原則規定，「當經過長時間的思考，我發現自然知識似乎與上帝之語不一致或不太協調時，上帝之語將具有非常強大的權威性，讓我更傾向質疑自己認為清晰的概念，而不是質疑我在《聖經》中所發現的真理。」[9]

斯賓諾莎收到信後也用荷蘭語回了信（他承認用此種語言表達自己的想法是有些困難）。在回信的開頭，他對第二條原則提出異議：「我發現，我們的分歧不僅是在於從基本原理經一系列推論得出的結論上，而是在於基本原理本身，所以我認為即使透過兩人通信也難以互相學習。」[10] 他接著詳細解釋了這一點：「因為我意識到，當一個無可爭辯的證據呈現在我面前，我不可能對它產生任何懷疑。我完全認同我的理智所顯示的一切，也毫不懷疑我受到了欺騙。我也不認為《聖經》能違背我的理智，除非經過我仔細檢視。畢竟真理不會自相矛盾。」

從表面上來看，斯賓諾莎在這封信中似乎提出了一種被稱為「教條」的方法來探討信仰與理性之間的關係：信仰的原則以及《聖經》的宣言應該要能對應到科學和哲學的真理。正如邁蒙尼德和梅耶爾所說，《聖經》作為真理的啟示來源，其字面的詮釋與理性證明的真理不一致時，我們就應該以比喻的方式來詮釋，所以教條主義者通常堅稱真理是唯一的，而信仰應該適應理性。相較之下，范布萊貝爾採取了所謂的「懷疑論」立場，也就是當理性發現的事物與上帝所揭示的真理不一致，理性必須服從信仰。懷疑論者傳統上認為，理性是一種脆弱且不可靠的能力，特別是在宗教這樣一個充滿超越性和後果論的領域中。換句話說，如果教條主義者以人類理性為優位，那麼懷疑論者則會堅持認為理性必須從屬於上帝的啟示。

斯賓諾莎回信給范布萊貝爾的時候，是他開始寫《神學政治論》的幾年前。當時要麼他對范布萊貝爾的評論並沒有真實反映出他對這個問題深思熟慮後的觀點（斯賓諾莎可能有充分的理由對他隱藏自己真實的觀點），要麼他後來的觀點就是在他暫停《倫理學》的工作，將全部注意力放在神學和政治問題上之後才發展起來的。無論如何，斯賓諾莎很明顯地在《神學政治論》中拒絕了教條主義和懷疑主義。[11]他在書中竭盡全力證明，哲學和宗教事實上完全沒有任何關係。因為哲學重視的是對知識的追求，而宗教信仰重視的則是服從和行動。哲學命題是根據其真假值（truth-value）來評價。真實的理論擴展了我們對世界與對自己的理解。另一方面，宗教的命題則是根據其虔誠與激勵人心的價值來評價，因為宗教命題應該要能激發人們對上帝的愛以及對他人的道德行為。斯賓諾莎在《神學政治論》中的論述核心，就是在分離哲學與信仰領域，並為「哲思自由」辯護。

正如我們先前所看到的，《聖經》的基本教誨是一項道德原則，即愛你的鄰舍同胞。這對於任何一位有足夠哲學知識、能理解什麼是美德的人來說，也是一個僅憑理性就能得知的道德原則。另一方面，《聖經》教導我們慈愛是上帝之語，但這不是透過訴諸理性的論證而建立起來的。相反地，這是透過研究《聖經》本身而發現的事情。

如果就像斯賓諾莎所強調的那樣，上述原則是真實宗教的最高原則，那麼信仰的附屬教義就只會局限在那些會鼓勵人們服從的命題。他說：「信仰需要的不是真理，而是虔誠的教條……沒有明確要求信徒擁有真實的信念，只講求能培養服從之心的必要信念，也就是那些能夠強化對鄰舍同胞之愛的信念。」[12]對於那些在《聖經》中，而不是在《倫理學》的證明中找到道德行為動機的人來說，他們會從先知的著作中，學習到最有用、甚至必要的信念，以鼓勵對上帝與人類同胞的愛。

在《神學政治論》的第十四章中，斯賓諾莎列舉了這些基本信念的內容，並解釋為什麼這些基本信念是服從上帝律法的必要信念：

一、上帝是至高無上的存在、是極其公正和仁慈的存在，也是真實生活的典範；這是必要的信念，因為凡是不知道或不相信上帝存在的人，就不可能服從祂，也不可能知道祂是最終審判者。

二、上帝是獨一無二的存在；這是必要的信念，因為沒有人能懷疑，這是對上帝的最高奉獻、欽佩與愛的絕對必要條件。畢竟奉獻、欽佩與愛只會在一個東西與其他東西比較時產生。

三、上帝無所不在，因此無法向祂隱藏任何事；這是必要的信念，因為若有些事物是上帝所不知道的，或者人們沒有意識到上帝看到了一切，他們就會有意或無意地懷疑祂的公正性（而上帝就是以公正性來指導一切）。

四、上帝擁有至高無上的權力並統管萬物，而且祂不需要被律法所強迫，因為祂的任何行動都只是出自祂的至善與特殊恩典；這是必要的信念，因為每個人都有服從上帝的絕對義務，但上帝卻沒有義務服從任何人。

五、對上帝的崇拜與服從，只在於正義、慈愛或對於鄰舍同胞之愛。

六、只有那些服從上帝、依此行事的人會得救，其餘依循自身愉悅來生活的人則會迷失；這是必要的信念，因為如果人們不堅定相信這一點，那麼他們沒有道理更願意服從上帝，而不是服從他們自身的歡娛感受。

七、最後，上帝會赦免那些懺悔之人的罪；這是必要的信念，因為世上並不存在無罪之人。所以如果我們不抱持這樣的信念，每個人都會對自己的救贖感到絕望，也因此沒有理由相信上帝是仁慈的。此外，堅信上帝的人會以憐憫和慈悲之心作為所有事情的指引，並原諒他人的罪。這樣的人也就更能受到上帝之愛的激勵，更加明白耶穌的精神，甚至可以說耶穌將會體現在他心中。[13]

斯賓諾莎的假設是：只有相信上帝是自由、公正、慈愛的，並認為上帝無所不知、無所不能，而且會審判祂的造物，人們才會心甘情願、始終如一地服從上帝的命令、敬愛祂，並在自己的行為中模仿祂，即以正義和仁慈之心對待他人。這些信念的道德境界與它們是否為真毫無關係。事實上，這些信念根本不需要是真的。以嚴格的斯賓諾莎主義觀點來說，這些信念其中有許多都是錯誤的；這並不奇怪，因為《聖經》的作者並不是有學問的人。例如，上帝（或自然）既不公正也不仁慈；上帝也不會審判、赦免或懲罰我們。此外，就算當我們適當解讀，某些信念可能是正確的，例如，上帝或自然獨一無二，而且是所有事物的成因；但是這些信念之所以有價值，並不是因為含有真理，而是因為具有實際效用。

宗教信條其實與道成肉身、復活、聖靈感孕、燃燒的荊棘或天堂之樂等事蹟無關。信條中也不應涉及祈禱、儀式或典禮，或關於奇蹟的信念。甚至，信條不需要包括相信創世論的宇宙。畢竟，信仰無法回答關於天堂的物理學或類地物體的組成。但信仰能讓每個人自由想像並決定上帝的本質。斯賓諾莎認為「無論上帝是火、是靈、是光、是思想還是什麼別的東西，這都不影響一個人的信仰」。而在關於形上學神學的問題細節上，「一個人抱持什麼信仰並不重要」。換句話說，只要人們有真誠的信仰，對於這些問題的看法是正確還是錯誤並不重要。真正重要的是，什麼是最有利於服從的信念，而答案對每個人來說都不相同。「每個人都有義務用自己的方式來理解並詮釋這些宗教信條。只要能讓自己感到更容易、更有充分的信心接受信條，就是好的方式。」[14] 斯賓諾莎所謂的「普世信仰」或「天主教信仰」指的是一種最低限度的信仰，專門為最大化道德行為和最小化宗教爭議所設計。

斯賓諾莎認為，上述基本信念對於信仰和真實宗教來說是必要的存在。這樣的堅持看起來似乎有點奇怪，尤其當中一些信念還可能是錯誤的信念。[15] 人們大概會期望斯賓諾莎說，相信上帝的強大、公正和仁慈才能夠鼓勵人們服從上帝之語，這對實踐正義和慈善來說是非常有效的信念，甚至對大眾來說也是必不可少的信念。然而，如果聲稱這些命題對於信仰來說是必要的，會與斯賓諾莎的觀點互相矛盾，畢竟他曾說過，有些人可以透過哲學反思而非先知著作來引導自身走向美德和真實宗教之路。這也是他在《倫理學》一書中所發展的一條完全理性、更加安全且能通往幸福和上帝之愛的途徑。所以，當那些信念涉及的是傳統的宗教概念、甚至是擬人化的上帝概念時，它們為什麼對於服從和救贖來說是必不可少的東西呢？

然而，出於「對上帝的理智或精確知識」而愛上帝和鄰舍同胞的人，與沒有達到這種最高層級認知狀態而愛上帝和鄰舍同胞的人，有著非常不同的處境。擁有哲學天賦的人（斯賓諾莎的確把這種完美能力稱為天賦）並不是真的服從命令去愛上帝，或因為服從命令才用正義和慈善的態度行事。他所做的是享受上帝的愛，並不斷以美德對待他人，這是在他真正理解上帝或自然之後的必然結果。對他來說，救贖不是信仰的保護罩。

> 對上帝的愛並不是一種服從，而是一種那些正確理解上帝的人所必備的美德。相反地，「服從」牽涉命令者的意志，而不是必然性和真理。我們已經看到，只要我們不知道上帝誡命的成因，那麼它們就只是誡命或條例。但一旦知道了成因，它們就不再是誡命，而是永恆真理。也就是說，服從會立即轉化為愛，因為愛來自於真正的知識，正如同光源來自於太陽一般。因此，在理性的指引下，愛上帝不等於服從祂。因為在理性的引導下，我們無法在不知道神聖誡命之成因的情況下將其視為神聖之物，也無法將上帝視為制定法律的統治者。[16]

事實上，受理性引導的人都知道上帝（或自然）並不是一位立法者，也不曾頒布命令。因此嚴格來說，當理性的人做出公正仁慈的行為，並不為了服從某種法律，而是因為他的智慧和美德會帶來這樣的必然結果。[17]

然而，大多數人都不是哲學家，而且《聖經》的目的並不是傳授知識，而是鼓勵服從並強化正義之愛。當《聖經》將上帝擬人化，並將祂描述為立法者，不理解哲學的虔誠之人會被信仰所感動，而因此去愛上帝以及他的同胞。這是出於相信的上帝命令、出於服從和責任感而採取的行動。斯賓諾莎雖然有時會瞧不起那些出於對懲罰的恐懼或對回報的期望才履行義務的人，卻已經接受了上述這個事實。他說：「透過先知，上帝只要求人們了解祂神聖的正義和慈善。而人類發現可能透過明確的行為準則來模仿上帝的這些特性。」[18]只要一個人對《聖經》的詮釋和信仰與先知所傳達的主要道德訊息相容，且他能有效地讓自己以正義和慈善的態度行動，那麼他就可以自由地按照自己的意願詮釋並信仰上帝（以及自然），而且他會同意每個人都享有這樣的自由，這並不是附帶條件而已。

但正如哲學（以及真理）不能決定什麼事物屬於信仰，或什麼事物最能促進人們對上帝的服從，信仰也沒有權利限制哲學思想。當宗教權威當局努力管控知識的追求方式，並決定什麼是可接受的真理，他們的管轄就遠遠超出了合理範圍。

> 信仰給予每個人最大程度的自由去思考，所以一個人可以在任何事情上抱持他所喜愛的任何意見，而不會被認為是邪惡。應該譴責的僅僅是那些宣揚頑固、仇恨、衝突和憤怒等信念的人。他們才是異教徒和分裂教會者。另一方面，我們應該將那些盡其智慧和能力促進正義和慈善的人，視為忠實的信仰者。[19]

教條主義者的錯誤在於，信仰不是哲學的侍女。另一方面，不管懷疑主義者怎麼說，哲學也不是信仰的侍女。宗教無權要求除了對上帝和人類同胞之愛以外的任何東西，也無權堅持任何除了培養這種態度和行為所必需的信念。哲思自由甚至可以延伸到對上帝的哲學思考上。教條主義者的嚴重範疇錯誤*在於相信哲學和科學事務都需要由神職人員來管理，並誤以為哲學和科學的界限是由宗教教條和先知話語所設定。「信仰和神學在一方，哲學則在另一方，兩者之間不存在任何關係或親緣。」[20]

在斯賓諾莎對《聖經》的討論中，他證明邁莫尼德的觀點是錯誤的，也就是先知著作的意義不能被強加於理性和哲學。現在，他則證明了紅衣主教白敏的觀點是錯誤的——無論是自然哲學還是形上學都絕對不能被迫服從信仰。若正如斯賓諾莎所說，《聖經》不是哲學或科學真理的來源，只是一些非常簡單的宗教信條之來源，那麼《聖經》就不能被用來評價世俗學科中的主張，或用來合理化對於這些學科的審查。在此最能總結斯賓諾莎觀點的是五十多年前伽利略的一句名言：「《聖經》的目的是教我們如何進入天堂，而不是教我們天堂運行的方式。」[21]

世俗領袖崛起

此外，教會的干預不僅是對哲學和科學進步的威脅，也是對國家福祉的威脅。事實上，神職人員對哲學研究進行審查的能力，與他們在國內政治中的影響力成正比。因此，斯賓諾莎在《神學政治論》中主張人們在國家裡有進行哲思的自由，這個觀點代表的是，一國的教派宗教不應對公共事務

（包括知識和文化議題）有影響力。最終，斯賓諾莎更進一步認為，宗教在某種程度上是一種實踐與公共活動，所以應該被社會中的世俗領袖控制。然而，只有在斯賓諾莎對國家的本質進行檢視之後，他才有基礎提出這樣的論點。因此，他在《神學政治論》的第十六章，斷然開始討論政治議題。

斯賓諾莎是熱衷於古代及現代政治思想的讀者。他的藏書包括馬基維利全集，以及近期荷蘭共和主義思想家的著作，譬如雨果・格勞秀斯†以及彼得・德拉考特與約翰・德拉考特兩兄弟。然而，當時對斯賓諾莎的政治哲學帶來最大影響的則是霍布斯的著作，包括《公民論》以及《利維坦》；前者在他的藏書之中，後者雖然他讀過卻沒有收藏。

正如我們先前所述，霍布斯描述了公民國家的本質。他認為公民國家的理論起源（或者說歷史起源）是「人類的自然條件」或自然狀態（state of nature）。[22]這是一個虛構的條件，是為了解釋政治義務的基本原理而假定的狀態。自然狀態是一種前政治（prepolitical）的環境，在其中不存在任何政府或甚至社會組織。自然狀態的特點是「所有人對所有人的戰爭」，每個人都遵循最基本的自然法則，毫無節制地追求個人利益。在這種情況下，每個人都有權利盡其所能保護和防衛自己，並取得任何他認為有助於保全自己和促進自身利益的東西。在自然狀態下，沒有對與錯，也沒有正義與不正義。在

＊ 範疇錯誤（category mistake），是指將既有的屬性歸於不可能應該擁有該屬性的對象上，為語義學或存在論的錯誤。

† 雨果・格勞秀斯（Hugo Grotius），古典自然法學派主要代表之一，世界近代國際法學的奠基人。一六一八年因捲入荷蘭政治、宗教衝突而被監禁。

缺乏「讓人保持敬畏的共同力量」的情況下，暴力和持續的恐懼成為常態。在這個條件中，「人將度過孤獨、貧窮、骯髒、野蠻、短暫的一生。」霍布斯在《利維坦》中用了這句名言如此描述道。[23]

在這種「每個人彼此都是敵人」的情況下，理性的人最終會意識到，不可能永遠在衝突中保護自己，以達到自我保護和財產安全的狀態；反之，應該仰賴和平的維護。然後，自然法則也將命令理性的人積極擺脫自然狀態，此即是霍布斯在《公民論》中所說的「理性的命令」。這個過程是透過與其他人達成休戰協議，並自願限制個人利益的追求。理性的個體因此選擇聯合起來，同時放棄他們在自然狀態下擁有的無限（但不穩定）的權利。他們承諾不會互相傷害，甚至會互相幫助。各方將以有利於維護其協議的方式行事，因而展現出自我控制、實用性、公平、禮貌、體貼以及其他自然美德。簡而言之，他們同意，不會以自己不想被對待的方式對待他人。[24]

然而，這些原始公民（proto-citizen）也將意識到，協議的好壞取決於它背後的力量。當欲望和機會出現，除了良知以外，還需要其他事物來阻止有人占他人便宜。「如果缺乏某種共同權力的協議或契約社會，來使得特定的人因害怕懲罰而接受統治，那麼便不足以形成自然正義所必需的安全狀態。」[25]因此，休戰的各方將更進一步，透過契約創造正式的政治實體，並由指定的主權機構（sovereign）來領導大家。根據這樣的契約，人們同意將所有權力移交給主權機構，並授予主權機構執行合約與懲罰違法者的權利。主權機構因而在政治體制中擁有絕對權力（霍布斯的本意就是「絕對」的權力）。如此一來，任何限制主權機構權力或允許國家內部出現其他權力來源的安排，都將使得主權機構無法有效運作。主權機構（可以是一個人的君主制、部分成員組成的委員會，如貴族制，或是一個代表眾多人民的機構，如民主制）有權制定法律並且提供一切必要的制裁，以確保每個人都會遵守作為國家基礎的協議，並執行共同防禦以及和平的維護。反過來說，公民從此以後也都必須服從主權機構及其制定的法律。

透過這種方式，完全支配性的單一主權意志，將取代那些在自然狀態下彼此對立的眾多意志。在霍布斯的理論中，簽訂政治契約的公民願意放棄許多權利，而服從於主權機構的絕對權威。但在這麼做的同時，也能更加確保自己能夠獲得一直在尋找的東西。雖然恐懼是達成此政治契約的主要動機，但是一旦達成這個協議，和平與安全就將取代恐懼。

斯賓諾莎對國家這個概念的想法，也是從自然狀態的思想實驗出發。他承認自然狀態「不過是理論假設而已」，而他由此產生的成員間的社會契約，則是在許多重點方面都與霍布斯的概念很相似。[26]最重要的是，霍布斯和斯賓諾莎就像其他契約主義（contractarian）傳統的哲學家一樣，都同意政府的起源與合法性不是取決於上帝的意志，而是取決於人類社會的慣例。這也就反駁了尚・布丹*提出的「君權神授」概念。

就如同霍布斯的觀點，斯賓諾莎認為所有人本質上都是受自身利益所驅使。我們自然而然（甚至必然）是利己主義的行動者，會追求任何可能有助於我們的生存或增加權力的事物。這是自然的基本

* 尚・布丹（Jean Bodin），十六世紀法國法學家、政治哲學家，以主權理論聞名，與霍布斯、波舒哀等人同為西方絕對君主制理論的集大成者。

法則。斯賓諾莎在《神學政治論》和《倫理學》中都提到，每個人都有最基本的權利去做任何生存或繁盛所需的事物。他在《倫理學》中寫道：

> 每個人都有與生俱來的最高自然權利，因此每個人在自然權利的基礎上，都將有權做那些本性所要求之事。藉由天賜的最高權利，每個人都能判斷什麼是善，並根據自己的個性來考慮自己的利益、為自己復仇，或努力保護他所愛、摧毀他所恨。[27]

自然狀態下，不存在政府或人與人之間的協議。每個人都可以自由行使自然權利，不受限制地追求自己認為有益的事（不論這樣的認知是否正確）。他的《神學政治論》以同樣的觀點引入政治討論。

> 無論在自然狀態下的人認為自己的利益是什麼，且無論他是受理性或激情的指引，他都可以藉由最高自然權利，以任何方式（透過武力、欺騙、懇求或是任何他覺得最好的方式）做他想做的事。也因此，他可能會把任何試圖阻止他得到所欲之物的人視為他的敵人。[28]

如果這種對利益的追求是受理性、知識指引，而非受激情和情緒的指引，那麼每個人都將在追求自然權利的同時，幫助他人並教導他人如何過好生活，所以並不會傷害他人或做不利於他人的事。理性的人會認為合作和慷慨是他自己的最佳利益。不幸的是，斯賓諾莎在《倫理學》中承認，「人們很少依照理性的指引生活。」相反地，人們讓生活中充斥著對彼此的嫉妒和壓力。」[29]但同時，人類必定得與他人一同生活。因此，除非這些必定得共同生活的個體對自身利益的追求受到一定限制，否則日常的生存情況將會頻頻出現各種危險、焦慮的困境、不安和風險，這些限制包括自身理性、更高層的理性權威等等。如果每個人都可以隨心所欲做任何他想做的事，無論他的動機是正義或慷慨，還是憤怒或嫉妒，自然狀態下的生活情況都會慘不忍睹，而且長遠來看，自我生存目標也會很難實現。

這種情況下，個體最終會意識到，放棄對於自身利益的盲目追求，從而團結成「一個整體」，才對他們更有利。這個整體也就是國家。在國家中，「每位個體所擁有之不受限制的自然權利應該變成共同擁有的權利。此外，這種權利不該再由個人的力量或欲望來決定，而應該由所有人共同的力量和意志來決定。」[30]這種個人權利和力量的犧牲，是創造「安全而美好的生活」的必要條件。此外，這個社會的成員將同意，他們建立的共同意志必須接受理性和普遍原則的指引，以更好地控制他們各式各樣經常互相矛盾的非理性欲望。

這就是斯賓諾莎在《神學政治論》中認為是國家正當起源的契約。如果不是從歷史事實的角度，而從理論上來說，政治義務就是由理性且自願的個體簽下協議後產生的結果。[31]他們會將那些追求自身利益的權利和力量移轉給一個共同的權威機構，其受到全體人民意志的支配，但這種意志必須受到理性的引導。反過來，他們得到和平的社會、更有保障的生活，以及穩定擁有大家所珍視的事物。

如果每個人總是理性行事，那麼自然而然就會遵守上述協議，並且尊重共同意志。這是因為大家都會明白，遵守共同意志與法律將符合自身利益。「如果所有人都能受純粹理性的引導，並意識到國家存在的最大利益與必要性，那麼所有人都會徹底放棄任何欺詐手段。」[32]事實上，斯賓諾莎在《神學政治論》中說過，完全理性的個體甚至不需要法律：「如果人的本性就是只想追求真正理性所指定的事物，那麼社會就不需要任何法律。畢竟在這樣的情況下，只需要教導人們真正的道德原則，他們就會自動自發、全心全意且自由地為自己的真正利益而行動。」[33]

但在人們普遍缺乏這種理性的情況下，公民會遵守協議的主要動機必然是情感上的動機。也就是說，他們會遵守協議，是因為害怕不服從國家所導致的糟糕後果，將大於不服從國家所能獲得的任何短期利益。因此，政治契約的重要條件之一是個人將執行意志和懲罰違法者的能力移轉給社會。斯賓諾莎強調，只有當國家擁有「指定共同生活規則、制定法律並維護規則與法律的權力，且此權力不是出自於無法抑制情感的理性，而是出自於威脅」，[34]該政治社會才能夠繼續生存。這部分的論點出自《倫理學》中的政治章節，且很可能是在他完成《神學政治論》後才寫的。

事實上，就如同霍布斯的觀點，斯賓諾莎相信此種社會契約只有在國家擁有絕對權力去追求「對一切事物的主權自然權利（sovereign natural right）」的情況下才會起作用。他在《神學政治論》中提到：「所有人都必須在所有事情上服從至高無上的主權權力，且該權力不受法律約束。這是所有公民把自己的全部自衛力量（即他們的全部權利）轉讓給主權機構時，都必須明確認可或默認的協議。」個體公民不能為自己保留任何權利，因為若主權權力有這樣的限制，則會造成國家主權的分割。換句話說，可能造成每位公民各自為政，最終導致國家因內訌而解體。簽訂社會契約的各方必須「完全服從主權國家的意志……我們公民的責任是毫無例外地執行主權國家的所有命令，就算這些命令並不合理也必須執行。若為兩害相權取其輕，我們的理智會服從這樣的命令。」[35]

斯賓諾莎描繪了一個擁有完全權威來執行其意志的強大國家，以及一個透過威脅和恐嚇來迫使公民服從的主權機構。但這似乎不像是一位以自由和寬容著稱的思想家會有的觀點。斯賓諾莎是否受到太多霍布斯所提之專制主義的影響？[36]

然而，這兩位政治理論家有一處關鍵的不同。霍布斯認為主權應歸屬於單一個體，所以君主制是所有政治體制中最有效且最穩定的形式，斯賓諾莎則認為，民主制度才是實現國家目標的最佳途徑。[37]在斯賓諾莎理想的國家中，應該由廣大的民眾來擁有決定權，一起決定共同利益、頒布並執行法律。這是斯賓諾莎在《神學政治論》以及多年後撰寫的《政治論》中所要傳達的訊息。

有些批評認為，藉由給予國家絕對的權力，斯賓諾莎的主張實際上是在奴役一般公民。斯賓諾莎很敏銳地意識到這樣的指責，所以向我們保證：「讓自己完全服從他人的命令和意志所涉及的危險，不該引起嚴重的擔憂。」[38]這部分是因為，國家執行其意志的權力能否持續，取決於其下達的命令是否合理，以及法律是否以公共利益為目標。一旦主權機構變得專制又自私自利，它的效力就會無可避免地減低，因為公民會開始反抗權威，並收回他們最初賦予它的權力。斯賓諾莎認為，公民在社會契約下，僅僅是將權力授予主權機構，但仍然在國家中保留他們的自然權利（natural rights）。[39]因此，儘管斯賓諾莎或許過於樂觀，他認為，人民對專制政府持有一種自然的制約。[40]

此外，民主制度更穩定的原因在於，這是所有的政府形式中，最不可能出現不合理行為或與公民意志脫節的制度。「因為在一個規模夠大的議會中，不太可能多數人都同時容許一件蠢事發生。」[41]斯賓諾莎顯然假設在一個民主的集會中，個體的非理性和特殊欲望會消退，而集會中的共同「意志」將反映出以社會理性福祉為目標的共識。如同斯賓諾莎在《倫理學》中所指出的，這是因為人類「在本質上是一致的」，也就是說他們「會按照理性的指引行事」，唯有當人類被激情所控制，他們才會相互矛盾或對立。[42]一個規模夠大的民主議會，幾乎不可能一致同意只圖利一位或幾位立法者情感或自私願望的法律提案。反之，只有理性的法律才有可能通過議會的審議過程。「民主的根本目的就是為了避免愚蠢的欲望，使人們盡可能保持在理性的範疇內，這樣他們就可以生活在和平與和諧之中。」[43]在民主國家中，主權機構的正當性始終取決於人民的利益。至少理論上來說是如此。民主的主權機構只會制定那些以全體人民福祉為目標且以理性為依歸的法律。

同樣重要的是，在民主國家中，「整個社會作為單一機構掌控著政府」。而這樣的政治體制才能最大化公民自由。這是因為他們服從主權機構的同時，也是在服從自己。「所有公民都被賦予了主權，而法律是在一致同意的情況下被批准。在這樣的社會中，無論法律如何修正，人民都享有平等的自由。因為人民不是根據別人的命令行事，而是依照自己的同意權行事。」[44]在民主國家中，法律是在理性的指引下制定。主權機構的意志不僅代表人民的意志，也代表他們的理性意志。在服從主權機構的過程中，人民是在追求自身真正的利益，而不是受到非理性的欲望驅使，並以此按照正確的方式生活。另一方面，如果主權機構只屬於一個人或一小部分公民，那麼遵守法律就更像是嚴格意義上的服從。也就是說，遵守法律就是在服從另一個人的權威，或是「在命令下行動」。這就像《倫理學》

中所說的情感「束縛」，因為在這種狀態下，一個人是按照另一人的命令行事。

所以，民主制度代表著公民自主，而君主制和貴族制則是代表著「對自由的侵犯」。尤其如果後兩者的統治者不為人民的福祉著想，那麼就會有淪為奴隸制度的危險。因此，斯賓諾莎總結民主是……

> 國家最自然的形式、最接近自然所賦予的個人自由之制度。因為在一個民主的國家裡，沒有人會將他的自然權利完全轉讓給另一人，也因此不會從此之後再也沒有聲音。反之，他會將自然權利轉移到所屬社會中的多數人手裡，而且他也是其中的一份子。[45]

與任何其他形式的政府相比，民主制度更能維護公民之間的平等與個人自由。

在這個重要的面向上，《神學政治論》的政治哲學受到較少霍布斯的影響，反而受到更多德拉考特兄弟的論文的影響（斯賓諾莎非常欣賞這兩兄弟）。彼得和約翰．德拉考特都熟讀霍布斯的《公民論》以及後來出版的《利維坦》。斯賓諾莎在兩兄弟的荷蘭著作中（包括《政治討論》（*Political Discourses*）、《國家觀察》（*Observations on the State*）或《政治平衡》（*The Political Balance*））所發現的思想，可說是荷蘭共和主義取經霍布斯的產物。德拉考特兄弟同意霍布斯所說，國家的起源在於處於自然狀態的個人之間達成協議，授予中央集權權威，而此協議的目的是限制每個人對自身利益的狂熱追求，以建立和平與安全的條件。然而，德拉考特兄弟認為，這個目標最好是透過民主來實現。

因為實際上在民主制度中，政府將制定符合公民利益的合理法律，而其中的「公共意志」也不太可能會只反映單一統治者的私人利益或自我利益。

誠然，斯賓諾莎在《神學政治論》中對民主的討論有許多有待改進之處。例如在這本書中，他並沒有提出關於民主運作模型的設想，也沒有提到要如何建構他理想中的民主社會。此外，斯賓諾莎也沒有詳細解釋公民是如何在主權機構的意志中表達自身意志，譬如是透過直接民主的公民投票？還是透過選舉產生的代表？此外，該由誰來執行主權機構的意志？據推測，斯賓諾莎將在《政治論》中關於民主的章節討論所有這些問題。《政治論》是一部非理論化、更實際、更貼近現實的作品，其主要論點是基於「人實際上的狀態，而不是人想要成為的狀態」此觀念之上。[46] 然而不幸的是，斯賓諾莎在完成該書中關於君主制和貴族制的章節後，只寫了幾段關於民主制度的內容就去世了。

國家存在的目的

不同哲學家的政治哲學其區別不僅僅是在於他所認為的權力中心或最佳的社會組織，還有他對國家目的的見解。古典自由主義者（譬如約翰·洛克*）認為，政府存在主要是為了保護公民的生命、自由與財產。根據古典自由主義的觀點，國家的角色就是提供和平與安全等最基本條件，讓每個人自由自在過著他們所選擇的生活、追求他們所認為有價值的事物。同時，政府不應強加任何實質價值觀於人民，或強迫他們遵循任何特定的美好生活概念。[47] 對於古典自由主義來說，談到「人們該如何生活」的問題時，國家應保持中立並且限制權力，讓人民可以選擇自己想要的生活。

相較之下，共和主義的傳統則傾向強調國家在形塑良好公民時所扮演的角色，有時甚至強調國家應讓公民成為善人。柏拉圖的《理想國》一書就是提供了這種國家願景的最著名例子。至於對文藝復興和近代早期共和主義理論家譬如馬基維利和孟德斯鳩†來說，政府應積極向人民灌輸特定的公民道德觀念。共和主義者較不看重單純將自由賦予公民，或甚至提供必要的條件以讓人民追求個人對美好生活的憧憬。反之，共和主義者認為更重要的是，國家應領導公民接受公共利益，並為了公共利益而行動。換句話說，良善的共和國公民會把他們個人的幸福與社會的繁榮連結在一起。

斯賓諾莎在《神學政治論》中所發展的政治哲學並不完全符合以上自由主義的類別或任何其他類別（雖然說這些類別可說是涵蓋了這個時期幾乎所有思想家的政治哲學）。但我們可以明確看到的是，斯賓諾莎認為包括民主政體在內的主權機構，在公民的道德生活中應扮演重要角色。國家的目的不僅僅是在保護生命財產或捍衛公民自由，否則政府只要允許人們做他們想做的事，按照他們選擇的價值觀生活即可。在斯賓諾莎看來，理論上來說，運作良好的國家能將許多個體從自然狀態轉變為有組織的社群。儘管最初簽訂社會契約的主要動機是讓國家提供基本的和平與安全，但事實上國家該做

* 約翰・洛克（John Locke），最具影響力的啟蒙哲學家之一，人稱自由主義之父。在知識論上，洛克與喬治・柏克萊、大衛・休謨三人被列為英國經驗主義的代表人物，同時洛克也對社會契約理論做出重要貢獻。

† 孟德斯鳩（Montesquieu），法國首位公開批評封建統治的思想家，突破「君權神授」的觀點，認為人民應享有各種基本自由，並提出「三權分立」說。

的不僅於此。在國家的支持下，人民有機會讓自身的自由和美德成長。這樣的狀態對斯賓諾莎來說，就等同於盡可能控制自身的激情，並理性地生活。

> 國家的最終目的不是行使統治權，也不是用恐懼來約束人民，或剝奪他們的獨立性。反之，國家應該將每個人從恐懼中解放，讓他們能盡可能安居樂業，這樣一來人民才會盡可能維護自己生存和行動的自然權利，從而不傷害自己，也不傷害他人。我必須再次強調，國家的目的並不是要把人從理性的存在變成野獸或木偶，而是要讓他們在安全的環境中發展自己的心理和生理能力，不受限地使用理性，避免因仇恨、憤怒或欺騙而引起衝突或互相虐待。因此，國家的目的實際上是自由。[48]

在這裡斯賓諾莎所說的「自由」，並不是指以賽亞·伯林*所稱的「消極自由」（即不受他人干涉的自由），而是指「積極自由」，也就是在理性的指引下行動，不僅僅是對外部因素做出情感反應或他律性的反應。一個理性自由的人，不會單純追求那些讓他感到短暫快樂的事，而是會選擇做他知道真正對自己最有益的事。因此，雖然國家可能需要抑制公民的情感和欲望，從而透過法律中隱含的威脅來減輕他們的分歧和衝突（尤其是當這些公民剛從自然狀態中解放出來的時候），但是國家的最終目的就是斯賓諾莎所說的「理性的培養」。

理想的國家是一個民主運作且在理性指引下立法的國家。這樣的國家能幫助人們成長為更理性的個體，更能控制自己的激情。因此，國家彌補了人類天生的缺陷，並在他們的生活中扮演教育和陶治性情的角色。正如斯賓諾莎在《神學政治論》中所說：

> 如果人性總是渴望對自己最有益的事物，那麼人們不需要特別的技能就能確保和諧與信任。但不可否認地，人性不僅僅是如此而已。所以我們必須建立國家，讓所有人（包括統治者和被統治者）無論是否願意，都會追求對他們共同福祉有益的事物。也就是說，無論是自願，還是受到武力或必然性的約束，在國家中他們都將依照理性的指令生活。[49]

雖然公民一開始可能只是出於恐懼而服從良善的法律，因此，他們在這個階段只是依照理性的要求而行事。但最終他們會透過良善的政府認識到法律背後的善意，從而內化法律中的規範性內容（即理性的指令），讓自己發展成為理性的公民。在這個狀態下，他們將心懷希望，並獻身於自己的美德。在斯賓諾莎眼中，國家的責任就是在於實現這個目標。他提到：「正如人民的罪惡以及他們過度的放縱和任性能歸咎於國家不負責任，另一方面，人民的美德和對法律的堅定服從也必須主要歸功於國家的美德和絕對權利。」[50] 斯賓諾莎認為，因恐懼懲罰而做出善行，最終會被正義和仁慈之心所取代，而正義和仁慈之心則來自於良善的性情（即正確的理性）。換句話說，國家會將力量賦予公民，

---

* 以賽亞·伯林（Isaiah Berlin），二十世紀重要思想家之一，影響自由主義深遠。

讓他們的能力有所成長。而對斯賓諾莎來說，那些能力都將成為每個人的本質。[51]最終，公民的能力也將反過來增進國家本身的力量和穩定。因為良善又理性的公民將會組成更好的國家，且公民則會認為國家的繁榮就等同於自己的繁榮。

第九章

哲思自由

- 世俗權力接管宗教事務
- 近代對自由最強力的倡議者

世俗權力接管宗教事務

美國憲法第一修正案規定：「國會不得制定有關下列事項的法律：確立一種宗教或禁止信教自由。」這個複雜且經常被爭論的命題，是由一個「確立」條款與一個「自由」條款所組成。此命題通常被認為是政教分離政策的著名範例。正如湯瑪斯．傑弗遜*所說，第一修正案是「在教會和政府之間築起一道隔離之牆」。[1]該修正案規定政府不得鼓勵任何宗教崇拜，但也不能阻止人們奉行自己信仰的任何宗教儀式或傳統。

兩百年前，宗教自由也被奉為荷蘭共和國的建國原則之一。正如我們所見，《烏特勒支聯盟條約》第十三條規定：「每個人都應享有宗教自由，且任何人都不應在信仰上受到騷擾或質疑。」不過十七世紀荷蘭共和國的領導人或許並未一直忠於這個原則，而且他們當然不會相信當時的荷蘭保有政教分離，畢竟荷蘭歸正教會雖然不是國教，但也至少擁有官方特權。儘管如此，在這個時期，荷蘭省與其他省還是享有很大程度的宗教自由；但並沒有不信仰宗教的自由，因為就如同斯賓諾莎的親身經歷，當時若被認為是無神論者，就會受到強烈迫害。

斯賓諾莎作為《神學政治論》的作者，並且在其中討論了預言、信仰、《聖經》和政治理論等概念基礎，因此最終必然要在書中分析他所認為國家與宗教之間的適當關係。人們一般認為斯賓諾莎是早期政教分離的強烈支持者，並且認為他與約翰．洛克一起為後來的宗教寬容政策奠定了基礎。一位評論家甚至寫道：「斯賓諾莎的精神永存於美國憲法第一修正案的開頭語句，或所謂的確立條款。」[2]然而，這樣的評論遠遠背離事實。

政教分離的意思有很多種。斯賓諾莎確實認為，當涉及到宗教信仰時人們應該自己選擇想要相信的事物。無論如何，控制人們的信仰是非常困難的事。畢竟，一個人心中的想法難以被他人監控，也難以被管理。真正的虔誠是「內心對上帝的崇拜」，而這完全是個人事務。所以，真正的虔誠作為一項事實與個人權利，就應該由個體自己來決定。

因為（宗教）是取決於一個人內心的誠實和真誠，而不是取決於外在行為，所以不屬於公法和政治權威的範疇。我們無法藉由法律或國家權威將誠實和真誠之心強加於人。沒有任何人能被武力或法律約束進而達到幸福的狀態。這是絕對的真理……即使是在宗教問題上，言論自由的最高權利也屬於每個個體。我們無法想像一個人能夠放棄這種權利。此外，每個人也都擁有最高的權利和能力，可以自由對宗教信仰做出判斷，從而為自己詮釋宗教。[3]

我們之後還會看到，斯賓諾莎認為國家應該容忍一個人在口頭或書面上自由表達自己的宗教信仰。換句話說，任何人都不該因為信仰異端或反宗教而被起訴。

＊ 湯瑪斯．傑弗遜（Thomas Jefferson），第三任美國總統，也是「美國獨立宣言」主要起草人，美國開國元勳中極具影響力的人。

然而，如果政教分離的意思與憲法中行使自由和確立條款中的意思相同（也就是說，政府不得規範或正式認可任何特定的宗教習俗或外在崇拜形式），那麼斯賓諾莎在這點上與美國開國元勳分道揚鑣。

在秩序井然的國家中，主權權力會負責所有與公共福祉有關的事務。政府的責任涵蓋任何在公共領域中可能影響人民和國家福利的行為或做法。國家的法律和命令必須以和平、安全和政治體制的穩定為目標。同時，立法者必須仔細監管與這些目標有關的權責機構。相對地，任何與公共利益無關的事務，譬如個人信念，都不會在主權機構的管轄範圍之內。

因此，主權機構的權力不僅會延伸到民法的制定，也會延伸到宗教法的制定。因為這些都與公共活動的形式有關。雖然人們內心對上帝的崇拜以及對同胞的愛應屬於私領域，但是這種崇拜與愛所衍生出的外在行為則屬於公領域，例如舉行儀式、遵守特定慣例，還有透過正義和慈善的行動來表達對上帝的服從和對同胞的愛。因此，這些屬於主權機構的權力範圍。

> 人民的福祉是最高的律法。無論是人世或神聖的律法，都必須遵從此原則。但是，主權機構有責任決定什麼是人民福祉和國家安全的必要條件，也有責任控制其所認定的必要事項。由此可見，主權機構也有責任決定一個人對鄰舍同胞的行為態度是否符合教義。換句話說，主權機構有責任決定每個人應該用什麼方式服從上帝。[4]

這代表主權機構應該對斯賓諾莎所說的「宗教詮釋」負責。當然，每個公民都可以自由閱讀和詮釋《聖經》，並以任何方式將《聖經》中對正義和慈善的規勸記在心裡，並以任何形上學、神學和歷史的信仰為詮釋基礎。但在民主國家中，執政的議會應該決定如何將上帝的律法付諸實踐，因為議會擁有唯一的權威，能決定什麼樣的實踐活動符合公共福祉。

除非一個人的虔誠和宗教信仰符合公共利益，否則他不該按照上帝的命令對同胞實踐虔誠信仰。而除了主權機構以外，沒有任何私領域的公民能夠得知什麼對國家整體有益，所以只有主權機構能夠處理此事。因此，如果一個人在所有事務上不遵守主權機構的法令，那麼他就不能以正確的方式實踐虔誠之心或是服從上帝。[5]

如此看來，主權機構才能真正賦予上帝命令權威。因為事實上，上帝不是統治者或立法者，而且在自然狀態下，人類生活中並不存在神聖律法或其他法律。此外，在一個政體正式出現之前，既不存在正義也不存在非正義、既不存在虔誠也不存在罪惡。在成立共和國之後，任何有效的法律都是由主權機構所制定，包括所有關於正義和慈善行為（或所謂「真正的宗教實踐」）的法律。斯賓諾莎說道：「正義和慈善只有透過國家權利才能獲得法律上的力量（因為國家權利〔the right of the state〕只屬於主權機構），因此我可以很容易得出以下結論：宗教只能從那些有權的機構和命令中獲得法律的力量；人世以外並不存在上帝的特別國度，所以唯有透過主權機構，人類才能獲得救贖。」[6]

值得注意的是，斯賓諾莎認為主權機構的責任在於組織並控制宗教。但私領域公民中的神職人員沒有資格對公共利益做出判斷，因此也沒有資格指揮崇拜的形式，可能包括儀式慣例等。斯賓諾莎在此完全排除了教派宗教領袖對於宗教的監管，從而將宗教徹底放到公民政體手中。因此，主權機構可以自由任命神職人員作為其宗教事務的「部長」，但這些宗教界代表則必須完全服從世俗權威。

雖然由民政當局管理宗教事務，對近代早期的傳教士來說毫無疑問是一種冒犯，不過這樣的想法事實上也是十七世紀荷蘭共和思想的重要主軸。所以斯賓諾莎並不是唯一支持這種主張的人。格勞秀斯在他的著作《主權對神聖事務之命令》（*On the Command of the Highest Powers over Sacred Affairs*）中，曾提議對佈道和禮拜進行政治管制。[7]另一方面，彼得．德拉考特作為斯賓諾莎思想的首批支持者，在《政治討論》（*Political Discourses*）中強調當國家需要對和平、安全與繁榮負責，也應該有權管制所有的宗教活動，同時也要容忍宗教信仰的多樣性。此外，正如先前所述，霍布斯也認為主權機構在其統治範圍內，對宗教有絕對的控制權。霍布斯在此指的控制權不僅包括公開佈道的組織和內容，甚至還包括《聖經》文本和上帝之語的確認。他說：「因此在人的一生中，無論是國家還是宗教領域，都只存在現世的政府。我們也不應傳授政府（同時管理國家與宗教）所禁止傳授的教義，因為該政府對任何臣民都是合法的唯一權威。此外，政府的管理者必須只有一方，否則國家內部就必然會出現派系和內戰，例如教會和政府之間的戰爭。」一個國家可以有許多牧師，但他們必須服從於一位首席牧師。他繼續闡述：「一切都很清楚，按照自然法則，首席牧師指的就是世俗的主權機構。」[8]霍布斯認為，若無法達成「正確政治和教會的統一」，則「國家會出現內亂、分裂和災難」。

對斯賓諾莎來說，理想狀態下只應存在一種形式的公共信仰，且該信仰必須由世俗政府進行確立和監督。[9]當然，他的意思絕對不是要建立一種包含強制禮拜和儀式遵守的國家宗教。他尤其不希望主權機構負責規定宗教教條（儘管他仍認為，主權機構有責任鼓勵民眾接受某些「必須服從」的基本信仰原則）。畢竟，任何人都不該被強迫去信仰或崇拜任何事物，或被迫去參加任何集會或儀式。這種強制且錯誤的虔誠之心以及強制的一致性，都無法相容於國家的主要目標（更精確的說是斯賓諾莎思想中的國家目標），也就是增加公民的理性和自由，並確保公民社會的和平。斯賓諾莎不想看到極權主義控制人們的生活。反之，他如此主張是出於一種恐懼：如果對宗教事務沒有如此單一且世俗的控制，那麼共和國的福祉才會面臨真正的危險。

在斯賓諾莎看來，無論是從理論還是歷史看來（從《聖經》中可見），乃至於當代荷蘭的情勢都表明，公民社會和平的最大威脅是教派宗教對社會的撕裂。如果那些龐大且不受管制的宗教團體不斷增加，甚至出現獨立於官方公家機構的大型教會，那麼就算是一個強大且繁榮的社會都勢必面臨威脅。[10]有組織的宗教將使公民互相對立，譬如基督徒與猶太教徒對立、新教徒與天主教徒對立、新教徒與其他新教徒對立，或更嚴重的，教徒與國家本身產生對立。一旦在主權機構以外還存在其他權威，公民的忠誠就會開始分裂。如此一來，我們會看到國中之國，甚至衍生出公民應該為了整個政治群體、大眾福利而奉獻，還是為了更狹隘的宗教教派而奉獻等問題。於是，共和國內部開始出現分裂，宗教虔誠對抗愛國主義，甚至有可能出現內亂。最終，國家穩定以及抵禦內外敵人的能力將受到嚴重損害。正如同霍布斯（引用馬太福音6:24）所言：「一人不事二主。」[11]

當「宗教神職人員」不僅想要影響宗教信徒的心智，還想要影響公民的社會和道德生活，上述問題就變得尤其明顯。畢竟，一旦允許宗教教派擁有獨立權威，他們無可避免將侵犯公民力量，並爭取成為在公民之上的霸權。這種篡奪政治權力的結果，就是國家主權的分裂，最終更將導致其垮台。

這正是斯賓諾莎在古以色列歷史中發現的教訓。而只要政治和宗教權威能結合在一個人（例如摩西）或一個代表上帝（真正的主權）的團體，例如希伯來國，就會以神權政體的形式興盛。在這樣的情況下，大家對於應該服從於誰並沒有任何疑問。雖然當時有祭司種姓這個群體存在，但其成員仍完全服從於單一領袖。畢竟希伯來祭司只是宗教事務的顧問而非領導人。然而，在掃羅王建立君主制之後，王國的權力開始轉移到不同的政治和宗教領域，事情也因此開始惡化。因為祭司在聖殿內外發展出更大的影響力，所以國王被迫承認「統治權中的統治權」。

這是古以色列政權終結的開始。

> 任何企圖從宗教上分割權威的人，就是在企圖分割主權。如此一來就如同從前希伯來人的君主和祭司一樣，不可避免地將出現無法緩解的衝突和紛爭。[12]

隨著牧師從巴比倫回歸，並且在第二聖殿時期恢復獨立的地位，「他們篡奪了政府權力，從而掌握了絕對權力，」斯賓諾莎指出，「世俗與宗教統治的統一期望激怒了祭司」，這對古以色列產生了毀滅性的後果。[13]斯賓諾莎在《聖經》歷史的解讀中，明顯懷有對於當代場景的共鳴。因為在一六六〇年代後期，荷蘭社會的正統喀爾文主義元素，引領了奧蘭治派集團以及省督制度的回歸，並因此與德威特和當權派的國內外政策對立。斯賓諾莎認為，荷蘭共和國應吸取猶大王國的教訓，不該允許神職人員影響公共事務。

> 如果賦予宗教神職人員頒布法令或處理國家事務的權利，這對宗教和國家來說都是一場災難。如果限制這些人只有在徵詢時才能回應，而且在其他時候，這些人只能教授和實踐那些被公認為習慣和傳統的東西，那麼國家的穩定性才會得到更好的保證。[14]

當牧師和傳道者獲得「頒布法令和處理政府事務的權力」，他們的野心將會變得毫無止境，每個人都將「在宗教和世俗事務上自我抬舉」。他們將會彼此爭吵，因而加劇社會的宗教教派分歧。隨之而來的是腐敗，因為無論哪個教派碰巧獲得了權力，國家事務都將按照其自身利益來治理。與此同時，他們所信奉的宗教則會被用來作為延續他們統治的工具，最終墮落成「有害的迷信」。[15]

近代對自由最強力的倡議者

或許有人會問，《神學政治論》一書的政治哲學算是自由主義嗎？這是一個很難回答的問題。部分原因在於自由主義這個概念本身就充滿變化和不確定性。[16]我們甚至可以更確切地說，對斯賓諾莎而言，這不是一個好問題。因為他對國家和宗教的看法包含許多不同的面向，不能一概而論。此外，儘管《神學政治論》放到今天來看仍然具有深遠意義，但是這本書也是在回應當年那些非常特殊和複雜的歷史緊急事件。因此，若我們只想運用一些跨歷史的理論範疇來描述斯賓諾莎的政治哲學，很容易產生誤解。

我們能肯定的是，斯賓諾莎是歷史上世俗民主社會的最有力支持者之一，也是近代早期對於自由和「寬容」的最強力倡議者。這有助於我們理解《神學政治論》的最終目標，也就是「允許哲思自由，不僅不會帶來對於虔誠與國家穩定的危害；如果我們拒絕這種自由，才會破壞國家的和平與虔誠」。[17]

首先，關於信念寬容（toleration of beliefs）的問題，斯賓諾莎已經說過，宗教信仰的自由等同於意見自由。無論是出於必要性還是權利考量，我們都必須讓信仰絕對自由且不受阻礙。他提到，「人的心智不可能完全受另一人的控制。因為沒有人能將他的自然權利或理性能力轉移給另一人，也沒有人能將他判斷事情的能力轉移，甚至不可能被迫這麼做。」[18]事實上，主權機構為了統治公民信念和觀點所做的任何努力，都只會適得其反。因為這最終會削弱主權機構自身的權威性。斯賓諾莎在一段話中寫道（這段明顯正確又極度大膽的話，讓當時的讀者留下了深刻印象）：

當政府試圖控制人們的思想，會被認為是專制的政府。當主權機構試圖規定每個人應該接受或拒絕某個命題、規定如何激發對上帝忠誠的信念，就是辜負了人民且侵犯了他們的權利。所有

> 這些都是屬於個人權利的問題，而任何人都不能放棄這種權利（即使他希望如此）。

主權機構當然可以嘗試限制人們的想法，但這種魯莽的政策只會引發對其統治的怨恨與反對。「誠然，主權機構可以理所當然地將所有與自己意見不同的人視為敵人，但這樣一來，主權機構就不是根據權利在做事，而只是根據利益在做事。」[19] 但對斯賓諾莎來說，言論自由是一項「不可剝奪的權利」。

當然，信念上的寬容談起來很容易，因為這是成為思想家的必要條件。甚至霍布斯也認為公民無法被迫信仰任何事情。不過對於政治哲學家來說，承諾寬容的真正考驗在於，公民是否無論在口說或書寫上，都有表達這些信念的自由？關於這個問題，斯賓諾莎比起十七世紀的任何人都還要走得更前面。[20]

> 在一個國家中，任何不顧人們的差異或反對意見、強迫人們只按照主權機構的規定發表意見的企圖，都將徹底失敗。最專制的政府就是剝奪個人表達自由以及禁止與他人交流想法的政府，而溫和的政府則是賦予每個人此種表達自由的政府。[21]

斯賓諾莎針對表達自由的論述基礎是，公民有權（或有能力）依照自己的意願表達想法，以及主權機構若試圖限制這種自由，終將適得其反（就如同信念寬容的情況）。無論是什麼樣的法律禁止了言論與其他表達方式，公民們都會繼續表達他們所相信的話——因為他們有能力如此，頂多就是改成私底下表達而已。「讓所有的人都按照一定規矩說話，這根本不可能。反之，愈是剝奪表達自由，人們就會愈頑強反抗。」[22]壓制自由的結果就是怨恨，這會削弱人民以主權為基礎所建立的團結。在斯賓諾莎的觀點中，不寬容的法律最終將導致憤怒、報復和暴亂。而試圖執行這種法律更將導致「對國家的巨大危險」。

此外，斯賓諾莎也從效益主義的角度論述支持表達自由。他認為，表達自由對知識進步與創造力成長而言都是必要的條件。畢竟，如果沒有開放的思想市場，科學、哲學以及其他學科的發展就會受到抑制，從而在社會上造成科技、經濟甚至美學上的傷害。就這方面而言，斯賓諾莎對自由的辯護預見了兩個世紀後約翰．彌爾*在《論自由》中提出的觀點。正如同斯賓諾莎所說：「對於科學和藝術的培養來說，這種（表達自己想法的）自由是最重要的條件。因為只有那些擁有自由公正判斷能力的人，才能在這些領域獲得成功。」[23]

斯賓諾莎認為，在運作良好的國家裡，思想不應被定罪。畢竟，為了一個健康、安全與和平的國家，以及為了人民物質條件和理性的進步，我們必須支持哲思自由。他寫道：「對一個國家來說，還有什麼比高尚之人被當作惡棍放逐來得更不幸呢？就因為這些人的觀點與當局不一致且不想掩蓋事實，所以就必須遭受這樣的待遇？政府把高尚之人當作敵人處死，不是因為任何罪行或不當行為，而是因為他擁有獨立的思想。還有什麼比這更悲慘的事呢？」[24]讀者應該忍不住會想，斯賓諾莎在寫這些話時，一定是想起了他的朋友科爾巴格。

斯賓諾莎對於自由的看法，可說是超越了以捍衛寬容而聞名的哲學家洛克。洛克感興趣的議題主要是社會對各種宗教思想的寬容。因為，若有宗教思想上的寬容，一個人就可以不受約束地進行個人與上帝之間的宗教交流。洛克在一六八五年所寫的〈論宗教寬容：致友人的一封信〉（A Letter on Toleration）中認為，沒有任何宗教團體有權利迫害其他教派的人。宗教信徒成員的資格應該是自願的，因此任何教會都不得強迫他人，或動用國家權力去實現其狹隘的教派目標。每個國家都應該允許、甚至鼓勵神學上的不同意見，以及不同形式的崇拜。

與斯賓諾莎一樣，洛克也曾透過效益主義的論述來支持寬容的重要性：只要宗教寬容的自由促進人們追求真理，就會給社會帶來巨大的好處，而且不僅僅是智性上的好處。顯然，洛克在荷蘭共和國看到了宗教寬容所帶來的經濟成果，也對此感到印象深刻（他寫這封信的時候正住在荷蘭）。然而，洛克對宗教和世俗思想的開放態度，卻存在一個重要的例外：他無法容忍無神論以及其他任何形式的反宗教。他認為，因為無神論者不相信上帝，所以無法建立道德基礎，因此我們難以信任他們不會傷害同胞。「我們絕對不能容忍那些否認上帝存在的人……承諾、契約和誓言等等這些人類社會的紐帶，對無神論者沒有任何約束力。」[25]從這裡可以看出，洛克是因為政治和道德上的理由，而不是因為宗教上的理由，才拒絕賦予無神論者與有神論者同樣的自由。而且在洛克的觀點下，無神論者不僅

＊ 約翰・彌爾（John Stuart Mill），英國著名效益主義、自由主義哲學家、政治經濟學家。其著《論自由》是古典自由主義集大成之作。

表達自由將被剝奪，其信念自由也將被剝奪，因為他們的存在本身就被認為是對國家福祉的威脅。然而，這樣的觀點彰顯了洛克在思想上的不一致，也代表他對宗教寬容的態度顯然並不及格。但是斯賓諾莎並沒有犯下這樣的錯誤。

然而斯賓諾莎其實也不支持絕對的言論自由。他曾明確指出，主權機構不應容忍「煽動性」思想的表達。例如，政府不應保護那些鼓吹推翻政府的言論、那些不服從政府法律的言論，或者支持傷害同胞的言論。當然，人民可以自由主張廢除他們認為不合理或壓迫的法律，但他們必須用和平的方式、透過理性辯論來進行。如果他們的論述不能說服主權機構改變法律，那麼這件事就應到此為止。他們不該「煽動民眾對（主權機構或其代表）的仇恨」。[26]

支持言論自由的絕對主義者在此必定會質疑斯賓諾莎的警告，而且他們有理由這麼做。畢竟，誰能決定什麼樣的言論才算具有煽動性？主權機構難道不會只認為那些反對的觀點或是與其政策相反的觀點是煽動性的意見？大概是為了減輕這樣的擔憂，斯賓諾莎提供了一個「煽動性政治信念」的定義。煽動性政治信念是那些「立即具有廢除社會契約的效果，使每個人放棄應有的權利，想做什麼就做什麼」。[27]這種煽動性言論的顯著特徵是「言論中暗示的行動」。也就是說，煽動性言論或多或少是在口頭上煽動人們對主權機構採取行動。也因此，這種言論直接違背了公民默契同意的社會契約。斯賓諾莎提到：「其他不包含行動暗示的信念（譬如那些不違反社會契約、勒索報復、發洩憤怒行為之類的信念）並不具有煽動性。」

然而，這樣的說法仍然為不合理的審查機制留下了很大的空間。對於表達那些可能「立即」削弱社會契約的言論，例如人民直接用煽動性的言論來激起公民不服從運動，或者透過更微妙和間接的方式，譬如傳播一些推翻主權機構的言論。斯賓諾莎本人提到的例子則是人民不應該指責法官的不公正。然而，在這個例子中似乎沒有明顯的所謂「行動的暗示」或「立即廢除社會契約」的效果。[28]

對斯賓諾莎來說，合理的抗議者應受保護，但是，合理的異議和抗議者以及成為「煽動者和反叛者」之間的界限十分模糊。斯賓諾莎可能會覺得他提供了一個明確的標準，並確切地定義了「煽動性言論」，因此建立了防火牆，防止國家權力濫用言論審查。然而，狡詐的主權機構仍可能找到漏洞，對思想進行壓制，包括預先審查新聞、審查書籍，甚至禁止集會。[29]也許斯賓諾莎應該更始終如一地遵循自己的論述邏輯，也就是在單純的信念和實際行動之間找一條界限，而非嘗試區分不同種類的信念，包括信念的表達。他曾說：

> 每個人放棄的只是想做什麼就做什麼的權利，而不是思考和判斷的權利。因此，雖然以行動違反主權機構的法令是對主權機構權利的侵犯，但一個人的思考、判斷，以及由此而生的言論，卻並非如此。[30]

不過，斯賓諾莎也再次加上警語：「上述觀點成立的條件是，一個人只是表達或交流自己的意見，且是透過理性信念來捍衛，而不是透過欺騙、憤怒、仇恨或自己任意決定的改變國家的意志。」[31]

斯賓諾莎當然意識到、也願意接受尊重公民自由所帶來的一些潛在的不愉快後果。畢竟，隨著公民能在政治、社會、道德和宗教問題上表達不同的對立觀點，隨之而來便是公開的爭論，甚至是派系鬥爭。然而，這樣的結果是來自於一個健康且寬容的民主社會。正如斯賓諾莎所承認的，「不能被禁止的事情必然應該被允許，即使傷害經常隨之而來。」[32]對斯賓諾莎來說，一個所謂的好國家，將會擁有類似阿姆斯特丹的政治環境——雖然並沒有真正的民主，但賦予當地居民自由，而這種寬容也會為城市帶來繁榮。斯賓諾莎非常欽佩這樣的環境：

以阿姆斯特丹為例，它享受著這種自由的果實，因而帶來巨大的繁榮以及世界各地的欽佩眼光。在這個繁榮的著名城市，每個種族和教派都完全和諧地一同生活。在人們把自己的財產委託給某人之前，他們只想知道這個人是富裕還是貧窮、在交易中誠實與否。至於他所屬的宗教或教派是什麼，沒有人有興趣知道，因為這些事情到了法庭上都毫不重要。在這個城市中，任何教派信徒只要正直地生活、不傷害他人，且願意讓人們都能得到屬於自己的東西，那麼他們就不會遭人憎恨，或甚至失去政府的保護。[33]

看到斯賓諾莎寫下這段話，著實讓人感到驚訝。畢竟在當時，他的好友因為其發表的哲學和宗教思想，被阿姆斯特丹市政當局宣判有罪，最後死在監獄裡。這是在喀爾文宗教委員會不寬容的煽動下所執行的殘忍惡行。所以斯賓諾莎的話中，或許包含許多苦澀的諷刺。另一個可能是，因為阿姆斯特丹仍然是當時那些因宗教和政治寬容而聞名的城邦中最自由、最寬容的城市，所以斯賓諾莎在意識到這座城市缺點的同時，也了解並欣賞它的優點。

人們或許仍可以相信，斯賓諾莎對自己所說的限制言論自由之主張也深感不適。或許在言論自由的議題上，他的內心深處仍是一位絕對主義者。因為在《神學政治論》的倒數第二段中，斯賓諾莎在思想表達與行動之間畫出了一條清晰的界線，並且強調（這次沒有任何附帶條件）主權機構的權威應該僅適用於行動上的限制：「一個國家最安全的做法，莫過於把虔誠和宗教僅僅看作是慈善和公正之心的展現。而主權機構的權威，無論是在宗教還是在世俗領域中，都應該只局限在人的行為上。換句話說，主權機構應該允許每個人想說什麼就說什麼。」[34]這句話非常精采地描述了寬容原則，也或許是《神學政治論》中的真實教誨。此外，這句話更應該是後代人們緬懷斯賓諾莎的理由。

第十章

強烈抨擊

- 「殉道者之書」商店
- 千方百計擺脱官方追查
- 出版攻防，各方查禁
- 知識分子的敵意
- 失算哲學家
- 桀驁不馴的里烏爾茲
- 惡書的啟蒙

「殉道者之書」商店

一六六三年斯賓諾莎出版第一本著作（也就是他對笛卡兒哲學的詮釋）時，扉頁上寫著這本書是在阿姆斯特丹「通常被稱為德克・范阿森斯蒂格（Dirk van Assensteeg）街區」的地方出版。這塊後來被稱為德克・范哈塞爾茲提格（Dirk van Hasseltsteeg）的「街區」，實際上是一條位於市中心又短又窄、蜿蜒曲折的街道。這條街在新魏齊茲福堡（Nieuwezijds voorburgwal）河畔，旁邊則是一條曾經以糕點店聞名的死巷子，人們恰如其名地稱為「甜點街」。

揚・里烏爾茲[1]就是住在這條街上，並在此經營一家著名的書店和出版公司。里烏爾茲於一六一六年出生在一個商人家庭。最初，他於一六四〇年在城市中的另一處開了一家名為「殉道者之書」（Book of Martyrs）的商店。九年後在他第一任妻子去世不久，里烏爾茲將商店遷到了范阿森斯蒂格街區，並開始從事出版工作。[2]在很短的時間內，里烏爾茲就名聞遐邇，因為大家都知道他支持自由主義、甚至是更激進的思想著作，包括進步派哲學家以及歸正教會抗辯派神學家的著作。他出版了笛卡兒全集的荷蘭語譯本，甚至在前言中預言，笛卡兒的哲學「對於某些讀者來說，就像眼中的沙子一般」；[3]他也出版了門諾派牧師和荷蘭教友會領袖加萊納斯・亞伯拉罕斯（Galenus Abrahamsz）的作品，還有十七世紀上半葉的著名新教抗辯派及詩人迪爾克・坎普森（Dirck Camphuysen）的作品，坎普森因其改革派的觀點而在當時成為荷蘭教友會的英雄人物。里烏爾茲與阿姆斯特丹的教友會團體關係密切，也被認為庇護了反對三位一體的蘇西尼主義，他甚至會在家中舉辦這種異教徒的聚會。作為

「殉道者之書」的老闆，里烏爾茲願意出版其他出版商不願碰的政治和宗教作品。正如一位十九世紀的學者所說，「任何需要對主流觀點發表反對意見的人，都在里烏爾茲那裡找到了庇護。」[4]

在一六六九年初，斯賓諾莎親自帶著他剛完成的《神學政治論》手稿來到這家早已受市政當局懷疑的阿姆斯特丹出版商。在那時，斯賓諾莎與里烏爾茲兩人可能已經認識超過十五年了。他們結識的契機是斯賓諾莎第一次與阿姆斯特丹門諾會成員的交流，譬如與商人彼得．巴林和雜貨商賈里格．傑勒斯的交流，後者所寫的《普世信仰懺悔錄》（*Confession of Universal Faith*）即是由里烏爾茲出版。在一六六〇年代中期，里烏爾茲在阿姆斯特丹參與了由梅耶爾和科爾巴格所領導的讀書會，該讀書會致力於研究斯賓諾莎的《倫理學》手稿。他們很可能將里烏爾茲的店作為左翼思想的沙龍，並在那裡舉行定期聚會。里烏爾茲顯然非常崇拜斯賓諾莎。而斯賓諾莎則非常信任里烏爾茲。里烏爾茲是斯賓諾莎書信的經手者。斯賓諾莎搬離阿姆斯特丹時，他偶爾會將里烏爾茲的地址當作郵件地址，而斯賓諾莎回到阿姆斯特丹旅行時，似乎會住在里烏爾茲的家裡。[5]

里烏爾茲是阿姆斯特丹一百多家出版商或印刷商的其中一員。當時這座城市就因為充斥著各種語言的顛覆性出版品而臭名遠播，包括政治、宗教著作，甚至色情小冊子……[6]這樣的名聲讓荷蘭政府感到沮喪。尤其，這些暗中出版的作品通常會針對君主制或教會權力進行批評，更會激起民主思潮或自由思想，最終將麻煩帶到國外，尤其是英國和法國。十七世紀時，荷蘭政府運用各式各樣的方法，努力控制許多在荷蘭的出版社。當然不總是成功。

在十六世紀晚期，若沒有荷蘭省議會的許可，任何人都不能在荷蘭省出版書籍或小冊子。在作品內容經過審查和批准後，才會授予出版的「特權」，且此特權授予必須印在書中。[7] 到了十七世紀的頭十年，省聯合議會愈來愈關注那些可能在「宗教和政治事務」中引起問題的書籍。最終，他們在一六一五年頒布了一項法令，旨在鼓勵省級和市級機構對顛覆性作品進行預防性審查。

然而到了一六五〇年，在荷蘭出版的書籍和小冊子皆顯著增加。而且大部分情況下，這些作品並沒有提交官方批准便準備出版。當時，荷蘭省議會與省聯合議會都趕不及審查，因此他們不再要求出版商在出版前必須提交稿件並獲得批准。從此以後，印刷商只需要在當地地方法官那裡登記，並宣誓會交出任何在他們看來可疑、將造成國家或宗教信仰威脅的作品。所以，荷蘭共和國在十七世紀下半葉對出版業的控制，基本上不是中央集權制，而是省聯合議會將權力下放給各個省來管理出版業務。而省政府又將業務交給市鎮當局，讓他們監督當地的出版商。最終的結果就是整個國家的審查制度，無論在發表前後，都有很多不一致的地方。例如，在北荷蘭的格羅寧根受到嚴重管制的作品，很可能在阿姆斯特丹或萊頓散播。

斯賓諾莎在一六六九年將他的手稿交給里烏爾茲時，人們在荷蘭共和國（尤其是荷蘭省）享有普遍的出版自由，但當然這不是絕對的出版自由。在此之前的十年間，有超過三十本書籍或小冊子被世俗政府禁止，這是從一五八〇年荷蘭獨立戰爭以來第二高的數字。[8] 甚至，當時的阿姆斯特丹執政官員也會受到各方的壓力，有時屈服於來自上層統治階級的政治壓力，有時則屈服於地方教會的影響力。

作為一位精明的商人，里烏爾茲多年來已經明白必須小心謹慎，尤其考慮到他所做的事。有一次，他被迫否認與某本書的出版有任何關係，儘管這本書的扉頁印有他的出版商名字。當時的宗教權威總是在尋找那些會威脅到信徒精神健康的作品，所以特別密切地監視里烏爾茲。一六六九年年三月，阿姆斯特丹宗教委員會便指出：

據報導，許多蘇西尼主義者的著作以對開印刷，共分六、七卷出版，在我們的城市中也可以買到。委員會懷著深切的悲痛，得知這些大膽褻瀆神明的異端邪說後，認為最重要的是盡可能保持警覺。我們應該準確調查作者的身分、作品的銷售和印刷方式，以及任何對調查來說可能有用的資訊。尤其我們應該特別注意里烏爾茲在德克・范阿森斯蒂格街區上開的店。[9]

顯然有人持續在進行調查和監視。幾週後，宗教委員會收到了一份報告，指稱「各式各樣的人從里烏爾茲的店裡走出來，也都與里烏爾茲有過異常的談話」。[10]但在當時還是有辦法繞過阿姆斯特丹喀爾文主義者的監視。尤其是在「真自由」時期，那些傾向自由派的執政者常常能夠抵抗牧師施加的壓力，因為牧師常常希望看到某一部作品被禁，或者某個作者受到懲罰。自由派的執政者會對那些在宗教或道德上被正統派認為具有顛覆性的書籍或小冊子視而不見。或者，他們面對匿名出版品的情況時，即使作者的身分很明確，他們也會聲稱不知道作者是誰，藉此拖延行動（科爾巴格被捕的部分原因在於，他確實把自己的名字印在書籍的封面上）。儘管如此，考慮到當時荷蘭在外交和國內政治的頻繁變化，以及牧師族群或多或少的影響力，誰也不知道是不是某一年某一本書就會突然遭受管制。

在這種就像荷蘭天氣一樣變幻莫測的政治環境下，《神學政治論》的作者和出版者都絕對無法心存僥倖。幸運的是，里烏爾茲很清楚如何安全行事──重點不在於他出版了什麼書，而在於他是用什麼方式出版。

千方百計擺脫官方追查

《神學政治論》的第一刷四開版於一六七〇年一月初出版。其出版來源或許是印刷商人彼得・阿倫特茲（Pieter Arentsz）的出版社，他們在一六六九年起開始與里烏爾茲合作。[11]為了避免罰款或更糟的處罰，同時避免給市政當局現成的藉口，《神學政治論》的封面上沒有署名。當歸正教會領導階層喋喋不休施加壓力，只要政府知道責任方是誰就會起訴他們。出版地點則故意誤植為漢堡，而不是阿姆斯特丹。另外，書中印出的出版者名字是「亨利庫斯・昆拉特」（Henricus Künraht）。此扉頁還引用了《約翰一書》（*First Letter of John*）的段落：「神將祂的靈賜給我們、從此就知道我們是住在他裡面、他也住在我們裡面。」（4:13）

「昆拉特」或「海因里希・昆拉特」（Heinrich Künrath）是德國的鍊金術士，也是十六世紀下半葉玫瑰十字會的成員。雖然他在歷史上只是個小角色，但他的作品在十七世紀時並非完全不為人所知。甚至，他的作品隨著人們對鍊金術重新產生興趣而頗受歡迎。[12]在《神學政治論》的後期版本、尤其是那些與其他人的作品（譬如梅耶爾的《聖經之哲學詮釋》）作為合集出版的版本中，里烏爾茲用了其他不同的假名取代「昆拉特」，包括「雅各．保羅里」、「伊薩卡．赫拉克勒斯」以及「卡羅勒斯．葛勞提安尼」。

出版攻防，各方查禁

當然，這一切都是為了擺脫政府的追查。梅耶爾的書在一六六六年出版時，書籍上印出的出版地點是「自由城市」（Eleutheropolis），而大家都知道這是指阿姆斯特丹，此書也應該是由里烏爾茲出版。後來里烏爾茲把斯賓諾莎《神學政治論》的出版地點放在漢堡，就是為了採取比以往更謹慎的預防措施。因為他顯然意識到這是一本充滿煽動性的書籍。

這個花招奏效了一段時間。然而，這似乎只是為出版商、作者和同情他們的執政官員提供一個貌似合理的推諉之詞，而不是為了長久地欺騙他人。

我們仍然不完全清楚斯賓諾莎的作者身分是什麼時候被首次揭露。但最早的紀錄可追溯至一六七三年春天。名為尚—巴蒂斯特．斯托普（Jean-Baptiste Stouppe）的瑞士軍官在他出版的《荷蘭宗教》（*La Religion des Hollandois*）一書中指出，斯賓諾莎是《神學政治論》的作者。斯托普曾是在倫敦的法國歸正教會牧師，但後來在法國孔代親王占領荷蘭期間加入了軍隊。在荷蘭期間的所見所聞令他感到震驚，他所寫的《荷蘭宗教》控訴了荷蘭人對宗教信仰的漠視以及對宗教差異的不合理容忍。特別令他擔心的是，荷蘭神學家並未努力反駁斯賓諾莎的論點，但斯賓諾莎「生來是猶太人……他既沒有放棄猶太教，也沒有接受基督教，因此他是非常糟糕的猶太人，也無法成為好的基督徒」。斯托普繼續說，斯賓諾莎「幾年前出版了一本拉丁文書籍，名為《神學政治論》。在這本書中，他的主要目標似乎是摧毀所有宗教，尤其是猶太教和基督教等宗教。此外，他引入無神論、自由主義和完全的宗教自由」。[13]

不過，斯賓諾莎是《神學政治論》作者的消息，早在斯托普的書籍出版之前就流傳開來了。一六七〇年六月，海德堡大學的費德里希・米格（Friedrich Ludwig Mieg）教授提醒他的一位學術同事說，這本書是「斯賓諾莎，一位前猶太人」的作品，而「我還有一本他寫的笛卡兒哲學幾何方法詮釋」。這也許是已知最早的消息揭露。[14]那年夏天，也就是一六七〇年八月，約翰・梅爾基奧*在一封寫給朋友的信中寫道：「我將譴責一本名為《神學政治論》的書籍。」他補充道，這本反宗教書籍的作者名字叫作「奇諾斯巴」或「辛諾斯巴」，他也就是幾年前寫了那本笛卡兒哲學書籍的作者。[15]我們仍不知道，米格或梅爾基奧在遙遠的德國是如何得知這些消息。

斯賓諾莎的名字很早就與《神學政治論》相連。而且不僅是在國外，同樣是在一六七〇年的夏天，荷蘭格羅寧根的一名教授塞繆爾・德斯馬雷茲便已經發現這本「殘暴之書」的作者是「斯賓諾莎，一位前猶太人、褻瀆者和真正的無神論者」。[16]大約在同一時期，在荷蘭旅行的德國人約翰・法布里丘斯寫了一封關於《神學政治論》的信給在梅因茲的約翰・范博因伯格男爵†。法布里丘斯在信中推測了這部作品的作者。在他認為可能是作者的候選人名單中（這一定是法布里丘斯在荷蘭逗留的期間從當地人那裡聽到的），包含了斯賓諾莎的名字。[17]一六七一年四月，烏特勒支大學的修辭學教授、也是笛卡兒哲學的支持者約翰．格萊維烏斯（Johann Georg Graevius）也寫了一封信給萊布尼茲，談到「這本名為《神學政治論》的書籍令人頭痛」。此書的作者「追隨了霍布斯的腳步」，他是「一位名叫斯賓諾莎的猶太人，也因為書中荒謬的觀點，最近被逐出了教會」[18]（這也表示，萊布尼茲在他批評為「不可容忍的放蕩之書」《神學政治論》出版幾個月後拿到此書，而他最晚是在一六七一年春天得知斯賓諾莎是這本書的作者）。[19]

不管格萊維烏斯與其他人是怎麼將斯賓諾莎與那本匿名論文連結在一起，到了一六七一年十一月時，「斯賓諾莎是此書的作者」已經成為普遍的共識。這個時間點，也就是斯賓諾莎在與萊布尼茲的通信中（在斯賓諾莎回覆萊布尼茲的自我介紹信時）承認自己就是該書作者的時候。斯賓諾莎通常是個非常謹慎的人（譬如他在印章戒指上刻的是「考特」〔Caute〕），但他在當時毫不猶豫地把這件事告訴了一位他根本不認識的人，甚至也沒有警告萊布尼茲不能將此事告訴他人。[20]

然而，在一六七〇年的頭幾個月，除了斯賓諾莎的密友之外，似乎還沒人知道誰是這部醜聞纏身之作的作者。當然，市政當局也根本不知道這個無禮的作者是誰，竟然否認了《聖經》的神聖、排除

---

* 約翰．梅爾基奧（Johan Melchior），一位波恩（Bonn）附近小村莊的牧師，後來成為杜伊斯堡（Duisberg）大學的神學教授）寫文章駁斥《神學政治論》。而《神學政治論》直到一六七一年才在烏特勒支正式出版。

† 約翰．法布里丘斯（Johann Ludwig Fabricius）曾代表普法茲伯爵（Palatine）邀請斯賓諾莎去海德堡擔任教授，但後者拒絕了這個邀請。范博因伯格男爵（Baron Johann Christian von Boineburg），則是哲學家萊布尼茲的雇主與贊助人。

了奇蹟的可能性、削弱了先知的啟示能力、將上帝的旨意與自然法則畫上等號，還將宗教化約成簡單的道德準則。在該書出版後的幾個月，教會或民間都曾公開譴責《神學政治論》，但是譴責公告裡都沒有提到斯賓諾莎的名字。

烏特勒支宗教委員會只是歸正教會裡一長串譴責該書的團體之一，但也是第一個發出警告、聲稱「有一本論述荷蘭思想自由、名為《神學政治論》的書籍，其內容褻瀆上帝」的團體。烏特勒支宗教委員會的成員在一六七〇年四月八日決議，要求該城的執政官員對這本新書採取「適當的預防措施」。幾年前，官員也曾對梅耶爾和科爾巴格的著作採取了類似措施。三天後，宗教委員會似乎對初步成果感到滿意。他們提到：「官員已經和市民們談論過這本書……兩位法官同意把這本書交給高貴的市議會處理。」[21] 當時，烏特勒支市議會是由一群自由派的議員（荷蘭政府當權派）掌控。所以雖然他們最終似乎答應了宗教委員會的要求，但是最後花了一年多才完成。

在烏特勒支宗教委員會達成決議的一個月後，萊頓宗教委員會也採取了相同做法：

我們決議認為，一本以《神學政治論》為名出版的著名書籍，其中怪誕或淫穢的內容應該讓市政官員知悉。我們強烈要求沒收這本書。本會的主管以及兩位管轄牧師將被授權處理此事。

再一次，宗教委員會達到他們的目的。委員會派到市議會的三人代表團，成功地敲響了政府的警鐘。一週後，官員們命令鎮上的治安官突襲書店，沒收所有的《神學政治論》。[22]

在烏特勒支和萊頓宗教委員會做出決議不久之後，哈勒姆和阿姆斯特丹當地教會團體也分別在當年五月和六月提出類似的動議。正如先前所述，阿姆斯特丹宗教委員會希望《神學政治論》一書被納入早期荷蘭省議會（連同澤蘭和烏特勒支議會以及省聯合議會）禁止蘇西尼主義書籍出版的立法管制之下。當時委員會希望禁止任何可能促進波蘭神學家浮士德・蘇西尼*的神學蓬勃發展的書籍。在十七世紀中期，「蘇西尼主義」一詞不僅代表反對三位一體和神意，也代表所有對耶穌的神聖性抱持懷疑態度的教義。一六五三年，世俗政府針對蘇西尼主義頒布了強而有力的書籍禁令，在書店沒收了大量蘇西尼主義書籍（包括梅耶爾和科爾巴格的著作），而且該禁令直到一六六〇年代末期仍然有效。阿姆斯特丹的神職人員認為斯賓諾莎的《神學政治論》就是屬於這類書籍。他們讓惠伯特茲與范德海登等人組成代表團去參加地區宗教會議，並且向省立法機關請願，希望政府領導階層對此採取應對措施。

到了該年夏天，此事從市級歸正教會、地區歸正教會，再到省級歸正教會，全都在討論宗教委員會的抱怨，並且爭論應該做出什麼回應。到了七月，海牙地區宗教會議請求南荷蘭省宗教會議處理《神學政治論》一書，以及「其他任何討論偶像崇拜和迷信的論文」。[23]省級宗教會議認為《神學政治論》是「一本前所未見的書籍，極度淫穢且褻瀆上帝，我們對此感到非常痛心」，並決議「立即採取最緊急的措施來應對此書」。與此同時，他們將此事通報當地法官，並敦促他們「壓制和禁止」《神

---

* 浮士德・蘇西尼（Faustus Socinus），表面上屬於天主教會，其實採納與教會基本真理相背的教義，例如否認三位一體論。

學政治論》以及「所有這類書籍」的印刷和傳播。

同樣地，阿姆斯特丹地區的宗教會議在同月宣布，因為《神學政治論》包含了「駭人聽聞」、「褻瀆上帝且危險」的內容，市級宗教委員會批准以早期反蘇西尼主義立法的名義（即所謂反對「淫亂書籍的出版」），禁止該書出版。他們並將這個想法提交給北荷蘭宗教會議。在北荷蘭宗教會議中，來自阿姆斯特丹的代表人朗讀了斯賓諾莎書中的節選段落，大概是荷蘭語翻譯版本。毫無疑問地，這讓當時聚在一起的教會兄弟感到恐懼。[24]

到了八月，「由衷厭惡那本淫穢之書」的南北荷蘭宗教會議，已將他們的案子帶到海牙的荷蘭省議會。儘管當時他們非常憤怒，但教會團體在公民事務上沒有任何獨立行動的權力，既不能禁止書籍印刷，也不能命令治安官搜索書店。他們能做的就是建議（或者更確切地說是要求）世俗政府展開行動。

一六七〇年三月二十四日，荷蘭省議會將此事提交給荷蘭省高等法院。雖然法院過了很長一段時間才在海牙做出裁決，但結果至少是教會所期望的（至少在這個過渡階段是如此）。一年後，在一六七一年四月十六日，高等法院根據荷蘭省議會的早期法令，確認了歸正教會神職人員的集體觀點，即《神學政治論》和其他一些惡名昭彰的書籍（包括一本真正的蘇西尼著作選集）都是非法的。

> 按照尊貴偉大的閣下（即荷蘭省議會）指示，審查了南荷蘭和北荷蘭宗教會議代表所提出的要求。在這項請求中，他們對印刷和傳播各種褻瀆上帝之書的情況表達強烈不滿。這些書尤其包

括支持一位論（unitarian）的《波蘭弟兄文集》（*Bibiotheca Fr. Polon*）（即蘇西尼主義選集）、霍布斯著名的《利維坦》，以及《聖經之哲學詮釋》和《神學政治論》。宗教會議代表帶著極大的敬意和強烈的願望，請求高貴偉大的閣下根據最高的智慧，同意進行迅速和有效的補救措施，也就是沒收上面提到的誹謗性書籍，特別是那本名為《神學政治論》的書。此外，閣下也應同時發布一項正式的法令，永遠關閉這種腐化靈魂書籍的出版之路。其後，我們在本月十五日，將一六七〇年十二月十二日針對《波蘭弟兄文集》和《利維坦》兩書所做的決議，轉交給尊貴偉大的閣下。請參照。至於其他兩本書，特別是包含許多褻瀆思想的《神學政治論》（尊貴偉大的閣下可從附錄中的摘錄讀到此書的段落），我們的觀點是……印刷、進口和傳播這些褻瀆上帝之書，直接違背了尊貴偉大的閣下於一六五三年九月十九日所頒布的法令。

因此，法院指示荷蘭省議會通過正式法律禁止這些令人不安的作品：

> 為了避免人們指責這些書在荷蘭印刷、散播和出售，尊貴偉大的閣下應該通過一項特別法令，以禁止印刷、進口、傳播和銷售先前提到的那些腐蝕靈魂之書，並且給予嚴厲懲罰。閣下也應命令每個城市的官員找出作者、印刷商、進口商和經銷商。而在找到他們之後，可以毫不留情地針對他們採取必要措施。因為上述法令的內容允許這些措施，並且認為這些措施是適當的。[25]

法院實際上就是在告訴荷蘭省議會，應該直接針對這些最近出版的書籍制定新的法律禁令（就《利維坦》一書而言，禁令所針對的是拉丁語和荷蘭語譯本）。法官顯然認為，比起單純依賴一條已有十八年歷史的法律，制定新法會是一種更有效的方法。畢竟，有人可能會認為舊法只勉強適用於新案例。

不過荷蘭與西菲士蘭省議會似乎都不急著採取行動。四月二十四日，議會代表得出結論，法院的「備忘錄」信函將由一個指定的委員會來做「進一步審查和考慮」。此委員會的成員包括「來自萊頓、阿姆斯特丹、高達、鹿特丹、阿爾克馬爾（Alkmaar）和荷恩（Hoorn）的議員」，其中就包括約翰・德威特本人。[26]

這是一種典型的拖延戰術。議會並沒有如法院所要求的那樣頒布新法，而是將問題交給一個委員會。很顯然，他們並不情願制定新的禁令。這也許是因為議會中的執政官員認為比起肆無忌憚的書籍，管制性的立法對國內和平的威脅更大，因此不願進行出版品審查。又或者是因為，雖然他們同情那些危言聳聽的宗教人士的擔憂，但更不想要透過公開的禁令引發更多人關注這些作品。[27]當時，德威特作為荷蘭省的大議長是荷蘭最有實質權力的官員。我們不確定他個人願意盡多少努力來保護《神學政治論》免受法律譴責。考慮到當時日益惡化的政治局勢，例如他的對手奧蘭治派認為他是不稱職的領導人，甚至是一位叛國者……他似乎不太可能冒險去保護一本書。尤其這本書還遭到教會方面一致的譴責。[28]

一六七二年夏末，在法國入侵荷蘭後，德威特被一群憤怒的暴徒殘忍殺害。與此同時，由議會任命的委員會仍在審議（或者拖延）該如何處理《神學政治論》一書。從教會團體提交他們的決議開始算起，已經差不多過了兩年，牧師們也變得更加不耐煩。先前，來自南荷蘭和北荷蘭宗教會議的代表曾直接寫信給德威特，直截了當地向他提出一份「緊急請願書」，同時附上《神學政治論》的節選段落，想要讓效率緩慢的政府展開行動。到了現在，他們則準備完全繞過立法部門，而讓司法部門和地方法官來處理這件事。該年七月，南荷蘭宗教會議對於議會「沒有頒布任何法令」感到失望，所以他們的結論是，「到了這種時候，這件事不該再交給聯邦議會處理，而應該向法官或各自的地方官員尋求補救措施。」[29]

若省級宗教會議受挫了，地方的宗教委員會和地區宗教會議也會不知如何是好。一六七二年七月，非常關注《神學政治論》在公共精神和道德上有害影響的阿姆斯特丹主教會議便抱怨道：「我們已經奮鬥了這麼多年，用了各種適當的方法，並盡其所能喚起人們恐懼那些摧毀靈魂的書籍以及其中蠻橫又可憎的教誨。特別值得一提的是徹底無神論的《神學政治論》。」這部著作，連同霍布斯和梅耶爾的著作，都是為什麼現今社會愈來愈多「對天堂的違逆；對上帝名號的誹謗、褻瀆、詛咒、羞辱；以及對宗教的蔑視和侮辱」。這些禍患「不但沒有消除，反而日益增加，全能的上帝必從天上向他們發怒。祂的憤怒已湧向我們親愛的祖國」。地區宗教會議的成員迫切需要有人幫他們處理這些瘟疫般的著作。他們的不耐煩在現存的報告中顯而易見。但似乎沒有人對此採取任何行動。[30]

市級和省級教會的領袖厭倦了等待議會行動，所以他們向地方政府尋求更直接的補救措施。而他們也因此取得一些成功。一六七一年九月，烏特勒支地區的宗教會議在報告中陳述，市議會終於同意了他們的要求，「《神學政治論》一書已被沒收」。[31]一年後，一六七二年八月，北荷蘭宗教會議的代表找上了萊頓的伯格斯迪克議長，希望說服他為自己的城市做些事。代表向他展示了《神學政治論》的節錄段落，因此議長「承諾在這件事情上盡自己的責任。我們達成了共識」。[32]一年後，伯格斯迪克向教會報告道：「已經針對《神學政治論》一書展開許多工作。」但他繼續解釋，他和其他官員「不斷接到其他請託，所以還未完成這件事」。然而，宗教代表所寫的報告總結，「議長現在承諾履行他的職責。」[33]換句話說，議長的首要任務並非在這本書上，但他會適度地幫忙做些事。

正如喬納森．伊斯里爾所提，這些資訊都表明，雖然在全省或全國範圍內頒布《神學政治論》禁令的成效甚微，但是宗教界對《神學政治論》的壓制，還是能「從地方開始，以分進合擊的方式進行下去」。[34]在司法和執法部門願意與歸正教會合作的荷蘭城市中，人們在當地書店的書架上很難找到《神學政治論》。[35]

其實，市鎮層級的審查制度也很有效。里烏爾茲一開始以奇怪的標題和匿名作者出版了兩個拉丁文版本的《神學政治論》（分別出版於一六七〇年和一六七二年）。隨後，因為審查制度的關係，他開始採用更迂迴的出版方式。一六七三年，他把斯賓諾莎的《神學政治論》和梅耶爾的《聖經之哲學詮釋》合併為一冊八開本。書上則印上一個假的出版商，封面則印上假的標題和作者。其中一個合集的版本在標題印上了「化學論文集」，作者則是「醫學博士法蘭西斯科．德維拉科塔」。該版本聲稱得到西班牙國王查理二世的許可，由「傑保利」出版社在阿姆斯特丹出版。這個版本可能是寫給西班牙和荷蘭的讀者。第二個版本的標題則是「丹尼爾．海因斯歷史著作集」，海因斯是十七世紀上半葉一位著名的荷蘭古典學學者。第三個版本的封面則寫著這是「荷蘭最著名醫生法蘭西斯科・西維烏斯」的完整醫學著作。

在斯賓諾莎和里烏爾茲採取了這些新的迂迴出版方式之後，《神學政治論》真的進入了地下文學（clandestine literature）的領域。[36]

終於在一六七三年十二月，荷蘭省議會回應了高等法院的建議，也因此幫牧師達成了他們一直在追尋的目標。造成這種情況的催化劑似乎就是《神學政治論》的偽裝版。這些偽裝著作比起匿名著作更讓世俗政府感到警覺。

來自萊頓市的議員，代表他們的同事告知這次集會的參與者：他們的同事發現，最近《神學政治論》以及《聖經之哲學詮釋》在這些地區的某個地方出版了八開本，並以偽裝的標題編成一卷合集散播。其中一卷的標題是「化學論文集」，另一卷則是「丹尼爾・海因斯歷史著作集」。他們要求荷蘭省議會立即採取措施，以反擊這種欺騙行徑。因此，經審議後，議會得出結論：應針對上述和其他以此種欺騙方式出版的那些反宗教的禁書（往往是採用偽裝的書名），須布一項法令規定如何防範這些書籍。同時，應該通知首相和高等法院法官，以便讓他們發出命令，讓荷蘭省內的任何區域，只要有出版上面提到的書籍，都應立即沒收和管制。[37]

六個月後，一六七四年七月，高等法院的法官遵循了議會的指示，決議如下：

在檢查這些書籍的內容後，我們發現它們不僅破壞了歸正教會的真正教義，還褻瀆了上帝與祂的屬性，並反對崇高的三位一體、糟蹋耶穌基督的神聖性和他真正的使命，以及攻擊基督教真正的基本教義。這也因此影響到《聖經》的權威性。這些書籍帶來了對宗教的蔑視，讓軟弱的人們心生懷疑。所有這些內容都直接違反了我國多次針對此類書籍頒布的決議和法令。因此，為了阻絕這種毒藥般的有害書籍，且盡可能防止任何人受到誤導，我們認為有責任譴責和宣布這些書籍是褻瀆神明和傷害靈魂的書籍。因為書中充滿了毫無根據的危險觀點以及可憎的內容，其將傷害真實宗教和真實崇拜。根據以上理由，我們在此禁止任何人印刷、傳播或販賣（透過拍賣或其他方式）這些書籍或類似的書籍。根據國家法令，特別是一六五三年九月十九日頒布的法令，違反者必遭受處罰。我們更進一步提醒所有相關人士都應該遵守該法令，且這項決議必須以同一種語言公告，以便讓所有人知悉。

至此，荷蘭共和國正式將斯賓諾莎的《神學政治論》列為禁書。

高等法院的法令是以威廉・亨德里克（Willem Hendrik）的署名公告：他（「承蒙上帝恩典」）曾是奧蘭治—拿索王朝的王子，現在以威廉三世的身分，執掌荷蘭省和其他省份最近恢復的省督職位（後來他成為英格蘭國王）。這也代表著「真自由」的時期結束了。隨著德威特過世，他議會盟友的地位也逐漸削弱。因此，歸正教會神職人員的阻礙變少了，也更能尋求監督荷蘭政治和知識領域的言論。這正是斯賓諾莎在《神學政治論》中所害怕和警告的後果。

曾經有段時間，開明的德威特實際上被認為是斯賓諾莎的庇護者。德威特的一些批評者甚至認為他是斯賓諾莎的同謀、是共同作者。據報導，有人在德威特的書房發現了一份圖書目錄，其中包括一則生動的評論。該圖書目錄是德威特的敵人以一本匿名小冊子的形式出版的，目的是展示已故大議長的犯罪行為。在目錄中編號三十三號的就是《神學政治論》，其下注記為：「一位叛教的猶太人與魔鬼一起在地獄鍛造此書。且此書是在德威特知情和同謀下出版。」[38]

知識分子的敵意

也許比起荷蘭教會當局意料中的反應，更讓斯賓諾莎感到不安的是國內外知識分子的抨擊。無論是在信函或出版著作中，大學的神學家和哲學家對《神學政治論》一書持續展開抨擊。有些抨擊甚至來自斯賓諾莎原本可能合理期待會同情他論述的機構。

第一波抨擊此書的評論出現在國外，而且就在《神學政治論》出版後不久。[39]一六七〇年五月，德國神學家雅各．湯瑪斯對《神學政治論》這本匿名出版的書進行了猛烈抨擊。湯瑪斯在他的《反對論哲思自由的匿名神學政治論》（*Adversus Anonymum de Libertate Philosophandi*）中聲稱，《神學政治論》的作者是一位無神論者。而這本「無神論的作品」，應該立即在所有國家被禁止。此書也是第一個針對《神學政治論》發表的批評。當時，萊布尼茲寫了一封信給在萊比錫的湯瑪斯。萊布尼茲在信中如此祝賀他的老師……

> 你評論了那本以哲思自由為主題的書。書中的內容放肆又令人難以容忍，那些都是作者應得的批評。該書作者似乎不僅關注霍布斯的政治哲學，還關注他的宗教觀……這位大膽的作者對《聖經》的驚人批評實在是言之無物，而霍布斯在《利維坦》整本書中早已播下了種子。[40]

萊布尼茲在一六七〇年十月寫了上面這封信。一年之後，儘管他從格萊維烏斯那裡得知《神學政治論》的作者就是斯賓諾莎（或許也正因為如此），他直接寫信給斯賓諾莎，試圖討好這位荷蘭哲學家同儕，並對斯賓諾莎的「成就」表示欽佩。[41]

另一位批評者范布萊貝爾則是來自國內。這位對哲學有興趣的商人和執政官員在一六六五年時，曾經非常誠懇地請求斯賓諾莎解釋他的哲學原則。但在他們開始通信的九年後，范布萊貝爾針對《神學政治論》寫了一本評論。他在《反駁褻瀆上帝的神學政治論》（*A Refutation of the Blasphemous Book Titled Theological-Political Treatise*）一書中抱怨道：「這本無神論書籍，充滿了周延的可憎內容以及在地獄中鍛造、累積出來的觀點。每一位理性的人與每一位基督徒都該對此書感到厭惡。」[42]

此外，對此書的抨擊不僅僅來自於政治和宗教中的保守派。新教抗辯派，甚至是教友會成員（他們對荷蘭的宗教寬容運動有明顯的利害關係）也加入了戰局。雅各·巴特利爾是海牙的一位抗辯派牧師，他在一六七二年去世之前寫下了對《神學政治論》的抨擊，並於過世後次年出版。來自鹿特丹的商人和笛卡兒主義者約翰尼斯·布雷登堡，也在一六七五年寫下了《反駁神學政治論》一書。對巴特利爾來說，斯賓諾莎是一心一意腐化他人的無神論者。《神學政治論》中的因果決定論，破壞了神性和人類自由，並且藉由消除奇蹟，來磨滅上帝的旨意。另一方面，布雷登堡則強烈反對斯賓諾莎的上帝概念（至少是指他單獨從《神學政治論》一書中解讀出的上帝概念）。此外，如同巴特利爾以及其他許多人的批評，布雷登堡也反對斯賓諾莎詮釋《聖經》的方法，以及解釋奇蹟的決定論或「宿命論」。還有，他認為斯賓諾莎將宗教化約為道德準則，並否認神聖戒律所具有的真誠真理價值。在他眼中，這些觀點對真實宗教和對上帝的崇拜來說都是有害的。[43]

諷刺的是，這些《神學政治論》的早期反對者還包括法蘭斯．凱伯爾（Frans Kuyper）。他是一位蘇西尼主義者，也是《波蘭弟兄文集》的編輯者。後者經常與《神學政治論》一起遭受譴責。這位前抗辯派牧師後來成為阿姆斯特丹和鹿特丹的教友會成員，也是一位激進的出版商。當時，他惡意攻擊《神學政治論》，並批評此書為「無神論」。如果這項舉動是一種鋌而走險的自保行為，目的是為了使自己的出版作品與斯賓諾莎的作品保持距離，這個做法終將失敗。[44]畢竟，凱伯爾曾出版了一本明確支持蘇西尼主義的選集，該選集直接挑戰了一六五三年的立法。因此，問題不在於凱伯爾的書和斯賓諾莎走得太近，而在於斯賓諾莎的書和凱伯爾走得太近才對！

甚至那些斯賓諾莎長久以來視為朋友的人，在讀了《神學政治論》之後，也明顯對他產生敵意。奧爾登堡在《神學政治論》出版之後不久就拿到了書。當奧爾登堡終於拿到這本書，毫無疑問地非常興奮，因為早在幾年前，斯賓諾莎就告訴他自己開始發展「對《聖經》的看法」。[45]然而，書中內容顯然嚇到了他。雖然他讀完書後最初寫給斯賓諾莎的信件已經不在了，但他當時的反應一定相當嚴厲。因為在那五年之後，奧爾登堡才再次寫信給斯賓諾莎，為自己對該書的「不成熟」判斷而道歉。

然而，作為一位真正獻身於新自然哲學的科學家，奧爾登堡很顯然會擔心《神學政治論》「可能危及宗教」。他擔心的部分特別是「那些似乎模糊了上帝和自然兩者界線的段落。很多人認為你將兩者相互混淆了」。此外，奧爾登堡還對斯賓諾莎提出警告：

許多人認為你剝奪了奇蹟的權威和有效性。畢竟幾乎所有的基督徒都相信，奇蹟是肯定神啟的唯一基礎。還有人說，你隱藏了對耶穌基督以及其化身及贖罪的意見（祂是世界的救贖者和人類的唯一仲裁者）。[46]

奧爾登堡原先以為斯賓諾莎打算「修正那些在《神學政治論》中已經被視為醜聞的段落」。尤其，奧爾登堡希望看到斯賓諾莎否認「一切事物和行為的宿命是必然的」這類觀點，因為這會「危害到宗教美德的實踐……而且將會拋棄所有法律、美德和宗教的紐帶。」[47]隨後，他才非常苦惱地發現，斯賓諾莎想做的就是澄清並解釋為什麼在《神學政治論》中，他確實接受了這種自然決定論，並否認奇蹟的存在。[48]

斯賓諾莎可能並不期望奧爾登堡能真的理解他。畢竟他知道奧爾登堡是一位抱持傳統信仰的英國人。但是他確實希望從進步派的荷蘭同儕那裡得到更好的回應。因此，他尤其對笛卡兒主義者針對此書的抨擊感到失望。因為一般來說，笛卡兒主義者群體在政治立場上較為自由，思想也較為寬容，而且他們自己就曾在大學裡遭受審查的迫害。

雷尼埃・范曼斯維爾特（Regnier van Mansvelt）是烏特勒支大學的教授，因其對笛卡兒哲學的詮釋而聞名。在他一六七四年出版的《反對匿名神學政治論》（*Adversus Anonymun Theologico-politicum*）一書中，強調《神學政治論》對所有宗教都是有害的，所以「應該被永遠遺忘」。[49]讓他特別感到困擾的是「《聖經》不是真理來源」這個觀點。他寫道：「本身真確的兩個真理之間不可能有必要調和。因為真理都是來自於上帝，所以真理和真理之間總是一致且不需要任何調和。」[50]同樣的，正如先前所見，范維爾圖森在透過奧斯登與斯賓諾莎來往的書信中，對《神學政治論》進行了猛烈抨擊。這位自由派內科醫生兼業餘的笛卡兒哲學家，就是無法容忍斯賓諾莎否認奇蹟、貶低先知，以及剝奪《聖經》的神性和權威性。范維爾圖森在一六七一年寫給奧斯登（但可能是針對斯賓諾莎）的嚴厲評論中強調：「這位政治神學家的教義……是徹底驅逐並顛覆所有的崇拜和宗教，甚至暗中宣揚無神論，或是設想一個不能讓人們對其神性肅然起敬的上帝。既然上帝也是命運的奴隸，那麼就沒有神性統治和神意的角色，也完全揚棄了獎懲的分配。」[51]

當然，斯賓諾莎自己也知道，笛卡兒主義者對《神學政治論》的攻擊有其政治意涵。他們對此書的攻擊是一種戰術考量，目的是將自己與危險的無神論者區分開來，避開強大的教會和學術對手的攻擊。「愚蠢的笛卡兒主義者」，斯賓諾莎在一六七五年寫給奧爾登堡的信中這麼說，「因為他們被認為是認同我的人，所以為了消除自己的嫌疑，從未停止去譴責我的意見和文章，而且直到現在還在這麼做。」[52]笛卡兒主義者必須證明笛卡兒哲學與《神學政治論》之間並沒有任何關聯。但令他們沮喪的是，斯賓諾莎是這十年以來最著名的笛卡兒詮釋者。所以他們必須進一步證明斯賓諾莎在《神學政治論》中的思想不是笛卡兒原理在邏輯上蘊含的最終結論。其中，范維爾圖森特別在意的是，斯賓諾莎的《聖經》詮釋學強調對文本的理性檢視以及對文本構成之歷史脈絡的探究——這與他自己的想法很類似，所以他擔憂自己會被斯賓諾莎的新作一起拖下水。[53]

無論批評者們是因為《神學政治論》中對預言、奇蹟、《聖經》，還是對上帝本身的處理而感到困擾，有件事情是確定的，那就是所有斯賓諾莎的批評者（包含保守派和自由派）都相信他是一位無神論者和自由思想者，也相信這本書就是反宗教和反道德的源泉。甚至，當時德威特作為唯一一位比斯賓諾莎更被喀爾文主義者和奧蘭治派妖魔化的人，他對《神學政治論》也沒有什麼好評價。據說德威特特別擔心此書對一般民眾的道德所造成的影響。因為如果一般民眾不再相信「死後的獎懲」，就可能不受控制地去做放蕩的行為。[54]儘管斯賓諾莎自然而然應該是德威特與其黨派的政治盟友，但《神學政治論》對這位自由主義政治家來說，仍然是太激進了。

根據這些歷史，我們就不難理解為什麼《神學政治論》在十七世紀時引發了來自哲學、政治、宗教和知識界那麼多尖酸刻薄的抨擊。教派神學家顯然因斯賓諾莎對他們宗教之基本教義基礎的大膽攻擊而感到震驚。畢竟，如果基督教（以及猶太教和伊斯蘭教）不相信奇蹟、神聖預言和《聖經》的真理，那還剩下什麼呢？斯賓諾莎試圖削弱教會在政治和公民事務上日益增長的影響力，也因此歐洲歸正教會和天主教會（尤其是荷蘭）感受到了威脅。與此同時，世俗政府的領袖會將斯賓諾莎的思想視為是在攻擊他們的權威。因為在當時，那種普遍寬容、完全世俗的自由民主概念還未出現在眾人的政治視野中。此外，他們也認為斯賓諾莎的思想將危害到公共秩序和道德。因為既然不相信具有神意的上帝，為什麼人還需要道德行為呢？同時，哲學界的溫和派和左派在《神學政治論》中看到了他們最可怕的噩夢：這是一部非常激進的作品，而且會被認為是他們思想的自然延伸。這可能導致教會和國家將全部力量都加壓在他們身上。

儘管當時斯賓諾莎對笛卡兒主義者感到惱火，但他似乎還能以一貫禁欲且平靜的態度來應對《神學政治論》所遭受的攻擊。當然，他還是會抱怨自己遭受誤解；他也因為許多批評者不公平地對待他或針對他個人而感到憤怒。譬如在他看到范維爾圖森的批評時，他的第一反應中含有一絲憤怒──「我幾乎無法回信給那個人。」[55]但他沒有浪費太多時間回信。他通常都對許多反對他的書籍和小冊子不屑一顧，認為這些東西都是來自出於惡意又無知的作者。[56]但一六七四年，斯賓諾莎在寫給傑勒斯的一封信中，對范維爾圖森的書做出了很特別的回應：

> 由烏特勒支大學教授所寫的那本反對我觀點的書，在他死後出版了。我曾在一個書店的櫥窗裡看過。從我當時所讀到的那一點點內容來看，我認為這本書並不值得一讀，當然也更不用說回應它了。所以我就把書放回去，也不會回應作者。當時的我笑了，因為我想到，無知者通常是最莽撞也最愛寫作的人。在我看來……書店展示商品的方式就像其他商店的老闆一樣，總是優先展示最糟的商品。他們說魔鬼是最狡猾的傢伙。但在我看來，這些人的機智遠遠超過了魔鬼的狡猾。[57]

失算哲學家

斯賓諾莎最初希望《神學政治論》能夠捍衛哲學思考自由，並為《倫理學》的出版計畫奠定基礎。但這是一個嚴重的失算。當時眾人對《神學政治論》的批評非常猛烈，以至於他意識到就算出版了《倫理學》，也不可能得到公道的評價。他在一六七五年九月的信中告訴奧爾登堡：「我本來前往阿姆斯特丹，打算把我寫給您看的那本書（指《倫理學》）付印。但在我想要這麼做的時候，有個謠言流傳開來，說我出版了一本關於上帝的論文，其中試圖表明上帝並不存在。這麼多人相信了這個謠言。因此，一些大概是造謠者的神學家抓住機會，在親王和地方法官的面前抱怨。」因為有報導指稱《神學政治論》的作者即將再次出版一本關於上帝的書籍，進而造成恐慌，所以「我決定延遲手上這本書的出版日程，看看事情的發展再說」。[58]

一六七一年，也就是在荷蘭法院正式譴責《神學政治論》之前，斯賓諾莎也暫停了將此書譯成荷蘭文的計畫。一本向大眾傳播他深具顛覆性且不虔誠思想的本土譯本，肯定會讓政府當局已然狂暴的憤怒更上一層樓。當斯賓諾莎聽說有些人沒有徵詢自己的意見，就準備出版荷蘭文譯本，[59]他擔心這會加速政府頒布禁令。因此，他立即寫信給傑勒斯，請他出面干預。他寫道：「我誠摯地請求您調查此事。如果可能的話，請停止印刷。這不僅是我的要求，也是我很多好友的要求。他們不希望看到此書被查禁。但如果它以荷蘭文出版，毫無疑問地將會被查禁。」[60]之後，《神學政治論》的荷蘭文譯本一直到一六九三年才上帝。而那時該版的出版人是里烏爾茲的兒子。

與此同時，在一六七八年，《神學政治論》的法文譯本出版了（又是以地下書籍的形式發行）。法文版的偽書名包括「聖殿的鑰匙：由當世博學者所寫」以及「好奇的沉思——拯救最重要的公共和私人事務：由無私的靈魂所寫」。至於該書的英文譯本直到一六八九年才出版，而直到一八〇六年才出現德文譯本。

桀驁不馴的里烏爾茲

在《神學政治論》遭到教會和世俗政府審判的期間，桀驁不馴的里烏爾茲持續進行他激進的出版活動。據我們所知，他的生意並未受到影響。儘管當局仍對他保持懷疑，並繼續密切地監視他，但是他似乎並未受到嚴重騷擾或遭遇任何法律問題。這大概是因為，雖然當時荷蘭的政治風向開始轉變，保守的奧蘭治派和威廉三世在省級和全國層級掌權，但是阿姆斯特丹仍然是由更開明的官員執政。然而，讓里烏爾茲本人都感到驚訝的是，他在一六七五年被任命為阿姆斯特丹市政府的官方印刷商。這個職位是由市政府財務主管約翰尼斯・哈德（Johannes Hudde）所任命，而他是一位忠實的笛卡兒主義者。

一六七七年二月，斯賓諾莎去世了，得年四十四歲。這位哲學家的朋友在他的遺物中找到了未發表的作品和信函，於是將這些文件交給了里烏爾茲。隨後，里烏爾茲將這些文件整理成兩個版本的書籍出版，書名分別為《拉丁文集遺作》（*Opera Posthuma*）以及翻譯後的《荷蘭人遺作筆記》

（*Nagelate Schriften*）。這件事重新引發了當局對他出版社的關注，也引來了包括荷蘭的宗座代牧者*和天主教神職主管范尼爾卡塞爾（Jan van Neercassel）的調查。在給羅馬上級的信中，范尼爾卡塞爾寫道，斯賓諾莎作品的出版商「習慣透過他的出版社，出版所有想像得到的那些由異端和不虔誠思想所組成的怪誕且不虔誠的作品」。面對范尼爾卡塞爾的質疑，里烏爾茲否認曾經出版過斯賓諾莎晚期的著作。「出版人是一位厚顏無恥的騙子，」范尼爾卡塞爾寫道：「我詢問關於斯賓諾莎未出版的作品時，他回答說，除了一些針對笛卡兒的注釋以外，他沒有發現任何手稿。」[61]

惡書的啟蒙

至於《神學政治論》本身，在此書出版後的幾十年間，在整個歐洲廣為人知（或者惡名昭彰）。一些人把此書譽為啟蒙運動的先兆；但更多人持續誹謗此書，認為它是出版界有史以來最危險的書籍。一六七九年，《神學政治論》與《倫理學》、《政治論》以及斯賓諾莎的書信，一起被列入天主教會的《禁書索引》。相較之下，在十七世紀，猶太社群對《神學政治論》幾乎沒有任何回應。甚至居住在阿姆斯特丹的西班牙和葡萄牙猶太人也懶得對此書做出回應，哪怕為了與他們最棘手的子弟做出切割也沒有。[62]然而，《神學政治論》確實在十八世紀的猶太啟蒙運動（Haskalah）中，發揮了重要作用。[63]

有人可能會很快總結認為，斯賓諾莎所寫的《神學政治論》並未達到他預期的目標。就像他在一六六五年秋天對奧爾登堡所說，他寫這本書是為了反駁「神學家的偏見」，並回應「一般人對我的看法，畢竟他們經常指責我是無神論者」，還有「完全證明……哲思自由和表達自由」，並展示「傳教士們的過度權威和自我中心是如何破壞這些自由」。[64] 如果這些都是此書的目標，那麼似乎就不得不承認斯賓諾莎只實現了他最初的目標之一——為哲思自由和表達自由建構強而有力的辯護。他確實透過《神學政治論》將自己的想法傳達給目標讀者，但沒有達到預期的效果。此書並沒有爭取到更廣大的言論空間、讓人們更自由地進行哲學思考，包括發表他自己的哲學！反之，斯賓諾莎似乎成功動員了包括荷蘭自由主義者在內的整個世界來反對他。

當然，這樣的說法只是短視近利的評價，也是不公正的結論。《神學政治論》毫無疑問是哲學史上、宗教和政治思想史上，甚至是《聖經》研究史上最重要且最具影響力的書籍之一。與其他人的作品相較，此書為現代研究《聖經》的批判和歷史進路奠定了基礎。儘管在政治思想史中，此書經常會被忽視，但是它在民主理論的興起、公民自由議題，以及政治自由主義的討論中，皆扮演了值得驕傲且應得的重要角色。甚至，《神學政治論》的思想隨後激勵了英國、美國和法國的共和主義革命者，並鼓舞了近代早期的反教權和反教派運動。

在某種程度上，現在我們致力於建立一個不受教會影響的世俗社會。我們希望能以寬容、自由以

---

* 宗座代牧區（拉丁語：Vicariatus Apostolicus）是天主教會的一種教務管轄機構，設立於尚不足以達到成立教區資格的傳教地區，由宗座代牧（拉丁語：Vicario Apostolico）領導。

及公民美德的概念來治理國家。此外，我們會認為真正的宗教虔誠就是以富有尊嚴和尊重的方式對待他人，並且將《聖經》僅僅看作是具有普遍化道德訊息的一部深奧的人類文學作品。所以，我們都是斯賓諾莎這部醜聞之作的繼承者。

誌謝

我非常感謝朋友和同事在本書的研究和寫作過程中給予我的慷慨幫助。首先，我要感謝在荷蘭的皮特・斯蒂貝克斯（Piet Steenbakkers）、亨克・范尼羅普（Henk van Nierop）和奧黛特・弗萊辛（Odette Vlessing），感謝他們在我遇到各種問題時幫助我尋找答案，此外也要感謝亨麗艾特・瑞林克（Henriette Reerink）在一些研究問題上提供的幫助，特別感謝她一直以來的友誼。我還要感謝威斯康辛大學麥迪遜分校哲學系的研究生丹尼爾・施耐德（Daniel Schneider），他對《神學政治論》的出版史進行了研究。最重要的是，我要感謝愛德・柯利（Ed Curley）和邁可・羅卡（Michael Della Rocca）。他們從自己的工作中抽出時間來閱讀和評論此書的全部草稿。他們的評論和建議都非常有價值。我十分感謝他們的慷慨幫助。

我也要感謝普林斯頓大學出版社的羅布・坦皮奧（Rob Tempio）。他是一位非常傑出且非常支持我的編輯，我十分感謝他對這本書以及對我其他寫作計畫的熱情，和他一起工作真是無比愉快。此外，如果沒有史都華公司（Stuart Agency）安德魯・史都華（Andrew Stuart）的努力，這本書就不會找到如此好的歸宿。我也要感謝瑪喬麗．潘內爾（Marjorie Pannell），感謝她專業的審稿工作。

我還要感謝威斯康辛大學麥迪遜分校的文理學院和研究學院所給予的巨大支持，包括在人文研究所獲得的學術休假和額外一學期的休假，以及威斯康辛校友研究基金會的研究基金和教授職銜。這個職銜是以已故的威廉．比爾（William Hay. Bill）教授為名。當我在一九八八年來到這所大學之際，比爾教授剛好退休，而在我到來的第一年，他對我非常友好而慷慨。此外，在寫這本書的同時，我也獲得了摩西／溫斯坦猶太研究中心（Mosse/Weinstein Center for Jewish Studies）所授予的溫斯坦／巴斯卡姆（Weinstein/Bascom）猶太研究教授職銜。非常感謝該職銜所提供的研究經費。

二〇一〇年秋季，我曾在阿姆斯特丹大學黃金時代研究中心（Center for the Study of the Golden Age）演講本書的部分內容。我想感謝當時在座觀眾的提問和評論，特別是中心主任莉婭．范傑莫特（Lia van Gemert），感謝她讓我有幸主講年度黃金時代講座。我也要感謝受邀參加格羅寧根大學（University of Groningen）、美國天主教大學（華盛頓特區）、新墨西哥大學的西南近代早期哲學研討會（Southwest Seminar in Early Modern Philosophy），以及克萊蒙特研究大學布拉德蕭會議（Bradshaw Conference）等地舉辦的斯賓諾莎工作坊。非常感謝當時在場的各位聽眾。

這本書絕大部分都是在我與妻子「空巢」的第一年時寫成。我與妻子簡（Jane）都非常想念我們長大離家的孩子羅絲（Rose）和班（Ben）。不過我不得不承認有額外的時間來完成這個計畫還是很不錯。

最後，我要把這本書獻給我的好朋友兼同事，以及長期的跑步夥伴和鐵人三項賽事的夥伴賴瑞．

夏皮羅（我得公開承認，他比我快了四分半鐘完成賽事）。他所知道的關於斯賓諾莎的一切都是我告訴他的。我想他現在可能已經聽膩了。

關於本書引用文本之作者說明

《神學政治論》的拉丁文原文於一六七〇年由揚・里烏爾茲在阿姆斯特丹出版。很長一段時間以來，該書的標準版一直是卡爾・格布哈特（Carl Gebhardt）在《斯賓諾莎文集》（一九二五年初版）中所整理的版本。但在斯賓諾莎之友協會（Association des Amis de Spinoza）的贊助下，一個更全面且包含評論注釋的版本《完整作品集》（*Oeuvres complètes*）正在取代先前的標準版。《完整作品集》的第三卷其主要內容就是《神學政治論》。該卷已於一九九九年出版，其中的原文部分由福克・阿卡曼（Fokke Akkerman）負責編輯，而法文翻譯和評論注釋的部分，則是由賈桂琳・拉格雷（Jacqueline Lagrée）與皮耶爾—佛朗索瓦・莫羅（Pierre-François Moreau）負責（法國大學出版社出版）。然而，特別對英美讀者來說，格布哈特版較廣為人知且被廣泛運用，而且阿卡曼版也包含了原版和格布哈特版的頁碼，所以我在注釋中主要是引用格布哈特版。

愛德溫・柯利（Edwin Curley）目前正在撰寫斯賓諾莎著作的英譯本——《斯賓諾莎選集》的第二卷（*The Collected Works of Spinoza*）（普林斯頓大學出版社出版）。此卷便包括《神學政治論》以及一六六五年後斯賓諾莎的書信。此英譯本完成時，就會成為標準版的譯本。而在我撰寫此書時，柯利教授也很熱情地與我分享了他目前的草稿。同時，塞繆爾・雪麗（Samuel Shirley）譯本的二版（以及修正版）也廣為流傳（哈克特出版社〔Hackett Publishing〕出版）。因為柯利的譯本還未出版，所以我無法提供頁數來引用內文。在本書中，《神學政治論》大部分段落的翻譯是來自雪麗的譯本，但也有些段落是來自柯利的譯本。讀者應該很容易就能辨認出柯利翻譯的段落（包括那些對應到我所使用的雪麗譯本段落），因為柯利納入了格布哈特版的頁碼。至於《倫理學》和其他著作（包括一六六五年之前的書信）的翻譯則都來自柯利《斯賓諾莎文集》的第一卷（一九八五年出版）。一六六五年後的書信翻譯則是來自塞繆爾・雪麗所翻譯的《斯賓諾莎書信集》（哈克特出版社出版）。

至於其他所有拉丁文、法文和荷蘭文文本，則都是由我本人進行翻譯（文中有另行說明的除外）。

年表：斯賓諾莎其人與其時代

年代	斯賓諾莎	哲學史大事紀
一六二〇年代		英國哲學家法蘭西斯·培根（Francis Bacon）寫《新工具論》（*Novum organum*）。哲學家勒內·笛卡兒（René Descartes）移居至荷蘭。荷蘭物理學家、天文學家、數學家克里斯蒂安·惠更斯（Christiaan Huygens）出生於荷蘭海牙。
一六三二年	巴魯赫·斯賓諾莎（Baruch de Spinoza）出生於荷蘭阿姆斯特丹，是家裡的第三個孩子。	英國哲學家約翰·洛克（John Locke）生於英格蘭薩默塞特。伽利略·伽利萊（Galileo Galilei）因「地動說」被傳喚到羅馬接受審訊。
一六三七年		笛卡兒發表《談談方法》（*Discours de la Methode*）。
一六三八年	斯賓諾莎的母親去世後，他開始在塔木德妥拉學院學習，表現良好。他的父親當時可能期許他成為一名猶太教拉比。	兩年後，里烏爾茲開設「殉道者之書」（Book of Martyrs）出版其他出版商不願碰的政治和宗教作品。
一六四一年		笛卡兒出版《沉思錄》（*Meditationes de prima philosophia*）。

年代	斯賓諾莎	哲學史大事紀
一六四二年		湯瑪斯・霍布斯（Thomas Hobbes）出版《論公民》（*De cive*）。伽利略去世，艾薩克・牛頓（Isaac Newton）誕生。
一六四四年		笛卡兒出版《哲學原理》（*Principia philosophiae*）。約翰・彌爾頓（John Milton）出版《論出版自由》（*Areopagitica*）。
一六四六年		戈特弗里德・萊布尼茲（Gottfried Wilhelm von Leibniz）誕生。
一六四八年		《西發里亞和約》標誌歐洲一系列宗教戰爭的結束，終止造成近八百萬人喪生的三十年戰爭。
一六四九年	斯賓諾莎的兄長以撒去世，斯賓諾莎終止他在學校的課業，接下以撒的工作。	笛卡兒完成論文《靈魂的激情》（*Les Passions de l'âme*）。
一六五〇年		笛卡兒逝世。
一六五一年	斯賓諾莎轉而追求哲學，開始接受當時政治激進分子方濟各・恩登（Franciscus van den Enden）的教導，學習拉丁文。他很可能於此時第一次閱讀笛卡兒的哲學著作。	霍布斯出版《利維坦》（*Leviathan*）；英荷戰爭爆發，斯賓諾莎家族的企業也深受影響。
一六五四年	斯賓諾莎的父親去世，他離開猶太社群，搬到方濟各・恩登家中，並同時在莫特拉祭司經營的基特妥拉學院（Ketter Torah）繼續接受猶太教育。	

年代	斯賓諾莎	哲學史大事紀
一六五六年	斯賓諾莎被指控為異端，阿姆斯特丹霍特格拉赫特區的猶太教祭司發布驅逐令。斯賓諾莎用西班牙語寫下他對拉比判決的《申辯書》（*Apologia*），後來失傳。	荷蘭頒布法令禁止教授笛卡兒哲學。
一六五九年	斯賓諾莎寫了《關於上帝、人類和幸福的短篇論文》（*Short Treatise on God, Man and His Well-Being*），他一生中從未發表過。這篇文章的兩個荷蘭語譯本倖存下來，十九世紀初被發現。	
一六六〇年	阿姆斯特丹猶太會堂正式向市政當局提出譴責斯賓諾莎是「對所有虔誠和道德的威脅」。	約翰・德拉考特（John de la Court）出版《國家》（*Considerations of State*），為荷蘭第一部談論民主共和的著作。
一六六一年	斯賓諾莎離開阿姆斯特丹，搬到萊頓郊外的一個小村莊萊茵斯堡，以打磨鏡片為生，同時撰寫哲學作品。	
一六六二年	斯賓諾莎完成《知性改進論》（*Treatise on the Emendation of the Intellect*）。	彼得・德拉考特（Pierre de la Court）出版《論荷蘭利益》（*The Interest of Holland*）反對荷蘭省督制度讓權力集中。
一六六三年	斯賓諾莎搬到離荷蘭海牙不遠的小村莊福爾堡，並應朋友要求出版了有生之年唯一一本以自己名義寫作的作品：《笛卡兒哲學原理：依幾何學方式證明》（*Principles of Philosophy of René Descartes Demonstrated According to the Geometric Method*）。	

年代	斯賓諾莎	哲學史大事紀
一六六八年		牛頓發明反射望遠鏡。英格蘭、聯合省、瑞典三國同盟阻止法國征服西屬尼德蘭，簽署亞琛條約。
一六六九年	斯賓諾莎搬到海牙，將《神學政治論》（*Theological-Political Treatise*）的手稿交給地下出版商里烏爾茲，該書第一刷四開版於一六七〇年一月以匿名形式出版。這部作品立刻就受到阿姆斯特丹喀爾文主義教會理事會譴責。	
一六七一年	萊布尼茲寫信給斯賓諾莎，並對斯賓諾莎的成就表示欽佩。	
一六七二年		法王路易十四違約入侵聯合省，憤怒的喀爾文主義神職人員將之歸咎於當時的荷蘭省常駐代表、斯賓諾莎的好友約翰·德威特（Johann de Witt），將之毆打致死。斯賓諾莎極其憤怒，指控這是野蠻的行為。
一六七三年	普法茲伯爵（Palatine）邀請斯賓諾莎至海德堡大學教授哲學，但他出於學術自由的考量拒絕。	
一六七四年		在威廉三世（奧蘭治親王）的主導下，《神學政治論》以及《利維坦》雙雙在荷蘭遭到查禁。

年代	斯賓諾莎	哲學史大事紀
一六七五年	斯賓諾莎完成《倫理學》(*Ethics*)並準備出版，但因傳聞他即將出版一本試圖表明沒有上帝的書而受到影響。	萊布尼茲來到海牙拜訪斯賓諾莎，並與他進行數次會談。
一六七七年	斯賓諾莎死於因磨鏡片產生的玻璃粉塵引起的併發肺病。	斯賓諾莎在阿姆斯特丹的朋友在他的遺物中找到了未發表的作品和信函，集結出版了《拉丁文集遺作》(*Opera Posthuma*)以及翻譯後的《荷蘭人遺作筆記》(*Nagelate schriften*)。
一六七八年	荷蘭當局正式禁止斯賓諾莎的哲學，以巨額罰款和監禁威脅編輯和出版商。同年，《神學政治論》的法語譯本以三種不同的書名出版。	隔年，霍布斯去世。
一六八五年		洛克發表〈論宗教寬容：致友人的一封信〉(A Letter on Toleration)。
一六八九年	《神學政治論》成為第一部翻譯為英語的斯賓諾莎著作。	

注釋

以下是注釋中用來代稱斯賓諾莎等人作品的縮寫：

一、斯賓諾莎著作或關於斯賓諾莎的文獻

1. 《選集》——《斯賓諾莎選集：第一卷》（*The Collected Works of Spinoza. Vol. 1*）。愛德溫．柯利（Edwin Curley）譯。普林斯頓：普林斯頓大學出版社（Princeton, NJ: Princeton University Press），一九八五年。
2. 《書信》——《書信集》（*Epistle*），來自斯賓諾莎的信件。
3. 《生平》——《斯賓諾莎生平事蹟》（*Die Lebensgeschichte Spinozas*）全兩卷。雅各．佛洛伊登塔爾（Jakob Freudenthal）與曼佛雷德．沃爾特（Manfred Walther）編。斯圖加特：馮曼出版社（Stuttgart: Frommann-Holzboog），二〇〇六年。
4. 《斯賓諾莎全集》——《斯賓諾莎全集》（*Spinoza Opera*）全四卷。卡爾．格布哈特（Carl Gebhardt）編。海德堡：卡爾溫特大學出版社（Heidelberg: Carl Winters Universitätsverlag）。一九二五年初版。一九七二年再版
5. 《神學政治論英譯》——《神學政治論》英譯本（*Theological-Political Treatise*）。二版。塞繆爾．雪麗（Samuel Shirley）譯。印第安納波利斯：哈克特出版社（Indianapolis: Hackett）。二〇〇一年。
6. 《斯賓諾莎書信》——《斯賓諾莎書信集》（*Spinoza: The Letters*）。塞繆爾．雪麗譯。印第安納波利斯：哈克特出版社。一九九五年。
7. 《全著作》——《斯賓諾莎全著作》（*Complete Works*）。塞繆爾．雪麗譯。麥可．摩根（Michael Morgan）編。印第安納波利斯：哈克特出版社。二〇〇二年。
8. 《神學政治論》——《神學政治論》（*Tractatus Theologico-Politicus*）拉丁文原文。

二、他人著作

【萊布尼茲】

1. 《遺作》——《哲學遺作》(*Philosophische Schriften*) 全七卷。格哈特 (C. I. Gerhardt) 編。柏林：魏德曼出版社 (Berlin: Weidmann)。一八七五年至一八九〇年。一九七八年再版。
2. 《神義論》——《神義論：論上帝的善良、人類的自由和邪惡的起源》(*Theodicy: Essays on the Goodness of God, the Freedom of Man, and the Origin of Evil*)。哈格德 (E. M. Huggard) 譯。喇沙：公開庭出版社 (La Salle, IL: Open Court)。一九八五年。
3. 《哲學論文》——《哲學論文與書信》(*Philosophical Papers and Letters*)。二版。勒羅伊・勒姆克 (Leroy Loemker) 編譯。多德雷赫特：瑞得出版社 (Dordrecht: D. Reidel)。一九六九年。

【笛卡兒】

1. 《笛卡兒作品》——《笛卡兒作品集》(*Oeuvres de Descartes*) 全十二卷。查爾斯・亞當 (Charles Adam) 和保羅・坦奈瑞 (Paul Tannery) 編。巴黎：傑佛林出版社 (Paris: J. Vrin)。一九七四至一九八三年
2. 《笛卡兒文集》——《笛卡兒哲學文集》(*The Philosophical Writings of Descartes*) 全兩卷。約翰・科廷厄姆 (John Cottingham) 等人編譯。劍橋：劍橋大學出版社 (Cambridge: Cambridge University Press)。一九八五年。

三、各章注釋

前言

1. 參見伊斯里爾 (Israel)(2001a)。
2. 存在一些非常明顯的例外。請特別參見施特勞斯 (Strauss)(1997)(1930年在德國首次出版)。更近期的文獻可參見柯利 (Curley)(1990a, 1994) 以及韋貝克 (Verbeek)(2003)。
3. 哲學以外的領域 (例如猶太研究、政治科學、歷史學、文學研究等領域) 對《神學政治論》的態度要好得多。在過去的二十五年間尤其如此。例如，可參見史密斯 (Smith)(1997) 和列文 (Levene)(2004)。
4. 歷史學家伊斯里爾在一系列的重要著作中，對此問題進行了詳盡的研究。參見

伊斯里爾（2001a，2006）。

第一章 序篇

1. 在荷蘭語中，「惠伯特茲」（Huijbertsz）是「Huijbertszoon」或「惠伯特之兒子」的縮寫。
2. 阿姆斯特丹市政檔案，第376/12號。第116頁。感謝奧黛特·佛萊辛（Odette Vlessing）讓我注意到這些檔案資料。
3. 阿姆斯特丹市政檔案，紐威科克檔案。第376/12號，第110頁；《生平》第九十三文件，I.289。
4. 阿姆斯特丹市政檔案，第1557A公證，第91號。公證人揚·沃爾卡爾茲（Jan Volkaertsz）。一六四九年三月十八日。
5. 阿姆斯特丹市政檔案，紐威科克檔案。第379/101號；《生平》第九十六文件，I.291。
6. 阿姆斯特丹市政檔案，紐威科克檔案，第379/101號；《生平》第九十七文件，I.292。
7. 本傳記草稿出自本書作者納德勒（1999）。
8. 到了一六三〇年末期，在阿姆斯特丹也有相當數量的中歐和東歐猶太人（或阿什肯納茲〔Ashkenazic〕猶太人）。
9. 《智力修正論》（*Treatise on the Emendation of the Intellect*）；《斯賓諾莎全集》II.5；以及《選集》I.7。
10. 希伯來文版的文本已不復存在，但葡萄牙文版可在《律令》（*Book of Ordinances*）一書中找到。阿姆斯特丹市政檔案，阿姆斯特丹葡萄牙猶太人社區檔案，第334號檔案，第19號，第408頁。
11. 用於此驅逐令的文本是由索爾·莫特拉拉比在大約四十年前從威尼斯帶回阿姆斯特丹。如果一六一九年的教會內部爭端無法友好解決，莫特拉就會使用這個文本。
12. 斯賓諾莎的朋友在他過世之後立即編纂了他的作品和書信以便出版。他們似乎銷毀了所有無關哲學的書信（包括傳記式的個人書信）。
13. 佛洛伊登塔爾（Freudenthal）（1899），第5頁。
14. 佛洛伊登塔爾（1899），第7頁。
15. 列夫（Revah）（1959），第32-33頁。
16. 湯瑪斯弟兄的證詞紀錄（列夫，1959，第32頁）如下：他知道普拉多醫生的姓和名（他的名是胡安），也知道普拉多曾在阿爾卡拉學習。但他不知道普拉多的猶太名。另外，他也知道斯賓諾莎。但他以為斯賓諾莎出生於荷蘭某村莊，因為斯賓諾莎曾就讀於萊頓，且是一位不錯的哲學家。這兩個人都自稱是摩西律法專家，但猶太會堂認為他們已經成為無神論者，所以便將他們驅逐了。他們告訴證人，他們曾接受割禮，並曾服從猶太律法。然而他們後來改變了想法，因為在他們眼中，律法是不正確的。他們認為人的靈魂會隨著身體一起死去，而且並不存在上帝（除了哲學意義上的上帝）。這就是他們被趕出猶太教會的原因。雖然他們很後悔失去猶太教會的關愛與交流，但是他們仍然很高興自己身為無神論者，因為他們認為上帝只在哲學意義上存在……而靈魂會隨著他們的身體一起死去。所以，他們不需要信仰。

17. 瑪特拉尼亞證詞的原文請見列夫（1959），第67頁。
18. 門德斯（Mendes）（1975），第60-61頁。
19. 佛洛伊登塔爾（1899），第8頁。
20. 原文（*Short Treatise on God, Man and His Well-Being*），在斯賓諾莎死後，他的朋友們出版了他的拉丁文或荷蘭文作品集。但這篇論文並沒有收錄在其中。一直到十九世紀這篇論文才在荷蘭文手稿中被重新發現。
21. 在該書中，大寫N的「自然」被用來指斯賓諾莎宇宙的形上學實體，與上帝是同一種東西。而小寫n的「自然」則是用來指我們通常認為的自然世界，即經驗世界，其中包括所有我們熟悉的東西、事件和法則。這些都是由「大寫N的自然」所引發，並且從屬於它。
22. 《倫理學》III，序言。《斯賓諾莎全集》II.138；《選集》I.492。
23. 《倫理學》IV，附錄。《斯賓諾莎全集》II.276；《選集》I.593-94。

第二章　神學政治問題

1. 《書信》，第1封，《斯賓諾莎全集》IV.5；《選集》I.163。
2. 奧爾登堡的此封信是回覆斯賓諾莎之前九月四日的一封信（但後者已不存在）。在那封信中，斯賓諾莎簡單概述了他新論文中的思想。
3. 《書信》，第29封，《斯賓諾莎全集》IV.165；《斯賓諾莎書信》第183頁。
4. 《書信》，第30封。
5. 要理解《倫理學》的論題和論點，這種哲學背景是必要（但肯定不是充分）條件。許多受過良好教育的同代人，包括萊布尼茲，也不完全理解斯賓諾莎。
6. 關於斯賓諾莎《神學政治論》讀者的討論，請參見法蘭克爾（Frankel）（1999）和史密斯（1997）第二章。史密斯同意施特勞斯關於《神學政治論》深奧內容的看法。但我相信拉格爾（Lagrée）（2004）的說法更接近事實。他強調我們應從字面意義上解讀斯賓諾莎：「斯賓諾莎寫他所想，想他所寫。」（第10頁）的確，斯賓諾莎沒有寫出他所想到的一切，特別是關於基督教的部分。正如柯利提醒我的那樣，斯賓諾莎在討論基督教《聖經》時，當然會有所收斂。但據我的推測，這裡頭並沒有代表什麼深奧的訊息。

7. 《神學政治論》。序言。《斯賓諾莎全集》III.12，第12頁；《神學政治論英譯》第7頁。
8. 事實上，法蘭克爾（1999）認為，《神學政治論》的目標讀者確實是神學家，至少是那些還未腐敗和沒有偏見的人（所謂博學的教會人士）。因此，他們可能至少會以些許開放的心態來閱讀此書。「斯賓諾莎主要是寫給神職人員和神學家，他們可以影響群眾，阻止他們對《聖經》的反常詮釋。」（第902頁）
9. 《神學政治論》。序言。《斯賓諾莎全集》III.12；《神學政治論英譯》第7頁。
10. 《神學政治論》。序言。《斯賓諾莎全集》III.12；《神學政治論英譯》第8頁。
11. 這句話出自科拉科夫斯基（Kolakowski）（1969）。
12. 《神學政治論》。序言。《斯賓諾莎全集》III.12；《神學政治論英譯》第8頁。
13. 夏（Hsia）和范尼羅普（Van Nierop）（2002），第75頁。
14. 見伊斯里爾（1995）第27章。參見夏和范尼羅普（2002）。第15頁。
15. 伊斯里爾（1995）第639頁和第759-60頁。也參見布魯（Blom）（1981）。
16. 見第八章。
17. 《利維坦》III.39。霍布斯（Hobbes）（1994），第316頁。
18. 關於霍布斯是否真的是無神論者有很多爭論。參見馬提尼克（Martinich）（1992）和柯利（1996a，1996b）。
19. 《利維坦》IV.44。霍布斯（1994），第411頁。
20. 歐布雷（Aubrey）（1898），I.357。根據品特（V. de S. Pinto）的建議修正，此建議也被柯利所接受（霍布斯〔1994〕I.xviii）。
21. 韋貝克（2003）。第9-10頁。韋貝克認為，《神學政治論》實際上可能被看作是對《利維坦》的評論。
22. 《神學政治論》。《斯賓諾莎全集》III.89；《神學政治論英譯》第78頁。
23. 參見貝勒（Bayle），《生平》I.62；柯勒斯（Colerus）早期的斯賓諾莎傳記，《生平》I.132；以及蒂爾（Til）的報告，《生平》I.399。

第三章　男子監獄

1. 塞林（Sellin）（1944），第27頁。
2. 塞林（1944），第41頁。關於「磨坊」（Rasphuis）的描述，也見魏斯曼

(Weissman)(1908)。

3. 要了解科爾巴格的傳記和他的苦難經歷，請參閱梅斯馬（Meinsma）(1983）第240-77頁和范登博西（Vandenbossche）(1978）。
4. 瓊格尼倫（Jongeneelen）(1987），第248頁。
5. 瓊格尼倫（1987），第249-50頁。
6. 范登博西（1978），第9-10頁。
7. 瓊格尼倫（1987）。
8. 梅斯馬（1983），第269頁。
9. 梅斯馬（1983），第252-53頁。
10. 梅斯馬（1983），第266頁。
11. 本判決書見《生平》I.286。
12. 塞林（1944），第九章。
13. 關於斯賓諾莎與科爾巴格的關係，見范登博西（1978）。
14. 《生平》I.285-86。
15. 伊斯里爾（1995），第663頁。
16. 《生平》I.280。
17. 《書信》，第43封。《斯賓諾莎全集》IV.220；《斯賓諾莎書信》第238頁。
18. 《書信》，第30封。
19. 《神學政治論》，序言；《斯賓諾莎全集》III.7；《神學政治論英譯》第3頁。

第四章　神與先知

1. 因此，斯賓諾莎在給亞伯特．伯格（Albert Burgh）的一封信中稱猶太教、天主教和伊斯蘭教為「迷信」(《書信》第76封）。另見《書信》第73封。在一封給奧爾登堡的信中，斯賓諾莎說：「我對宗教和迷信的主要區別在於，後者建立在無知之上，前者建立在智慧之上。」(《斯賓諾莎全集》IV.307-8；《斯賓諾莎書信》第333頁）。
2. 參見納斯邦（Nussbaum）(1986）。
3. 《神學政治論》，序言，《斯賓諾莎全集》III.5-6；《神學政治論英譯》第1-2頁。
4. 《神學政治論》，序言，《斯賓諾莎全集》III.6-7；《神學政治論英譯》第2-3頁。
5. 《神學政治論》，序言，《斯賓諾莎全集》III.8-9；《神學政治論英譯》第4頁。
6. 《利維坦》I.12。霍布斯（1994），第70頁。

7. 柯利（1992）、瑪科姆（Malcolm）（2002）和韋貝克（2003）等人研究了霍布斯和斯賓諾莎在這個問題和其他問題上的關係（尤其是《利維坦》與《神學政治論》的關係）。
8. 《倫理學》IP15S[I]，《斯賓諾莎全集》II.57；《選集》I.421。
9. 《倫理學》I，附錄，《斯賓諾莎全集》II.78；《選集》I.439–40。
10. 《倫理學》I，附錄，《斯賓諾莎全集》II.78-79；《選集》I.440–41。
11. 《書信》，第23封，《斯賓諾莎全集》IV.148；《斯賓諾莎書信》，第166頁。
12. 《書信》，第56封，《斯賓諾莎全集》IV.260；《斯賓諾莎書信》第277頁。
13. 《倫理學》I，錄附，《斯賓諾莎全集》II.80；《選集》I.442。
14. 唯一的例外是斯賓諾莎的朋友，他們從一六六〇年代中期就開始閱讀《倫理學》的手稿（當時手稿在他們之間流傳）。
15. 正如奧爾特曼（Altmann）（1978，第1頁）所說；「預言究竟是一種自然現象，還是一種神聖的恩賜？這個問題可以追溯到古典時期。」
16. 關於斯賓諾莎和邁蒙尼德，參見沃夫森（Wolfson）（1934），哈威（Harvey）（1981），里維（Levy）（1989），拉文（Ravven）（2001），納德勒（2002）和佛蘭克爾（Fraenkel）（2006）。
17. 《迷途指南》II.36，邁蒙尼德（1963），第369頁。
18. 《迷途指南》II.36，邁蒙尼德（1963），第372頁。
19. 《迷途指南》II.37，邁蒙尼德（1963），第374頁。
20. 《迷途指南》II.38，邁蒙尼德（1963），第377頁。
21. 《迷途指南》II.32，邁蒙尼德（1963），第361頁。
22. 除了作為「溢流」的源頭，上帝在預言中的作用似乎僅限於透過一種特殊的行為，阻止一個人成為先知（而這個人本來會自然而然達成先知的條件）。參見《迷途指南》II.32，邁蒙尼德（1963），第361頁。然而，這種預防性的神聖干預，可以被看作是邁蒙尼德將一些神聖選擇元素引入預言現象的方式。關於邁蒙尼德對預言的討論，參見萊因斯（Reines）（1969），凱爾納（Kellner）（1977），奧特曼（Altmann）（1978）和克雷塞爾（Kreisel）（2001）第三章，以及其他許多文獻。
23. 關於中世紀猶太人和阿拉伯人對預言哲學觀點的調查，請參見閱克雷塞爾（2001）。
24. 《神學政治論》I，《斯賓諾莎全集》III.15；《神學政治論英譯》第9頁。斯賓諾莎在這裡用「cognitio」一詞來指「知識」。
25. 《神學政治論》I，《斯賓諾莎全集》III.15；《神學政治論英譯》第9頁。

26.《倫理學》II.40。
27.《神學政治論》I，《斯賓諾莎全集》III.15；《神學政治論英譯》第9頁。
28.《神學政治論》I，《斯賓諾莎全集》III.16；《神學政治論英譯》第10頁。
29.《神學政治論》I，《斯賓諾莎全集》III.21；《神學政治論英譯》第14頁。
30.《神學政治論》I，《斯賓諾莎全集》III.28；《神學政治論英譯》第20頁。
31.《神學政治論》II，《斯賓諾莎全集》III.35；《神學政治論英譯》第26頁。
32.《神學政治論》II，《斯賓諾莎全集》III.35；《神學政治論英譯》第26頁。
33.《神學政治論》II，《斯賓諾莎全集》III.32；《神學政治論英譯》第23頁。
34.《神學政治論》I，《斯賓諾莎全集》III.28；《神學政治論英譯》第20頁。
35. 關於想像力在斯賓諾莎知識中的角色之研究，請參見莫羅（Moreau）（1994）和馬林諾夫斯基—查爾斯（Malinowski-Charles）（2004）。
36.《神學政治論》II，《斯賓諾莎全集》III.31和III.37；《神學政治論英譯》第23頁和第28頁。
37.《神學政治論》I，《斯賓諾莎全集》III.23；《神學政治論英譯》第16頁。
38.《神學政治論》I，《斯賓諾莎全集》III.27；《神學政治論英譯》第19頁。雪麗以「超常」（exceeding the normal）翻譯「supra communem」。
39.《神學政治論》II，《斯賓諾莎全集》III.29；《神學政治論英譯》第21頁。
40.《神學政治論》II，《斯賓諾莎全集》III.42；《神學政治論英譯》第32-33頁。

第五章　奇蹟

1. 穆勒（Müller）（1714），第3頁。我第一次從伊斯里爾的書中了解到穆勒在這裡扮演的角色（2001a，第218頁）。
2. 穆勒（1714），第8頁。
3. 穆勒（1714），第13頁。
4. 伊斯里爾（2001a），第218頁。
5. 歐布雷（1898），I.357。
6. 偶因論（occasionalism）可以是這裡的例外。偶因論主張上帝是宇宙中唯一的因果因素，且所有自然現象都以上帝的意志為其產生的原因。但即使是該學說最著名的支持者尼古拉斯．馬勒布蘭奇（Nicolas Malebranche）也認為，科學的目標是發現物理世界中事件之間的自然聯繫（因為它們是由上帝所推動的），所以物理學並不需要訴諸上帝的意志。
7. 笛卡兒甚至說：「一切事物都受到神意所引導（除了被決定需要取決於我們自由意志的物質）。神意中的永恆律令是不會出錯也不會改變的。我們必須考慮一切影響我們的事物都是必然發生且符合命運。因此，任何希望事物以任何其他方式出現的想法，都是錯誤的。」(《靈魂的激情》〔*Passions of the Soul*〕，II.146；《笛卡兒作品》VI.439；《笛卡兒文集》I.380）。至於更進一步的問題在於：這是笛卡兒口頭上的虔誠，還是他真正相信的信念？

8. 這樣的不同想法將會為科學帶來根本上的不同。例如，馬勒布蘭奇僅僅因為他的偶因論，就相信科學家的角色不是去尋找因果之力（所有因果之力都只存在於上帝手上），而是去研究自然的規律（即神聖活動的影響），並制定出描述這些規律的法則。此外，形上學的見解也可能對科學結論產生影響。因此，萊布尼茲強調，由於笛卡兒和馬勒布蘭奇誤解了上帝活動概念中運動和靜止的本質上區別，所以他們對運動和撞擊的基本定律做出了錯誤的解釋。有關這些問題的討論，請參見納德勒（1998）。
9. 參見例如，湯瑪斯·阿奎那的《駁異大全》(*Summa Contra Gentiles*）一書，第一〇一章。其中他根據事件是否在自然之力的範圍內，來區分三種程度的奇蹟。
10. 邁蒙尼德。「八章節」。《密西拿評注》(*Commentary on the Mishnah*)。第八章。邁蒙尼德譯，一九七二年，第383頁。
11. 參見《對於彗星事件的各種思考》(*Diverse Thoughts on the Occasion of the Comet*)，§ 65-67。
12. 參見他對貝勒一六九八年文章（《遺作》IV.520）和《神義論》的答覆（《遺作》VI.240-41）有關這方面的討論，見盧瑟夫（Rutherford）(1993）。
13. 見萊布尼茲寄給阿爾諾（Arnauld）的《形上學討論》命題文摘（《遺作》II.12）中的第6項和第7項。
14. 《形上學》XII.6-7。
15. 阿卡曼（Ackerman）(2009，第16頁)。
16. 《斯賓諾莎全集》I.267；《選集》I.333。
17. 《神學政治論》VI，《斯賓諾莎全集》III.81-82；《神學政治論英譯》，第71-72頁。
18. 《神學政治論》VI，《斯賓諾莎全集》III.82-83；《神學政治論英譯》，第72-73頁。
19. 《神學政治論》VI，《斯賓諾莎全集》III.83；《神學政治論英譯》，第73頁。
20. 當然，對斯賓諾莎的形上學體系來說，這是一個不太有用的簡要概述。關於更廣泛的分析，請參閱納德勒（2006）。其他分析請參見柯利（1969）和班尼特（Bennott）(1984)。

21.《倫理學》I.P29。

22. 一些學者對這種解讀斯賓諾莎的方式感到不滿。他們希望把斯賓諾莎從必然論中拯救出來。參見柯利和華士基(Walski)(1999)。他們回應了加勒特(Garrett)(1991)提出的必然論解讀。柯利和華士基的擔憂在於，若接受必然主義，則必須揚棄許多關於事物的重要區分(譬如必然真理和偶然真理之間的區分，本質屬性和偶然屬性之間的區分)，並且無法解釋反事實條件等重要的概念工具。見班尼特(1984，第111-24頁)。班尼特承認，話雖如此，還是必須承認斯賓諾莎曾考慮過(斯賓諾莎曾有意識地思考過支持)必然論的立場(第123頁)。

23.《倫理學》IP33。

24.《斯賓諾莎全集》I.266;《選集》I.332。

25.《倫理學》，I，附錄，《斯賓諾莎全集》II.81;《選集》I.443-44。

26. 斯賓諾莎認知到了這一點(《神學政治論》出版所導致的憤怒讓他明瞭這一點)，這的確促使他決定在有生之年不出版《倫理學》。

27. 雖然我反對施特勞斯式的《神學政治論》解讀，也反對人們必須「讀懂隱藏在字裡行間的意思」此觀點，但我確實相信斯賓諾莎並沒有在作品中說出他所有的想法;例如，《倫理學》中關於上帝和自然的觀點是斯賓諾莎在此保留的觀點之一(不是完全保留，但還是在大部分保留)。我的解讀和施特勞斯式解讀的一個主要區別在於，我不相信《神學政治論》中有些深奧的訊息包含了更深層的形上學神學。

28.《神學政治論》VI，《斯賓諾莎全集》III.83;《神學政治論英譯》，第73頁。

29.《書信》，第75封，《斯賓諾莎全集》IV.313;《斯賓諾莎書信》，第338頁。斯賓諾莎提到奇蹟與無知是等同的。

30.《神學政治論》VI，《斯賓諾莎全集》III.83-84;《神學政治論英譯》，第73頁。

31.《神學政治論》VI，《斯賓諾莎全集》III.90;《神學政治論英譯》，第79頁。

32. 目前大多數關於斯賓諾莎對奇蹟看法的研究都採取了類似的路線(儘管仍有細微的差異)。參見柯利(1985)、沃爾特(Walther)(1994)、伊斯里爾(2001a，第218頁)、伯特尼斯基(Batnitzky)(2003-4)。另一種相反的觀點可參見杭特(Hunter)(2004)。杭特認為斯賓諾莎確實相信可能存在真正的奇蹟。

33.《人類理解力研究》(*Enquiry Concerning Human Understanding*) X.1，休謨(Hume)(1975)，第114頁。在這一頁的注腳中，休謨提供了一個更為嚴格的定義:「由於神的特殊意志，或是由於某種無形主體的介入，產生一種違反自然法則的行為。」

34. 我很感謝柯利幫我把這一點講得更清楚。
35. 《神學政治論》VI，《斯賓諾莎全集》III.82-83；《神學政治論英譯》，第72-73頁。
36. 《神學政治論》VI，《斯賓諾莎全集》III.87；《神學政治論英譯》，第76頁。
37. 科爾巴格（Koerbagh）（1668）第447頁：「神學家們認為，奇蹟應該是不違背自然的事，因為事物不可能違背自然，或超越自然。」
38. 參見范登博西（1978，第12頁）。
39. 比較，萊因斯（1974）。萊因斯認為邁蒙尼德的真實觀點為奇蹟不可能存在；朗格曼（Langermann）（2004）則認為邁蒙尼德的觀點是隨著時間的進展而發展的。在《迷途指南》中，邁蒙尼德確實相信奇蹟可能存在。
40. 《迷途指南》II.29，邁蒙尼德（1963，第345頁）。
41. 這是萊因斯（1974）提供的解讀。我覺得這個解讀有說服力。
42. 《米書拿》II.2。
43. 《迷途指南》II.28，邁蒙尼德（1963，第335頁）。阿卡曼認為，對於邁蒙尼德來說，奇蹟僅僅代表了一種暫時的自然變化，而且就算他不去考慮奇蹟是否可能發生，他仍然關注奇蹟存在的可能性（2009，第377頁）。若要對邁蒙尼德的奇蹟觀點展開更全面的考察，就必須考慮到他對復活奇蹟的強烈辯護，特別是在他的《論復活》文中的討論。
44. 《利維坦》III.32，霍布斯（1994），第247-49頁。
45. 《利維坦》III.37，霍布斯（1994），第293-94頁。
46. 《利維坦》III.37，霍布斯（1994），第294頁。
47. 見《利維坦》III.9。柯利向我建議，霍布斯雖然曾讓步說在過去一段時間裡，奇蹟確實曾發生。但我們不應該認真看待這樣的說法，因為這代表在證據薄弱的情況下、僅依賴古代的證詞而非更近期的證據，就相信奇蹟是合理的。霍布斯的說法比較像是為了迎合更正統的讀者所寫。
48. 《利維坦》III.37，霍布斯（1994），第294頁。
49. 關於如何解讀霍布斯對奇蹟的觀點，霍布斯學者之間仍存在著很大的爭論。參見柯利（1992）、馬提尼克（1992）和威伯（Whipple）（2008）。
50. 《利維坦》III.37，霍布斯（1994），第296-97頁。
51. 《利維坦》XXXVII.12，霍布斯，（1994），第299頁。
52. 《利維坦》III.37，霍布斯（1994），第299頁。
53. 馬提尼克（1992，第239-41頁）認為霍布斯對奇蹟有兩種相互矛盾的觀點，其中一種是「在不損害科學的前提下，調解宗教與科學的矛盾」。

54. 事實上，邁蒙尼德低估了奇蹟的神意作用以及其宗教價值。參見，例如上面引用的《米書拿》第二卷以及第七至第八卷的段落。

55. 《神學政治論》VI，《斯賓諾莎全集》III.81；《神學政治論英譯》，第71頁。

56. 《神學政治論》VI，《斯賓諾莎全集》III.89；《神學政治論英譯》，第78頁。

57. 《神學政治論》VI，《斯賓諾莎全集》III.85-86；《神學政治論英譯》，第75頁。

58. 參見，例如邁蒙尼德的《迷途的指南》III中，有關中世紀猶太理性主義者對神意觀的一般性研究。另參見納德勒（2009b）。

59. 《倫理學》VP6s。

60. 《倫理學》IVP67。

61. 斯賓諾莎曾說過，人類的美德就是幸福：「幸福不是美德的回報，而是美德本身。」《倫理學》VP42。

62. 《神學政治論》III，《斯賓諾莎全集》III.46；《神學政治論英譯》，第36頁。

第六章　《聖經》

1. 關於這個傳統的廣泛調查，請參見撒比歐（Saebø）（2000, 2008）。

2. 參見尤其是傅里曼（Friedman）（1987）。

3. 《利維坦》III.xxxiii.21，霍布斯（1994），第259頁。

4. 《巴比倫塔木德》14b。

5. 伊本．以斯拉（Ibn Ezra）（1976，2:213-15、2001，5:3）。

6. 《神學政治論》VIII，《斯賓諾莎全集》III.118；《神學政治論英譯》，第106頁。關於斯賓諾莎討論伊本．以斯拉對摩西著作作者身分的解讀，請參見哈威（2010）。

7. 見瑪科姆（2002），第402-10頁。

8. 瑪科姆（2002，第408頁）。

9. 斯賓諾莎用「法利賽人」這個詞來指當代的猶太人。

10. 《神學政治論》VIII，《斯賓諾莎全集》III.118；《神學政治論英譯》，第105頁。

11. 見薩克（Zac）（1965，第8-9頁）。

12. 《神學政治論》VII，《斯賓諾莎全集》III.97；《神學政治論英譯》，第86頁。

13. 《神學政治論》VII，《斯賓諾莎全集》III.98；《神學政治論英譯》，第87頁。

14. 《神學政治論》VIII，《斯賓諾莎全集》III.122；《神學政治論英譯》，第109頁。

15.《神學政治論》VIII，《斯賓諾莎全集》III.123；《神學政治論英譯》，第110頁。
16.《神學政治論》VIII，《斯賓諾莎全集》III.125；《神學政治論英譯》，第112頁。
17.《神學政治論》VIII，《斯賓諾莎全集》III.125-26；《神學政治論英譯》，第112-3頁。
18.《神學政治論》VIII，《斯賓諾莎全集》III.127；《神學政治論英譯》，第113頁。
19.《神學政治論》IX，《斯賓諾莎全集》III.131；《神學政治論英譯》，第118頁。
20.《神學政治論》X，《斯賓諾莎全集》III.150；《神學政治論英譯》，第136頁。
21.《神學政治論》IX，《斯賓諾莎全集》III.132；《神學政治論英譯》，第118頁。
22.《神學政治論》IX，《斯賓諾莎全集》III.134；《神學政治論英譯》，第120-21頁。
23.《神學政治論》IX，《斯賓諾莎全集》III.133。《神學政治論英譯》，第120頁。關於掃羅統治時期的空白是斯賓諾莎在文本所提。
24. 霍布斯不懂希伯來文，所以他不像斯賓諾莎可以直接知道伊本．以斯拉的「論點」。但也有可能他是從別人那裡聽說的。
25.《利維坦》III.33，霍布斯（1994），第252-56頁。
26. 斯賓諾莎當然反對這份文件是超自然神啟的原始基礎。霍布斯很有可能也是如此認為。
27.《利維坦》III.33，霍布斯（1994），第259頁。
28. 佩雷爾有可能曾在巴黎遇見過霍布斯，因為他們都是馬林．梅森（Marin Mersenne）知識分子圈的成員。而且正如波普金（Popkin）（1987，第84-6頁）推測的那樣，他可能在阿姆斯特丹透過瑪拿西．以色列拉比認識了斯賓諾莎。
29. 佩雷爾（La Peyrère）（1656），第208頁。
30. 佩雷爾（1656），第210頁。
31. 佩雷爾（1656），第208頁。
32. 波普金（1996，第391頁）
33.《公民論》XVII.16。
34. 瑪科姆（2002，第392、397頁）說道：「我們很難得出確切的結論，來認定霍布斯、佩雷爾和斯賓諾莎三人論點之間的關係。比較可能的結論是，斯賓諾莎獨立發展了自己的觀點。史密斯（1997，第57頁）則說：「佩雷爾對斯賓諾莎的影響，在很大程度上只是一種猜想。」而波普金（1987）則認為佩雷爾對斯賓諾莎有影響，但柯利（1994）否定這個觀點。

35. 十七世紀的評注者理查德・西蒙（Richard Simon）這樣描述佩雷爾：「他既不懂希臘語也不懂希伯來語。」（西蒙，1730，II.30）。
36. 波普金（1985、1996）認為一六五〇年代位於阿姆斯特丹的貴格會成員山謬・費雪（Samuel Fisher），應該被包括在斯賓諾莎思想的重要先驅和可能影響者之中。
37. 《神學政治論》IX，《斯賓諾莎全集》III.133；《神學政治論英譯》，第120頁。斯賓諾莎在這裡針對的是《撒母耳記》上（13:1），但我相信他的論點可以適用於整部《希伯來聖經》。在《神學政治論》核心章節中，斯賓諾莎主要關注的是《希伯來聖經》。他沒有對基督教福音書進行嚴格且全面的歷史性審查。事實上，與他對《希伯來聖經》和舊約先知的輕蔑態度相反，斯賓諾莎對《新約聖經》以及其作者有很多正面的評價。我將在第七章再次討論這個問題。
38. 《神學政治論》IX，《斯賓諾莎全集》III.135；《神學政治論英譯》，第122頁。
39. 《斯賓諾莎全集》I.131；《選集》I.229。
40. 《聖經之哲學詮釋》第三章，第六節，梅耶爾（2005，第44-45頁）。
41. 《聖經之哲學詮釋》IV.5，梅耶爾（2005，第93頁）。
42. 《聖經之哲學詮釋》IV.7，梅耶爾（2005，第97頁）。
43. 《聖經之哲學詮釋》V.1，梅耶爾（2005，第105頁）。
44. 《聖經之哲學詮釋》VI.1，梅耶爾（2005，第113頁）。
45. 《聖經之哲學詮釋》，後記，梅耶爾（2005，第238-39頁）。
46. 梅耶爾（2005，第262頁）。有關《聖經之哲學詮釋》爭議的討論，見伊斯里爾（2001a，第200-217頁）。
47. 路德（1989，第78-79頁）。
48. 見他寫給克莉絲蒂娜公爵夫人（Grand Duchess Christina）的信，在《伽利略》（1989，第89-93頁）。
49. 《斯賓諾莎全集》I.265；《選集》I.331。
50. 《迷途指南》I.35，邁蒙尼德（1963，I.81）。
51. 《迷途指南》II.25，邁蒙尼德（1963，II.328）。
52. 有關猶太理性主義如何解讀《希伯來聖經》的討論，請參閱納德勒（2005a）。
53. 《神學政治論》VII，《斯賓諾莎全集》III.116；《神學政治論英譯》，第102頁。
54. 《神學政治論》VII，《斯賓諾莎全集》III.115；《神學政治論英譯》，第102頁。
55. 《神學政治論》VII，《斯賓諾莎全集》III.114；《神學政治論英譯》，第101頁。
56. 斯賓諾莎明確批評了這種方法的模糊性。見《神學政治論》VII，《斯賓諾莎全集》III.112；《神學政治論英譯》，第99頁。

57.《神學政治論》VII，《斯賓諾莎全集》III.97-98；《神學政治論英譯》，第86-87頁。

58.《神學政治論》，序言，《斯賓諾莎全集》III.9；《神學政治論英譯》，第5頁。

59.《神學政治論》VII，《斯賓諾莎全集》III.100；《神學政治論英譯》，第88頁。

60.《神學政治論》VII，《斯賓諾莎全集》III.111；《神學政治論英譯》，第97頁。

61.《神學政治論》VII，《斯賓諾莎全集》III.98；《神學政治論英譯》，第87頁。

62.《神學政治論》VII，《斯賓諾莎全集》III.99；《神學政治論英譯》，第87頁。

63. 斯賓諾莎的圖書館裡並沒有收藏這本書。但我們知道他很熟悉這本書。見《書信》，第2封，其中他對培根抱持批判的態度。

64. 見《書信》第11封和第13封。

65.《神學政治論》VII，《斯賓諾莎全集》III.102；《神學政治論英譯》，第90頁。

66. 另一個問題是，《神學政治論》所描述發現「定義」的科學方法，是否真的相容於斯賓諾莎在其他書中關於科學方法的討論，以及他在《倫理學》中對本質知識的論述。見斯凡（Savan）（1986）和咖比（Gabbey）（1996）。

67. 見《哲學原理》II.36-40。

68.《神學政治論》VII，《斯賓諾莎全集》III.98；《神學政治論英譯》，第87頁。

69.《神學政治論》VII，《斯賓諾莎全集》III.99；《神學政治論英譯》，第87頁。

70.《神學政治論》VII，《斯賓諾莎全集》III.112；《神學政治論英譯》，第99頁。

71.《聖經之哲學詮釋》V.1-2，梅耶爾（2005，第105頁）。

72.《聖經之哲學詮釋》XVI.6，梅耶爾（2005，第217頁）。

73.《神學政治論》VII，《斯賓諾莎全集》III.117；《神學政治論英譯》，第103-4頁。

74.《神學政治論》VII，《斯賓諾莎全集》III.100；《神學政治論英譯》，第88頁。

75.《神學政治論》VII，《斯賓諾莎全集》III.101-2；《神學政治論英譯》，第90頁。

76.《神學政治論》VII，《斯賓諾莎全集》III.110；《神學政治論英譯》，第97頁。

77.《神學政治論》VII，《斯賓諾莎全集》III.102；《神學政治論英譯》，第90頁。

78.《神學政治論》VII，《斯賓諾莎全集》III.102；《神學政治論英譯》，第90-91頁。

79.《神學政治論》VII，《斯賓諾莎全集》III.102；《神學政治論英譯》，第91頁。

80.《駁斥聖經之哲學詮釋》（1667），III.11；德斯馬雷茲在此當然是在反對梅耶爾的觀點。關於德斯馬雷茲的討論，見普路斯（Preus）（2001，第94-98頁）。

81.《神學政治論》VII，《斯賓諾莎全集》III.100-1；《神學政治論英譯》，第89頁。
82.《書信》，第19封。《斯賓諾莎全集》IV.92；《斯賓諾莎書信》，第135頁。
83.《神學政治論》VII，《斯賓諾莎全集》III.100-1；《神學政治論英譯》，第88-89頁。
84.《神學政治論》VII，《斯賓諾莎全集》III.103；《神學政治論英譯》，第91-92頁。
85.《神學政治論》VII，《斯賓諾莎全集》III.106；《神學政治論英譯》，第94頁。
86.《神學政治論》VII，《斯賓諾莎全集》III.111；《神學政治論英譯》，第98頁。
87.《神學政治論》XII，《斯賓諾莎全集》III.159；《神學政治論英譯》，第146頁。
88.《神學政治論》VII，《斯賓諾莎全集》III.99；《神學政治論英譯》，第88頁。
89.《神學政治論》XII，《斯賓諾莎全集》III.160；《神學政治論英譯》，第146頁。
90.《神學政治論》XII，《斯賓諾莎全集》III.160；《神學政治論英譯》，第147頁。
91.《神學政治論》XII，《斯賓諾莎全集》III.161；《神學政治論英譯》，第147頁。也參見《神學政治論》V，《斯賓諾莎全集》III.79；《神學政治論英譯》，第68頁：（歷史敘事）的唯一價值在於其所傳達的教誨，在這一點上，某些敘事本身就優於其他敘事。所以舊約和新約的敘事，不同於其他非神聖作品（也不同於彼此）之處在於，他們能激發不同程度的有益信仰。因此，如果一個人讀了《聖經》的敘事，並完全信任它們，卻沒有注意到《聖經》旨在傳達的教誨，從而沒有接受指引過更好的生活，那麼讀《聖經》的益處，就如同以一般人的方式來閱讀《可蘭經》、詩歌戲劇或普通歷史一樣。
92.《神學政治論》V，《斯賓諾莎全集》III.79；《神學政治論英譯》，第68頁。
93.《神學政治論》X，《斯賓諾莎全集》III.145；《神學政治論英譯》，第131頁。
94.《神學政治論》XII，《斯賓諾莎全集》III.163；《神學政治論英譯》，第149頁。

第七章　猶太教、基督教與真實宗教

1. 《書信》，第42封，《斯賓諾莎全集》IV.218；《斯賓諾莎書信》，第236頁。
2. 《書信》，第43封，《斯賓諾莎全集》IV.219；《斯賓諾莎書信》，第237頁。
3. 《書信》，第43封，《斯賓諾莎全集》IV.220；《斯賓諾莎書信》，第238頁。
4. 《神學政治論》V，《斯賓諾莎全集》III.75；《神學政治論英譯》，第64頁。
5. 《神學政治論》V，《斯賓諾莎全集》III.73-74；《神學政治論英譯》，第63頁。
6. 《神學政治論》V，《斯賓諾莎全集》III.70；《神學政治論英譯》，第60頁。
7. 《神學政治論》V，《斯賓諾莎全集》III.76；《神學政治論英譯》，第65頁。

8. 在他的書信中，斯賓諾莎對聖餐寫下了更嚴厲的評論。在一封給伯格（曾經的朋友，現在則是虔誠的天主教徒，熱切地想讓斯賓諾莎放棄他的惡行）的信中，寫道：「啊，失去理解能力的年輕人，誰又迷惑了你們？讓你們相信吃下去到腸子裡的東西是至高永恆的存在？」他把聖禮和其他天主教儀式稱為「荒謬的錯誤」（《書信》，第76封，《斯賓諾莎全集》IV.323）。關於這封信的研究以及該信如何說明斯賓諾莎對基督教的態度，請參見柯利（2010）。
9.《神學政治論》V，《斯賓諾莎全集》III.78；《神學政治論英譯》，第67頁。
10.《神學政治論》IV，《斯賓諾莎全集》III.60；《神學政治論英譯》，第50頁。
11. 斯賓諾莎對此的論證，見《倫理學》IVP31-37。關於追求自身的完美應該導致以良善行為對待他人的討論，請參閱羅卡（Rocca）（2004）。
12.《神學政治論》IV，《斯賓諾莎全集》III.60-61；《神學政治論英譯》，第50-51頁。
13.《神學政治論》IV，《斯賓諾莎全集》III.68；《神學政治論英譯》，第57頁。
14.《神學政治論》IV，《斯賓諾莎全集》III.61；《神學政治論英譯》，第51頁。
15.《倫理學》IIIP13s。同樣地，憎恨是一種悲傷（伴隨著導致悲傷之物的概念）。一個人憎恨使他狀況惡化的物體或造成他傷害的人。
16.《倫理學》VP30。
17.《倫理學》VP27d。
18.《倫理學》VP32s。
19.《米書拿》X.1–3。
20.《米書拿》X.6。
21.《迷途指南》III.51，邁蒙尼德（1963，第620頁）。
22.《迷途指南》III.51，邁蒙尼德（1963，第620頁）。
23.《迷途指南》III.52，邁蒙尼德（1963，第629頁）。
24.《迷途指南》III.52，邁蒙尼德（1963，第630頁）。
25. 也許邁蒙尼德對聖人所經歷的恐懼和敬畏的看法，並不是代表邁蒙尼德自身的傳統宗教態度，而是代表他所提供的某種化約式、理智主義解釋的觀點。藉此，他能不違背自己的理性主義。例如，參見《米書拿》II.1-2。但就算這樣，在斯賓諾莎的思想中也找不到類似的對應（連名義上的對應都沒有）。
26.《神學政治論》XII，《斯賓諾莎全集》III.158；《神學政治論英譯》，第145頁。
27.《神學政治論》XIII，《斯賓諾莎全集》III.167；《神學政治論英譯》，第153頁。
28.《神學政治論》IV，《斯賓諾莎全集》III.164；《神學政治論英譯》，第53頁。

29.《神學政治論》XIII，《斯賓諾莎全集》III.171；《神學政治論英譯》，第156頁。

30.《神學政治論》XII，《斯賓諾莎全集》III.165；《神學政治論英譯》，第151頁。

31.《神學政治論》XIII，《斯賓諾莎全集》III.170；《神學政治論英譯》，第156頁。

32.《神學政治論》XIII，《斯賓諾莎全集》III.171；《神學政治論英譯》，第156頁。

33.《神學政治論》XIII，《斯賓諾莎全集》III.171；《神學政治論英譯》，第156-57頁。

34. 在《神學政治論》的補充注釋第34號中，斯賓諾莎區分了「真正的服從」與「智性美德所帶來的上帝之愛」。前者會考慮到命令者的意志，後者則是只出現在正確認識上帝的人身上（《斯賓諾莎全集》III.264；《神學政治論英譯》，第238頁）。因此，嚴格來說，在哲學意義上有美德的人，會以真實宗教的方式行事（即以正義和慈善行事），並不是出於服從而行事。

35.《神學政治論》XV，《斯賓諾莎全集》III.188；《神學政治論英譯》，第172頁。

36.《神學政治論》XIII，《斯賓諾莎全集》III.172；《神學政治論英譯》，第157頁。

37.《神學政治論》V，《斯賓諾莎全集》III.79；《神學政治論英譯》，第68頁。

38.《神學政治論》V，《斯賓諾莎全集》III.80；《神學政治論英譯》，第70頁。

39.《神學政治論》V，《斯賓諾莎全集》III.79；《神學政治論英譯》，第68頁。

40.《神學政治論》XII，《斯賓諾莎全集》III.165；《神學政治論英譯》，第151頁。

41.《書信》，第73封，《斯賓諾莎全集》IV.307-8；《斯賓諾莎書信》，第333頁。

42.《神學政治論》XII，《斯賓諾莎全集》IV.159；《神學政治論英譯》，第145頁。

43. 有關評論斯賓諾莎與猶太主義關係的一些批判性概述，請參見納德勒（2009a）。

44. 參見斯賓諾莎寫給伯格的信。在信中，他把羅馬天主教描述為「有害的迷信」（《書信》，第76封，《斯賓諾莎全集》IV.323）。

45. 然而，我不認為斯賓諾莎在《神學政治論》中對猶太教的嚴厲對待，是一種透過採取反猶太主義態度來討好基督教徒的策略。

46. 列夫（1959），第67頁。

47. 這就導致了一個問題：在以色列重建了猶太國家後，猶太律法是否重新獲得了它在古代王國滅亡時所失去的政治基礎？我懷疑斯賓諾莎對此的回答是否定的。首先，若不重建聖殿、不恢復祭司階級以及對聖殿的崇拜，那麼所有與這類問題有關的誡命都是過時的誡命。其次，由摩西制定、並由後來的以色列國王執行的律法，都是為了讓在特定歷史和地緣政治條件下猶太國家能夠穩定和繁榮的律法。但這些條件已不復存在。所以猶太國家的福祉，不再需要建立在摩西律法之上。

48.《神學政治論》V，《斯賓諾莎全集》III.72；《神學政治論英譯》，第62-63頁。

49. 例如，邁蒙尼德曾說，選舉不是由契約所制定的，而是遵守契約後帶來的一種獎勵。關於以色列國的選舉討論，見諾瓦克（Novak）（1995）。

50. 根據拉比的傳統，不是上帝選擇了以色列，而是以色列選擇了上帝。見《巴比倫塔木德》，第2b-3a段。

51.《可薩人之書》（*The Kuzari*）I.27。

52.《神學政治論》III，《斯賓諾莎全集》III.45；《神學政治論英譯》，第36頁。

53.《神學政治論》III，《斯賓諾莎全集》III.45-46；《神學政治論英譯》，第36頁。

54.《神學政治論》III，《斯賓諾莎全集》III.47；《神學政治論英譯》，第37頁。柯利和雪麗以「智慧」（wise）一詞翻譯「prudens」。

55. 我認為，斯賓諾莎所說的上帝之「外在幫助」和「內在幫助」之間的區分，是改良自中世紀猶太哲學家所說的「一般神意」和「特殊神意」。納德勒（2005b）。

56.《神學政治論》III，《斯賓諾莎全集》III.47-48；《神學政治論英譯》，第38頁。

57.《神學政治論》III，《斯賓諾莎全集》III.47-48；《神學政治論英譯》，第39頁。

58.《神學政治論》III，《斯賓諾莎全集》III.50；《神學政治論英譯》，第42頁。

59.《神學政治論》III，《斯賓諾莎全集》III.56；《神學政治論英譯》，第45頁。

60. 關於斯賓諾莎對以色列選舉的討論，見諾瓦克（1995，第1章）。

61. 波第亞（Bodian）（2009）。

62. 惠更斯（Huygens）（1893）VI.81。

63.《神學政治論》III，《斯賓諾莎全集》III.56；《神學政治論英譯》，第45頁。

64.《神學政治論》III，《斯賓諾莎全集》III.57；《神學政治論英譯》，第45頁。

65.《神學政治論》III，《斯賓諾莎全集》III.57；《神學政治論英譯》，第45頁。斯賓諾莎在這段中認為，對猶太人（和割禮）的仇恨是關鍵因素。但很明顯地，只有當猶太人透過自身禮儀律法將自己建構成一個獨立的民族時，針對猶太人的仇恨才可能存在。

66.《神學政治論》V，《斯賓諾莎全集》III.72；《神學政治論英譯》，第62頁。

67.《神學政治論》III，《斯賓諾莎全集》III.56-57；《神學政治論英譯》，第46頁。

68. 關於這些猶太認同問題的有趣討論，請參見朱第（Judt）（2010）。朱第認為，猶太教（尤其是在美國）在很多方面已經不再是一種「生活狀態」，而是淪為對大屠殺和「以色列癖」的記憶。「現代的猶太人，」他聲稱，「生活在保存的記憶裡。身為猶太人，很大程度上就是要記住身為猶太人的意義。」

69. 見波普金（1984, 1985）。

70. 這句話出自科拉科夫斯基（Kolakowski）（1969）。

71. 參見，例如杭特（2005）。至於評論杭特的文章，請參見梅拉米德（Melamed）（2007）。沒有人認為斯賓諾莎與天主教基督教有任何關係，因為存在充分的理由：斯賓諾莎明確稱天主教為「有害的迷信」（《書信》，第67封，《斯賓諾莎全集》IV.323）。但正如柯利（2010）所說，斯賓諾莎不僅排斥天主教會，「而且還排斥所有形式的有組織基督教」（第13頁）。

72.《神學政治論》X，《斯賓諾莎全集》III.155；《神學政治論英譯》，第142頁。

73.《神學政治論》X，《斯賓諾莎全集》III.155；《神學政治論英譯》，第141-42頁。

74.《神學政治論》X，《斯賓諾莎全集》III.151；《神學政治論英譯》，第137頁。

75. 法蘭克爾（2001）提出了這個很好的觀點。

76.《神學政治論》，補充注釋，第26號。

77.《神學政治論》VII，《斯賓諾莎全集》III.100；《神學政治論英譯》，第88頁。

78. 參見，例如，波洛克（Pollock）（1880，第336-38頁）；施特勞斯（1997，第21頁）；史密斯（1997，第105頁）。也可參見法蘭克爾（2001），他從一個不同的角度解決了這個問題。

79. 施特勞斯（1947-48，第119-20頁）。

80. 在這一點上，我強烈反對施特勞斯的觀點（以及認同他觀點的學者）（參見，例如，史密斯〔1997〕）。強調某件事、在某些話題上保持沉默以讓你的受眾接受是一回事；但出於對迫害的恐懼，在更容易理解卻虛假的掩護故事背後，植入祕密訊息則是另一回事。我也不認為，施特勞斯所堅持的「通俗／深奧」之區分是必要的。即使沒有這樣的區分，施特勞斯仍然能捍衛這個很有價值的觀點：斯賓諾莎對基督教福音書的尊重，是因為他努力不想疏遠潛在的基督教讀者。至於對施特勞斯有效的批評，見哈里斯（Harris）（1978）。

81.《神學政治論》I，《斯賓諾莎全集》III.19；《神學政治論英譯》，第12頁。現在還不清楚這與斯賓諾莎的假設「摩西相信上帝與可見事物之間沒有相似之處」為何一致。

82.《神學政治論》I，《斯賓諾莎全集》III.20-1；《神學政治論英譯》，第13-14頁。

83.《書信》，第73封，《斯賓諾莎全集》IV.309；《斯賓諾莎書信》，第333頁。

84.《神學政治論》IV，《斯賓諾莎全集》III.64-65；《神學政治論英譯》，第54頁。
85.《神學政治論》V，《斯賓諾莎全集》III.79；《神學政治論英譯》，第68頁。因此，我不同意學者們經常提出的觀點，即斯賓諾莎對耶穌的讚美是不真誠的，只因為斯賓諾莎說的關於耶穌之事與自己的哲學原則不一致。但我相信，如果被正確理解的話，斯賓諾莎對耶穌的言論與他的形上學和知識論的觀點是完全一致的。
86.《書信》，第75封，《斯賓諾莎全集》IV.315；《斯賓諾莎書信》，第338-39頁。
87.《神學政治論》XIV，《斯賓諾莎全集》III.176；《神學政治論英譯》，第161頁。「耶穌的仇敵」是雪麗對「Antichristus」一詞的翻譯。柯利則更傾向用「反基督者」這個詞來翻譯。

第八章　信仰、理性與國家

1.《談談方法》IV，《笛卡兒作品》VI.60；《笛卡兒文集》I.141-42。
2.《哲學原理》VI.60，《笛卡兒作品》VIII.186；《笛卡兒文集》I.251。
3.《哲學原理》III.26：「地球應該在它自己的天堂中安息，但它卻被天堂帶著走。」
4. 笛卡兒的問題似乎不是哥白尼主義，而是他的物質形上學與天主教對聖餐的理解之間存在矛盾。關於這個議題的討論，參見阿莫家特（Armogathe）（1977）。有人認為譴責伽利略的背後，也存在同樣的問題。參見瑞德迪（Redondi）（1989）。
5. 瑪科姆（2002，第45頁）。
6. 有關烏特勒支爭議的分析，見韋貝克（1992）。
7. 在這些神學家中，有些人甚至是支持他的讀者，甚至隨後也會成為笛卡兒主義者，譬如說法國詹森主義者安東尼·阿爾諾（Antoine Arnauld）。參見他對笛卡兒《沉思錄》所寫的第四反對。《笛卡兒作品》VII.196-218；《笛卡兒文集》II.138-53。
8.《書信》，第20封，《斯賓諾莎全集》IV.124-25；《斯賓諾莎書信》，第150頁。
9.《書信》，第20封，《斯賓諾莎全集》IV.97；《斯賓諾莎書信》，第137頁。
10.《書信》，第21封，《斯賓諾莎全集》IV.126；《斯賓諾莎書信》，第151頁。
11. 施特勞斯（1965）很好地闡述了這一點。
12.《神學政治論》XIV，《斯賓諾莎全集》III.176；《神學政治論英譯》，第161頁。
13.《神學政治論》XIV，《斯賓諾莎全集》III.177-78；《神學政治論英譯》，第162

頁（翻譯修改）。

14. 《神學政治論》XIV，《斯賓諾莎全集》III.178-79；《神學政治論英譯》，第162-63頁。

15. 斯賓諾莎認為這些原則是信仰的必要條件。這在他的聲明中可以明確看到：「信仰必須被定義為對上帝的某些信仰。而且若沒有這些信仰，就不會有人服從上帝。如果這種服從是假定存在的，這些信念必然也是假定存在的。」（《神學政治論》XIV，《斯賓諾莎全集》III.175；《神學政治論英譯》，第160頁）

16. 《神學政治論》，補充注釋第34號，《斯賓諾莎全集》III.264；《神學政治論英譯》，第238-39頁。這是斯賓諾莎在《神學政治論》出版後所做的補充（他打算將其納入此書的後續版本）。關於這些的組成及其地位的討論，請參見阿卡曼（2005）。

17. 關於這一點的詳細討論，見蓋伯（Garber）（2008，第175-76頁）。

18. 《神學政治論》XIII，《斯賓諾莎全集》III.170；《神學政治論英譯》，第156頁。

19. 《神學政治論》XIV，《斯賓諾莎全集》III.179-80；《神學政治論英譯》，第164頁。

20. 《神學政治論》XIV，《斯賓諾莎全集》III.179；《神學政治論英譯》，第164頁。拉丁原文是：「信仰或神學與哲學之間不存在親和力。」

21. 給克莉絲蒂娜公爵夫人的信（伽利略，1989，第96頁）。

22. 霍布斯曾在《利維坦》中指出，對「美國許多地方的野蠻人」來說，自然狀態不僅存在於過去，而且現在仍然存在（霍布斯，1994，第77頁）。

23. 霍布斯（1994，第76頁）。霍布斯在《公民論》和《利維坦》中對國家的描述存在一些差異。這在某些情況下是由於歷史原因。見薩默維爾（Sommerville）（1992）。就我的目的而言，這些差異是微不足道的。

24. 見《公民論》III。

25. 見《公民論》V.5，霍布斯（1991，第169頁）。

26. 關於比較斯賓諾莎和霍布斯的探討，見馬瑟龍（Matheron）（1969，第151-79頁；瑪切利（Machery）（1992）；柯利（1992、1996a、1996c）；瑪科姆（2002，第二章）；以及韋貝克（2003）。韋貝克認為《神學政治論》是對《利維坦》的評論（第8-10頁）。《斯賓諾莎研究》（*Studia Spinozana*）（1987）曾有一整期都在討論斯賓諾莎和霍布斯的關聯。

27. 《倫理學》IVP37s2。

28. 《神學政治論》XVI，《斯賓諾莎全集》III.190；《神學政治論英譯》，第174頁。

29.《倫理學》IVP35s。

30.《神學政治論》XVI，《斯賓諾莎全集》III.191；《神學政治論英譯》，第175頁。

31. 事實上，斯賓諾莎的確相信人類在某段歷史時期，非常接近理論上的自然狀態。當摩西帶領以色列人離開埃及時，他們的處境就相當於一種自然狀態，因為他們是沒有國家的公民，也因此沒有任何政府或主權。

32.《神學政治論》XVI，《斯賓諾莎全集》III.192；《神學政治論英譯》，第176頁。也參見《倫理學》IVP72，在此斯賓諾莎說一個受理智引導的人永遠不會說謊。

33.《神學政治論》V，《斯賓諾莎全集》III.73；《神學政治論英譯》，第63頁。

34.《倫理學》IVP37s2。

35.《神學政治論》XVI，《斯賓諾莎全集》III.193-94；《神學政治論英譯》，第177頁。

36. 事實上，霍布斯並不是一個極權主義者，而是允許國家有相當程度的寬容，參見雷恩（Ryan）（1988）和柯利（2007）。

37. 當然，這並不是斯賓諾莎和霍布斯在政治理論上的唯一區別。例如，就如同柯利（1996c）和瑪科姆（2002）所指出的，對霍布斯來說，一個人是將自己的權利轉移給了國家。但對斯賓諾莎來說，轉移的則是權力。斯賓諾莎本人對此評論道：「霍布斯與我之間的關鍵區別」（《書信》，第50封）。與霍布斯相較，斯賓諾莎當然允許更多的公民自由——其中包括最重要的言論自由。

38.《神學政治論》XVI，《斯賓諾莎全集》III.194；《神學政治論英譯》，第177頁。

39. 我必須承認，我不確定如何調和這一點與斯賓諾莎的主張（如先前所述，此主張即：在國家裡，公民已經把「所有的權利」轉移給君主。也許在授予君主的權力和保留給公民的權利之間是有區別的。但是斯賓諾莎經常把權力和權利混為一談，而這只會令人感到更加混淆。

40. 事實上，霍布斯也同意這一點。一個主權國家愈是行使專斷的權力或發出違背人民利益的命令，那麼國家的權威就愈難以維持。參見霍布斯（1990，第62頁）。

41.《神學政治論》XVI，《斯賓諾莎全集》III.194；《神學政治論英譯》，第178頁。

42.《倫理學》IVP34-35。

43.《神學政治論》XVI，《斯賓諾莎全集》III.194；《神學政治論英譯》，第178

頁。柯利（1996c，第317–18頁）認為斯賓諾莎對民主的信心以及對大眾的不信任兩者並不一致。

44.《神學政治論》V，《斯賓諾莎全集》III.74；《神學政治論英譯》，第63-64頁。

45.《神學政治論》XVI，《斯賓諾莎全集》III.195；《神學政治論英譯》，第179頁。

46.《政治論》I.1，《斯賓諾莎全集》III.273；《全著作》，第680頁。

47. 參見，例如，洛克的《政府論》（*Two Treatises of Government*）。然而，在洛克的研究中仍存在很多關於洛克的爭論。當洛克說政府「除了生存沒有其他目的」時，是意味著國家的唯一作用是保護個人的權利不受他人侵犯（以賽亞·伯林稱之為「消極自由」），又或者是意味著國家為公共利益提供積極的條件？參見，例如，諾齊克（Nozick）（1974）和塔克尼斯（Tuckness）（2002）。

48.《神學政治論》XX，《斯賓諾莎全集》III.240-41；《神學政治論英譯》，第223頁。

49.《政治論》VI.3，《斯賓諾莎全集》III.297-98；《全著作》，第701頁。

50.《政治論》V.3，《斯賓諾莎全集》III.295；《全著作》，第699頁。關於對斯賓諾莎政治思想這方面的優秀研究，請參見史坦伯格（Steinberg）（2009）。另一方面，丹·烏爾（Den Uyl）（1983）和史密斯（1997）則認為，斯賓諾莎的政治思想更符合古典自由主義傳統。

51. 人們普遍認為，這代表斯賓諾莎和霍布斯之間的另一個重要區別。對霍布斯來說，國家的角色只是提供安全和保障，也就是保護公民的生命和財產不受他人掠奪。若這種說法為真，則斯賓諾莎的觀點可說是再一次類似於德拉考特兄弟的觀點。對德拉考特兄弟來說，一個好的國家使其公民更理性和更道德，從而增加他們的自由。關於此觀點，參見尼登—布洛克（Nyden-Bullock）（1999）。然而，我不相信這是對霍布斯的準確解讀。在《公民論》一書中，霍布斯強調國家提供的「安全」不是意味著「生命在何種條件下得以保全，而是為了生命的幸福。就是因為這個目的，人們自由地集合起來，組成一個政府，這樣他們就可以在滿足人類生活需求的條件下，盡可能過得幸福。」換句話說，君主的行為是為了讓他的臣民的「身體和精神都變得強大」（XIII.4，霍布斯，1991，第259頁）。事實上，在霍布斯看來，君主之所以要對宗教和道德教義的教誨進行控制，是因為他認為自己不僅要為公民暫時的幸福和福祉負責，還要為他們的永恆救贖負責（XIII.5；XV.16-18）。

第九章 哲思自由

1. 給丹伯里浸信會（Danbury Baptist Association）的信（1802）。
2. 戈爾茲坦（Goldstein）（2006），第11頁。
3. 《神學政治論》VII，《斯賓諾莎全集》III.117；《神學政治論英譯》，第103頁。
4. 《神學政治論》XIX，《斯賓諾莎全集》III.232；《神學政治論英譯》，第215-16頁。
5. 《神學政治論》XIX，《斯賓諾莎全集》III.232-33；《神學政治論英譯》，第216頁。
6. 《神學政治論》XIX，《斯賓諾莎全集》III.229；《神學政治論英譯》，第213頁。
7. 參見瑪科姆（2002），第41頁。
8. 《利維坦》III.29，霍布斯（1994，第316頁）。
9. 有人可能會說，斯賓諾莎堅持的是比這個更弱的主張：不是單一形式的公眾崇拜，而是所有形式的公眾崇拜（可能有很多）都必須符合民法和公共福祉，而這些都是由主權機構所決定。因此，斯賓諾莎說：「沒有人能服從上帝，除非他虔誠地實踐……並符合公共利益。」（《神學政治論》XIX，《斯賓諾莎全集》III.232；《神學政治論英譯》，第216頁）因此，政府不是宗教的制定者，而僅僅是宗教的監控者。但在我看來，斯賓諾莎確實曾想要提出更強的主張，即只有一種形式的公眾崇拜。剛好在上述這段之前，他說：「主權機構有責任決定對同胞採取何種形式的虔誠。」另一方面，正如邁克爾．羅卡（Michael Della Rocca）向我提出的，由國家規定的公共崇拜形式可能非常籠統，以至於它可以相容於多種宗教（儘管不一定是相容於所有宗教）。這帶來的結果是，斯賓諾莎心中的理想國家，最終可能可以容忍各式各樣的非法宗教信仰，只要這些信仰符合國家所要求的一般崇拜形式即可。
10. 在《政治論》中，斯賓諾莎確實允許在一個國家中存在獨立的宗教派別，但是有些限制：「大型集會應該被禁止，因此，雖然那些附屬於其他宗教（除了國教以外）的人可以盡情建造他們想要的教堂，但是這些教堂的規模必須要小，而且有固定的尺寸，教堂與教堂之間也必須有一定的距離。」相較之下，「國族宗教」的禮拜場所「應該是巨大而昂貴的」（《政治論》VIII.46，《斯賓諾莎全集》III.345；《全著作》，第740頁）。
11. 《公民論》VI.11，霍布斯（1991），第179-80頁：「一人不事二主。我們服從主人是因為我們更害怕詛咒，而不是因為我們害怕身體的死亡。」

12.《神學政治論》XIX，《斯賓諾莎全集》III.235；《神學政治論英譯》，第218頁。
13.《神學政治論》XVII，《斯賓諾莎全集》III.221；《神學政治論英譯》，第203-4頁。
14.《神學政治論》XVIII，《斯賓諾莎全集》III.225；《神學政治論英譯》，第208頁。
15.《神學政治論》XVIII，《斯賓諾莎全集》III.222；《神學政治論英譯》，第205-6頁。
16. 認為斯賓諾莎的政治思想是自由主義的學者包括傅爾（Feuer）（1958）、丹・烏爾與華納（Warner）（1987）和史密斯（1997）。
17. 也參見《神學政治論》XX，《斯賓諾莎全集》III.247；《神學政治論英譯》，第229頁。近年關於斯賓諾莎和寬容的一些非常好的討論包括：羅森撒爾（Rosenthal）（2000, 2001, 2003）和史坦伯格（2010）。
18.《神學政治論》XX，《斯賓諾莎全集》III.239；《神學政治論英譯》，第222頁。
19.《神學政治論》XX，《斯賓諾莎全集》III.240；《神學政治論英譯》，第223頁。
20. 霍布斯明確不支持言論自由，並堅持君主應該謹慎控制在國家中的思想表達。他說：「君主應判斷哪些意見和學說是令人嫌惡的、哪些理論是有利於和平的。因此，君主也應判斷什麼樣的人是值得信賴的，在什麼情況下、在多大程度上可以讓他們對大眾說話。君主還應該決定在所有書籍出版之前，由誰來檢驗書中的教條。」（《利維坦》II.xvii.9，霍布斯，1994，第113頁）
21.《神學政治論》XX，《斯賓諾莎全集》III.240；《神學政治論英譯》，第223頁。
22.《神學政治論》XX，《斯賓諾莎全集》III.243；《神學政治論英譯》，第226頁。
23.《神學政治論》XX，《斯賓諾莎全集》III.243；《神學政治論英譯》，第226頁。
24.《神學政治論》XX，《斯賓諾莎全集》III.245；《神學政治論英譯》，第227頁。
25. 摘自洛克的〈第三封寬容的信〉（A Third Letter for Toleration），引用自伊斯里爾（2001a，第266頁）。針對洛克和斯賓諾莎關於寬容的比較討論，見伊斯里爾（2001a，第265-70頁）。
26.《神學政治論》XX，《斯賓諾莎全集》III.241；《神學政治論英譯》，第224頁。
27.《神學政治論》XX，《斯賓諾莎全集》III.242；《神學政治論英譯》，第225頁（重點為自加）。
28. 因此，我們並不清楚斯賓諾莎的立場是否真的如伊斯里爾（舉例而言）所解讀的那樣——意見的表達「如果直接阻礙法律和法令的執行，那麼它只會成為顛覆性的意見，因此要承擔懲罰的責任」（2006，第158頁；參見巴貝爾〔Balibar〕，1998，第27頁）。

29. 在這方面，雖然斯賓諾莎關於寬容的觀點，可能比霍布斯的觀點更為自由，但是考慮到主權機構是否能以和平和政治穩定的名義審查思想時，這兩位思想家的看法實際上並沒有太大分歧。見上文第20號注釋。
30. 《神學政治論》XX，《斯賓諾莎全集》III.241；《神學政治論英譯》，第224頁。
31. 有人可能會說，斯賓諾莎確實在主權機構可以和不可以合法監控的想法和行動之間畫了一條界線，因為想法的表達其實屬於後者（因為這種表達，無論是在演講中還是在出版書籍中，都是一種公共行動）。所以，斯賓諾莎允許主權機構審查言論這件事，與他的容忍原則是完全不矛盾的。這是蓋伯（2008，第170頁）的看法。然而，斯賓諾莎實際上並沒有這樣論述。他並沒有說思想的表達是一種行動，因此屬於主權機構的控制範圍。反之，他認為那些「隱含著行動」的表達（即號召行動或激勵行動的言論）應受政府控制，因此他堅持想法（及其表達）與行動之間的區別。
32. 《神學政治論》XX，《斯賓諾莎全集》III.243；《神學政治論英譯》，第225頁。
33. 《神學政治論》XX，《斯賓諾莎全集》III.245-46；《神學政治論英譯》，第228頁。
34. 《神學政治論》XX，《斯賓諾莎全集》III.247頁；《神學政治論英譯》，第229頁。

第十章　猛烈抨擊

1. 他的全名是揚·里烏爾茲（Jan Rieuwertszoon），或稱「里烏爾之子」。
2. 里烏爾茲的傳記見梅斯馬（1983，第118-20頁）和馬努索夫（Manusov-Verhage）（2005）。
3. 參見馬努索夫（2005），第245-46頁。
4. 梅斯馬（1983），第118頁。
5. 梅斯馬（1983），第276頁。
6. 見伊斯里爾（2001b）。
7. 關於十七世紀荷蘭共和國圖書審查制度的研究，請參見格倫維爾德（Groenveld）（1987）。
8. 參見格倫維爾德（1987）在第74頁的圖表。
9. 梅斯馬（1983），第275-76頁。
10. 梅斯馬（1983），第276頁。
11. 至少，馬努索夫（2005，第238頁）曾提出此觀點。有關《政府論》的印刷問題，請參見格里森（Gerritsen）（2005）。格里森認為該書印刷者為約翰內斯·

范索默倫（Johannes van Sommeren）。但梅斯馬（1983，第276頁）和班貝格（Bamberger）（2003）則根據柯勒斯早期的描述，認為印刷者是厄根司特街區（Egelentiersgracht）的克里斯托佛·科恩拉德（Christoffel Koenraad）。

12. 參見馬努索夫（2005），第244-45頁和辛格（Singer）（1937），第38頁。
13. 斯托佩（Stouppe）（1673），第66頁。關於斯托佩以及他對《政府論》的反應，見波普金（1995）。然而，波普金將斯托佩於一六七三年的論文稱為「對《政府論》的首次公開反應」。這是錯誤的，因為梅爾基奧（Melchior）的《反駁政府論》已於一六七一年發表。
14. 佛洛伊登塔爾（1899），第193頁。
15. 梅斯馬（1983），第279-80頁。
16. 伊斯里爾（2001a），第210頁。
17. 參見歐托（Otto）（1994），第18-20頁。
18. 萊布尼茲（1923-），I.1.142。
19. 參見萊布尼茲於一六七〇年九月寫給湯瑪斯的信。然而，拉爾克（Laerke）（2008，第96頁）指出，萊布尼茲在這個時候並不完全相信格萊維烏斯的指認（指認斯賓諾莎是作者）。葛德鮑（Goldenbaum）（1999）則認為萊布尼茲在拿到斯賓諾莎所寫的這本書後不久，就知道了斯賓諾莎的身分。
20. 《書信》，第46封。
21. 《生平》，第88和第89文件，I.287-88。
22. 《生平》，第90至第92文件，I.288-89。
23. 《生平》，第94文件，I.290。
24. 《生平》，第96文件，I.291-92。
25. 《生平》，第96文件，I.293-94。
26. 《生平》，第99文件，I.295。
27. 這是伊斯里爾（2001a，第277頁）的建議。
28. 伊斯里爾（1996）曾提到：「荷蘭不願頒布一項新的法令……大概是因為德威特缺乏這麼做的熱情（至少就某種程度上而言）。」（第10頁）。
29. 《生平》，第103文件，I.299。
30. 《生平》，第104文件，I.300。
31. 《生平》，第101文件，I.298。
32. 《生平》，第105文件，I.301。
33. 《生平》，第113文件，I.311。
34. 伊斯里爾（1996），第10頁。

35. 伊斯里爾（1996）強調：「斯賓諾莎的《神學政治論》從未在聯邦省自由流通或出售，甚至在其出版時的頭幾個月也沒有，雖然說直到一六七四年七月荷蘭政府才正式禁止此作品（第10-11頁）。
36. 關於《神學政治論》版本的研究，請參見金馬（Kingma）和奧芬伯格（Offenberg）（1977）和伊斯里爾（2001a），第279-83頁。
37. 《生平》，第115文件，I.313。
38. 《生平》，第106文件，I.302。
39. 梅斯馬（1983）認為，這是因為里烏爾茲將他大部分的早期書貨都送到了國外，這樣手頭就沒有足夠的存貨。所以他告訴政府當局這本書不是在他的出版社出版的，而是在漢堡出版的（第279頁）。關於荷蘭知識分子對《神學政治論》早期反應的研究，請參見伊斯里爾（2010）。
40. 萊布尼茲（1923-），II.I(2).106。
41. 《書信》，第45封。
42. 《生平》I.138。
43. 關於布雷登堡對斯賓諾莎的批判，參見范邦吉（Van Bunge）（1989, 1995）和斯克里巴諾（Scribano）（1995）。
44. 伊斯里爾（2001a），第348-49頁。
45. 《書信》，第30封。
46. 《書信》，第71封。
47. 《書信》，第74封。
48. 《書信》，第75封。
49. 《生平》I.138。
50. 曼斯維爾特（1674），第259頁。
51. 《斯賓諾莎全集》IV.218；《斯賓諾莎書信》，第236頁。
52. 《書信》，第68封。
53. 范維爾圖森在一六六八年寫了《神學謎題中的理論論述》。關於范維爾圖森對斯賓諾莎在這方面的批評，參見范邦吉（1995，第57頁）。也參見布魯（1991）。
54. 伊斯里爾（2001a），第278頁。
55. 《書信》，第43封。《斯賓諾莎全集》IV.219；《斯賓諾莎書信》，第237頁。
56. 參見，例如，斯賓諾莎對范維爾圖森評論的回應（在寫給奧斯登信中的第一段）：「我會讓你看看他是多麼誇張地曲解了我的意思，但我也說不上這究竟是出於惡意還是無知。」（第43封）

57.《書信》，第50封。

58.《書信》，第68封。

59. 這些人肯定是斯賓諾莎的熟人，要麼是約翰尼斯·鮑梅斯特（Johannes Bouwmeester），要麼（更可能是）里烏爾茲委託的揚·格萊森梅克（Jan Hendriksz Glazenmaker）。

60.《書信》，第44封。

61. 關於范尼爾卡塞爾報告的文本，見馬努索夫（2005），第238頁。

62. 阿姆斯特丹葡萄牙裔猶太教會成員以撒·卡斯楚（Isaac Orobio de Castro）曾寫了一部作品《挑戰神聖真理和自然歷史原則的哲學鬥爭》（*Certamen Philosophicum Propugnatae Veritatis Divinae ac Naturalis Adversus J. Bredenburgi Principia*），針對《倫理學》一書提出批判（於一六八四年出版）。但卡斯楚的反映是一個例外，而且他擔憂的對象並不是《神學政治論》。

63. 關於對《神學政治論》後續影響最徹底和最重要的分析，見伊斯里爾（2001a, 2006）。也可參見史密斯（1997，第七章）和索金（Sorkin）（2010）。

64.《書信》，第30封。

參考資料

Ackerman, Ari. 2009. "Miracles." In *The Cambridge History of Jewish Philosophy: From Antiquity Through the Seventeenth Century,* ed. Steven Nadler and Tamar Rudavsky, 362–87. Cambridge: Cambridge University Press.

Akkerman, Fokke. 2005. "Tractatus theologico-politicus: Texte latin, traductions néerlandaises et Adnotationes." In *Spinoza to the Letter: Studies in Words,* Texts and Books, ed. Fokke Akkerman and Piet Steenbakkers, 209–36. Leiden: Brill.

Altmann, Alexander. 1978. "Maimonides and Thomas Aquinas: Natural or Divine Prophecy?" *Association for Jewish Studies Review* 3:1–19.

Armogathe, Jean-Robert. 1977. *Theologia Cartesiana: L'Explication physique de l'Eucharistie chez Descartes et Dom Desgabets.* The Hague: Martinus Nijhoff.

Aubrey, John. 1898. *Brief Lives.* Ed. Andrew Clark. Oxford: Clarendon Press.

Balibar, Etienne. 1998. *Spinoza and Politics.* London: Verso.

Bamberger, Fritz. 2003. *Spinoza and Anti-Spinoza Literature: The Printed Literature of Spinozism, 1665–1832.* Cincinnati: Hebrew Union College Press.

Batnitzky, Leora. 2003–4. "Spinoza's Critique of Miracles." *Cardozo Law Review* 25:507–18.

Bennett, Jonathan. 1984. *A Study of Spinoza's Ethics.* Indianapolis: Hackett.

Blom, Hans. 1981. "Spinoza en De La Court." *Mededelingen vanwege het Spinozahuis* 42.

——. 1991. "Lambert van Velthuysen et le naturalisme." *Cahiers Spinoza* 6:203–12.

Bodian, Miriam. 2009. "Crypto-Jewish Criticism of Tradition and Its Echoes in Jewish Communities." In *Religion or Ethnicity? Jewish Identities in Evolution,* ed. Zvi Gitelman, 35–58. New Brunswick, NJ: Rutgers University Press.

Chalier, Catherine. 2006. *Spinoza, Lecteur de Maïmonide.* Paris: Cerf.

Curley, Edwin. 1969. *Spinoza's Metaphysics: An Essay in Interpretation.* Cambridge, MA: Harvard University Press.

——. 1985. "Spinoza on Miracles." In *Proceedings of the First Italian International Congress on Spinoza,* ed. E. Giancotti, 421–38. Naples: Bibliopolis.

——. 1990a. "Notes on a Neglected Masterpiece II: The Theological-Political Treatise as a Prolegomenon to the Ethics." In *Central Themes in Early Modern Philosophy,* ed. J. A. Cover and M. Kulstad, 109–60. Indianapolis: Hackett.

——. 1990b. "Homo Audax: Leibniz, Oldenburg, and the TTP." *Studia Leibnitiana Supplementa: Leibniz' Auseinandersetzung mit Vorgängern und Zeitgenossen,* ed. Ingrid Marchewitz and Albert Heinekamp, 277–312. Stuttgart: Franz Steiner Verlag.

——. 1992. "'I Durst Not Write So Boldly,' or, How to Read Hobbes' Theological-Political Treatise." In *Hobbes e Spinoza,* ed. E. Giancotti. Naples: Bibliopolis.

——. 1994. "Notes on a Neglected Masterpiece: Spinoza and the Science of Hermeneutics." In *Spinoza: The Enduring Questions*, ed. Graeme Hunter, 64–99. Toronto: University of Toronto Press.

——. 1996a. "Calvin and Hobbes, or, Hobbes as an Orthodox Christian." *Journal of the History of Philosophy* 34:257–71.

——. 1996b. "Reply to Professor Martinich." *Journal of the History of Philosophy* 34:285–87.

——. 1996c. "Kissinger, Spinoza and Genghis Khan." In *The Cambridge Companion to Spinoza,* ed. Don Garrett 1996, 315–42. Cambridge: Cambridge University Press.

——. 2007. "Hobbes and the Cause of Religious Toleration." In *The Cambridge Companion to Hobbes' Leviathan,* ed. Patricia Springborg, 309–36. Cambridge: Cambridge University Press.

——. 2010. "Spinoza's Exchange with Albert Burgh." In *Spinoza's Theological-Political Treatise: A Critical Guide,* ed. Yitzhak Melamed and Michael Rosenthal, 11–28. Cambridge: Cambridge University Press.

Curley, Edwin, and Gregory Walski. 1999. "Spinoza's Necessitarianism Reconsidered." In *New Essays on the Rationalists,* ed. Rocco J. Gennaro and Charles Huenemann, 241–62. Oxford: Oxford University Press.

Della Rocca, Michael. 2004. "Egoism and the Imitation of Affects in Spinoza." In *Spinoza on Reason and the "Free Man,"* ed. Yirmiyahu Yovel and Gideon Segal, 123–48. New York: Little Room Press.

Den Uyl, Douglas. 1983. *Power, State and Freedom: An Interpretation of Spinoza's Political Philosophy.* Assen: Van Gorcum.

Den Uyl, Douglas, and Stuart D. Warner. 1987. "Liberalism and Hobbes and Spinoza." *Studia Spinozana* 3:261–317.

Descartes, René. 1974–83. *Oeuvres de Descartes.* 12 vols. Ed. Charles Adam and Paul Tannery. Paris: J. Vrin.

——. 1985. *The Philosophical Writings of Descartes.* 2 vols. Trans. John Cottingham, Robert Stoothoff, and Dugald Murdoch. Cambridge: Cambridge University Press.

Feuer, Lewis Samuel. 1958. *Spinoza and the Rise of Liberalism.* Boston: Beacon Press.

Fraenkel, Carlos. 2006. "Maimonides' God and Spinoza's Deus sive Natura." *Journal of the History of Philosophy* 44:169–215.

Frankel, Steven. 1999. "Politics and Rhetoric: The Intended Audience of Spinoza's Tractatus Theologico-Politicus." *Review of Metaphysics* 52:897–924.

——. 2001. "The Invention of Liberal Theology: Spinoza's Theological-Political Analysis of Moses and Jesus." *Review of Politics* 63:287–315.

Freudenthal, Jakob. 1899. *Die Lebensgeschichte Spinoza's in Quellenschriften, Urkunden und Nichtamtlichen Nachrichten.* Leipzig: Verlag Von Veit.

Freudenthal, Jakob (and Manfred Walther). 2006. *Die Lebensgeschichte Spinozas. Zweite, stark erweiterte und vollständig neu kommentierte Auflage der Ausgabe von Jakob Freudenthal,* 2 vols. Stuttgart: Frommann-Holzboog.

Friedman, Richard Elliott. 1987. *Who Wrote the Bible?* New York: Simon and Schuster.

Gabbey, Alan. 1996. "Spinoza Natural Science and Methodology." In *The Cambridge Companion to Spinoza,* ed. Don Garrett, 142–91. Cambridge: Cambridge University Press.

Galileo Galilei. 1989. *The Galileo Affair: A Documentary History,* ed. Maurice A. Finocchiaro. Berkeley and Los Angeles: University of California Press.

Garber, Daniel. 2008. "Should Spinoza Have Published His Philosophy?" *In Interpreting Spinoza: Critical Essays,* ed. Charlie Huenemann. New York: Cambridge University Press.

Garrett, Don. 1991. "Spinoza's Necessitarianism." In *God and Nature in Spinoza's Metaphysics,* ed. Yirmiyahu Yovel. Leiden: Brill.

Gerritsen, Johan. 2005. "Printing Spinoza: Some Questions." In *Spinoza to the Letter: Studies in Words, Texts and Books,* ed. Fokke Akkerman and Piet Steenbakkers, 251–62. Leiden: Brill.

Goldenbaum, Ursula. 1999. "Die Commentatiuncula de judice als Leibnizens erste philosophische Auseinandersetzung mit Spinoza nebst der Mitteilung über ein neuaufgefundenes Leibnizstück." In *Labora Diligenter: Potsdamer Arbeitstagung zur Leibnizforschung,* ed. Martin Fontius, Hartmut Rudolph, and Gary Smits. *Studia Leibnitiana Sonderheft* 29:61–107. Stuttgart: Franz Steiner.

Goldstein, Rebecca Newberger. 2006. *Betraying Spinoza: The Renegade Jew Who Gave Us Modernity.* New York: Shocken Books.

Groenveld, S. 1987. "The Mecca of Authors? States Assemblies and Censorship in the Seventeenth-Century Dutch Republic." In *Too Mighty to Be Free: Censorship and the Press in Britain and the Netherlands,* ed. A. C. Duke and C. A. Tamse. Zutphen: De Walburg.

Harris, Errol. 1978. "Is There an Esoteric Doctrine in the Tractatus Theologico-Politicus?" *Mededelingen vanwege het Spinozahuis* 38. Leiden: Brill.

Harvey, Warren Zev. 1981. "A Portrait of Spinoza as a Maimonidean." *Journal of the History of Philosophy* 19:151–72.

——. 2010. "Spinoza on Ibn Ezra's "Secret of the Twelve." In *Spinoza's Theological-Political Treatise: A Critical Guide,* ed. Yitzhak Melamed and Michael Rosenthal, 41–55. Cambridge: Cambridge University Press.

Hobbes, Thomas. 1990. *Behemoth.* Ed. Stephen Holmes. Chicago: University of Chicago Press.

——. 1991. *Man and Citizen.* Ed. Bernard Gert. Indianapolis: Hackett.

——. 1994. *Leviathan.* Ed. Edwin Curley. Indianapolis: Hackett.

Hsia, R. Po-Chia, and H.F.K. Van Nierop. 2002. *Calvinism and Religious Toleration in the Dutch Golden Age.* Cambridge: Cambridge University Press.

Hume, David. 1975. *Enquiries Concerning Human Understanding and Concerning the Principles of Morals.* Ed. L. A. Selby-Bigge. Oxford: Oxford University Press.

Hunter, Graeme. 2004. "Spinoza on Miracles." *International Journal for Philosophy of Religion* 56:41–51.

——. 2005. *Radical Protestantism in Spinoza's Thought.* Hampshire, UK: Ashgate.

Huygens, Christiaan. 1893. *Oeuvres completes.* 22 vols. The Hague: Martinus Nijhoff.

Ibn Ezra, Abraham. 1976. P*erushei ha-Torah.* 2 vols. Jerusalem: Mossad Harav Kook.

——. 2001. *Commentary on the Pentateuch.* 5 vols. Ed. H. Norman Strickman and Arthur M. Silver. New York: Menorah.

Israel, Jonathan. 1995. *The Dutch Republic: Its Rise, Greatness, and Fall, 1477–1806.*

Oxford: Oxford University Press.

——. 1996. "The Banning of Spinoza's Works in the Dutch Republic (1670– 1678). In *Disguised and Overt Spinozism Around 1700,* ed. Wiep van Bunge and Wim Klever, 3–14. Leiden: Brill.

——. 2001a. *Radical Enlightenment: Philosophy and the Making of Modernity 1650–1750.* Oxford: Oxford University Press.

——. 2001b. "The Publishing of Forbidden Philosophical Works in the Dutch Republic (1666–1710) and their European Distribution." In *The Bookshop of the World: The Role of the Low Countries in the Book Trade 1473–1941,* ed. Lotte Hellinga, Alastair Duke, Jacob Harskamp, and Theo Hermans, 233–43. Houten: Hes & De Graaf.

——. 2006. *Enlightenment Contested: Philosophy, Modernity and the Emancipation of Man 1670–1752.* Oxford: Oxford University Press.

——. 2010. "The Early Dutch and German Reaction to the Tractatus Theologico-Politicus: Foreshadowing the Enlightenment's More General Spinoza Reception." In *Spinoza's Theological-Political Treatise: A Critical Guide,* ed. Yitzhak Melamed and Michael Rosenthal, 72–100. Cambridge: Cambridge University Press.

Jongeneelen, Gerrit H. 1987. "An Unknown Pamphlet of Adriaan Koerbagh." *Studia Spinozana* 78:405–15.

Judt, Tony. 2010. "On Being Austere and Being Jewish." *New York Review of Books,* May 13, 20–22.

Kellner, Menachem. 1977. "Maimonides and Gersonides on Mosaic Prophecy." *Speculum* 52:62–79.

Kingma, J., and A. Offenberg. 1977. "Bibliography of Spinoza's Works Up to 1800." *Studia Rosenthaliana* 11:1–32.

Koerbagh, Adriaen. 1668. *Een Bloemhof van allerley lieflijkheyd sonder verdriet.* Amsterdam.

——. 1974. *Een Ligt schijnende in duystere plaatsen.* Ed. H. Vandenbosche. Brussels.

Kogan, Barry. 2009. "Understanding Prophecy: Four Traditions." In *The Cambridge History of Jewish Philosophy: From Antiquity through the Seventeenth Century,* ed. Steven Nadler and Tamar Rudavsky, 481–523. Cambridge: Cambridge University Press.

Kolakowski, Leszek 1969. *Chrétiens sans Eglise.* Paris: Gallimard.

Kreisel, Howard. 1984. "Miracles in Medieval Jewish Philosophy." *The Jewish Quarterly*

Review 75:99–133.

——. 2001. *Prophecy: The History of an Idea in Medieval Jewish Philosophy.* Dordrecht: Kluwer.

Laerke, Møgens. 2008. *Leibniz Lecteur de Spinoza: La genèse d'une opposition complexe.* Paris: Honoré Champion.

Lagrée, Jacqueline. 1988. "Sens et verité: Philosophie et théologie chez L. Meyer et Spinoza." *Studia Spinozana* 4:75–89.

——. 2004. *Spinoza et le débat religieux.* Rennes: Presses Universitaires de Rennes.

Langermann, Y. Tzvi. 2004. "Maimonides and Miracles: The Growth of a (Dis) Belief." *Jewish History* 18:147–72.

La Peyrère, Isaac. 1656. *Men before Adam.* London.

Leibniz, Gottfried Wilhelm. 1875–90. *Philosophische Schriften.* 7 vols. Ed. C. I. Gerhardt. Berlin: Weidman.

——. 1923–. *Samtliche Schriften und Briefe.* Berlin: Akademie-Verlag.

——. 1993. *Leibniz-Thomasius. Correspondance 1663–1672.* Ed. R. Bodéus. Paris: J. Vrin.

Levene, Nancy. 2004. *Spinoza's Revelation: Religion, Democracy, and Reason.* Cambridge: Cambridge University Press.

Levy, Ze'ev. 1989. *Baruch or Benedict: On Some Jewish Aspects of Spinoza's Philosophy.* Frankfurt: Peter Lang.

Luther, Martin. 1989. *Basic Theological Writings.* Ed. Timothy F. Will. Minneapolis: Fortress.

Machery, Pierre. 1992. "A Propos de la différence entre Hobbes et Spinoza." In *Hobbes e Spinoza: Scienza e Politica,* ed. Daniela Bostrenghi, 689–98. Napoli: Bibliopolis.

Maimonides. 1963. *Guide of the Perplexed.* 2 vols. Trans. Shlomo Pines. Chicago: University of Chicago Press.

——. 1972. *A Maimonides Reader,* ed. Isidore Twersky. West Orange, NJ: Behrman.

Malcolm, Noel. 2002. *Aspects of Hobbes.* Oxford: Clarendon Press.

Malinowski-Charles, Syliane. 2004. *Affects et conscience chez Spinoza.* Hildesheim: Olms.

Manusov-Verhage, Clasina G. 2005. "Jan Rieuwertzs, marchand libraire et éditeur de Spinoza." In *Spinoza to the Letter: Studies in Words, Texts and Books,* ed. Fokke Akkerman and Piet Steenbakkers, 237–50. Leiden: Brill.

Martinich, A. P. 1992. *The Two Gods of Leviathan: Thomas Hobbes on Religion and Politics.* Cambridge: Cambridge University Press.

Matheron, Alexandre. 1969. *Individu et communauté chez Spinoza.* Paris: Editions de Minuit.

——. 1971. *Le Christ et le salut des ignorants chez Spinoza.* Paris: Aubier.

Meinsma, K. O. 1983. *Spinoza et son cercle.* Ed. Henri Méchoulan and Pierre-François Moreau. Paris: Vrin.

Melamed, Yitzhak. 2007. Review of Hunter 2005. *Journal of the History of Philosophy* 45:333–34.

Mendes, David Franco. 1975. *Memorias do estabelecimento e progresso dos Judeos Portuguezes e Espanhoes nesta famosa citade de Amsterdam.* Studia Rosenthaliana 9.

Meyer, Lodewijk. 2005. *Philosophy as the Interpreter of Holy Scripture.* Trans. Samuel Shirley. Milwaukee, WI: Marquette University Press.

Moreau, Pierre-François. 1994. *Spinoza: L'Expérience et l'éternité.* Paris: Presses Universitaires de France.

Müller, Johann Heinrich. 1714. *Dissertatio Inauguralis Philosophica de Miraculis,* Altdorf (Pitts Theological Library, Emory University, Atlanta).

Nadler, Steven. 1998. "Doctrines of Explanation in Late Scholasticism and in the Mechanical Philosophy." In *The Cambridge History of Seventeenth-Century Philosophy,* 2 vols., ed. Daniel Garber and Michael Ayers, 1:513–52. Cambridge: Cambridge University Press.

——. 1999. *Spinoza: A Life.* Cambridge: Cambridge University Press.

——. 2002. *Spinoza's Heresy: Immortality and the Jewish Mind.* Oxford: Oxford University Press.

——. 2005a. "Rationalism in Jewish Philosophy." In *A Companion to Rationalism,* ed. Alan Nelson, 100–18. Malden, MA: Blackwell.

——. 2005b. "Spinoza's Theory of Divine Providence: Rationalist Solutions, Jewish Sources." *Mededelingen vanwege Het Spinozahuis* 87.

——. 2006. *Spinoza's Ethics: An Introduction.* Cambridge: Cambridge University Press.

——. 2009a. "The Jewish Spinoza." *Journal of the History of Ideas* 70:491–510.

——. 2009b. "Theodicy and Providence." In *The Cambridge History of Jewish Philosophy: From Antiquity through the Seventeenth Century,* ed. Steven Nadler and Tamar Rudavsky, 619–58. Cambridge: Cambridge University Press.

Novak, David. 1995. *The Election of Israel: The Idea of the Chosen People.* Cambridge: Cambridge University Press.

Nozick, Robert. 1974. *Anarchy, State and Utopia.* New York: Basic Books.

Nussbaum, Martha. 1986. *The Fragility of Goodness: Luck and Ethics in Greek Philosophy and Tragedy.* Cambridge: Cambridge University Press.

Nyden-Bullock, Tammy. 1999. "Radical Cartesian Politics: Velthuysen, De la Court and Spinoza." *Studia Spinozana* 15:35–65.

Otto, Rüdiger. 1994. *Studien zur Spinozarezeption in Deutschland im 18. Jahrhundert.* Bern: Peter Lang.

Pines, Shlomo. 1997. "Spinoza's Tractatus Theologico-Politicus, Maimonides, and Kant." In *Studies in the History of Jewish Thought,* ed. W. Z. Harvey and M. Idel, 660–711. Jerusalem: Magnes Press.

Pollock, Frederick. 1880. *Spinoza: His Life and Philosophy.* London: Kegan Paul.

Popkin, Richard. 1984. "Spinoza's Relations with the Quakers in Amsterdam." *Quaker History* 73:14–28.

Popkin, Richard. 1985. "Spinoza and Samuel Fisher." *Philosophia* 15:219–36.

——. 1987. *Isaac La Peyrère (1596–1676): His Life, Work and Influence.* Leiden: Brill.

——. 1995. "The First Published Reaction to Spinoza's Tractatus: Col. J. B. Stouppe, the Condé Circle, and the Rev. Jean LeBrun." In *L'Hérésie Spinoziste: La discussion sur le Tractatus Theologico-Politicus, 1670-1677,* ed. Paolo Cristofolini, 6–12. Amsterdam: APA-Holland University Press.

——. 1996. "Spinoza and Bible Scholarship." In *The Cambridge Companion to Spinoza,* ed. Don Garrett, 383–407. Cambridge: Cambridge University Press.

Preus, J. Samuel. 2001. *Spinoza and the Irrelevance of Biblical Authority.* Cambridge: Cambridge University Press.

Ravven, Heidi. 2001a. "Some Thoughts on What Spinoza Learned from Maimonides About the Prophetic Imagination, Part One: Maimonides on Prophecy and the Imagination." *Journal of the History of Philosophy* 39:193–214.

——. 2001b. "Some Thoughts on What Spinoza Learned from Maimonides on the Prophetic Imagination, Part Two: Spinoza's Maimonideanism." *Journal of the History of Philosophy* 39:385–406.

Redondi, Pietro. 1989. *Galileo Heretic.* Princeton, NJ: Princeton University Press.

Reines, Alvin. 1969. "Maimonides' Concept of Mosaic Prophecy." *Hebrew Union College*

Annual 40:325–62.

——. 1974. "Maimonides' Concept of Miracles." *Hebrew Union College Annual* 42:243–85.

Revah, I. S. 1959. *Spinoza et Juan de Prado.* Paris: Mouton.

Rosenthal, Michael. 2000. "Toleration and the Right to Resist in Spinoza's Theological-Political Treatise: The Problem of Christ's Disciples." In Piety, *Peace and the Freedom to Philosophize,* ed. P. J. Bagley, 111–32. Dordrecht: Kluwer.

——. 2001. "Tolerance as a Virtue in Spinoza's Ethics." *Journal of the History of Philosophy* 39:535–57.

——. 2003. "Spinoza's Republican Argument for Toleration." *Journal of Political Philosophy* 11:320–37.

Roth, Leon. 1924. *Spinoza, Descartes, & Maimonides.* New York: Russell and Russell.

Rutherford, Donald P. 1993. Leibniz and the *Rational Order of Nature*. Cambridge: Cambridge University Press.

Ryan, Alan. 1988. "A More Tolerant Hobbes." In *Justifying Toleration,* ed. Susan Mendus. Cambridge: Cambridge University Press.

Sacksteder, William. 1980. "How Much of Hobbes Might Spinoza Have Read?" Southwestern Journal of Philosophy 11:25–40.

Saebø, Magne, ed. 2000. *Hebrew Bible/Old Testament: The History of Its Interpretation. Vol. I, From the Beginnings to the Middle Ages.* Göttingen: Vandenhoeck & Ruprecht.

——, ed. 2008. *Hebrew Bible/Old Testament: The History of Its Interpretation. Vol. II, From the Renaissance to the Enlightenment.* Göttingen: Vandenhoeck & Ruprecht.

Savan, David. 1986. "Spinoza: Scientist and Theorist of Scientific Method." In *Spinoza and the Sciences,* ed. Marjorie Greene and Debra Nails, 95–123. *Boston Studies in the Philosophy of Science* 91. Dordrecht: Reidel.

Scribano, Emanuela. 1995. "Johannes Bredenburg (1643–1691), confutatore di Spinoza?" In *L'Hérésie Spinoziste: La discussion sur le Tractatus Theologico-Politicus,* 1670–1677, ed. Paolo Cristofolini, 66–76. Amsterdam: APA-Holland University Press.

Sellin, Thorsten. 1944. *Pioneering in Penology.* Philadelphia: University of Pennsyl-vania Press.

Simon, Richard. 1730. *Lettres choisies.* 4 vols. Amsterdam: R. Leers.

Singer, Charles. 1937–38. "The Pseudonym of Spinoza's Publisher." *Journal of the*

Warburg Institute 1:77–78.

Smith, Steven. 1997. *Spinoza, Liberalism, and the Question of Jewish Identity.* New Haven, CT: Yale University Press.

Sommerville, Johann P. 1992. *Thomas Hobbes: Political Ideas in Historical Context.* New York: St. Martin's Press.

Sorkin, David. 2010. *The Religious Enlightenment: Protestants, Jews and Catholics from London to Vienna.* Princeton, NJ: Princeton University Press.

Spinoza, Baruch/Benedictus. [1925] 1972. *Spinoza Opera.* 5 vols. Ed. Carl Gebhardt. Heidelberg: Carl Winters Verlag.

——. 1985. *The Collected Works of Spinoza, Vol. 1.* Trans. Edwin Curley. Princeton, NJ: Princeton University Press.

——. 1999. *Oeuvres, vol. 3: Traité Théologico-Politique.* Ed. Fokke Akkerman; trans. Jacqueline Lagrée and Pierre-François Moreau. Paris: Presses Universitaires de France.

——. 2001. *Theological-Political Treatise.* 2nd ed. Trans. Samuel Shirley. Indianapolis: Hackett.

——. 2002. *Complete Works.* Trans. Samuel Shirley; ed. Michael Morgan. Indianapolis: Hackett.

Steinberg, Justin. 2009. "Spinoza on Civil Liberation." *Journal of the History of Philosophy* 47:35–58.

——. 2010. "Spinoza's Curious Defense of Toleration." In *Spinoza's Theological-Political Treatise: A Critical Guide,* ed. Yitzhak Melamed and Michael Rosenthal, 210–30. Cambridge: Cambridge University Press.

Stern, Josef. 2005. "Maimonides' Epistemology." In *The Cambridge Companion to Maimonides,* ed. Kenneth Seeskin, 105–33. Cambridge: Cambridge University Press.

Stouppe, Jean-Baptiste. 1673. *La Religion des Hollandois representée en plusiers lettres écrites par un Officier de l'Armée du Roy à un Pasteur & Professeur en Théologie de Berne.* Cologne.

Strauss, Leo. 1947–48. "How to Study Spinoza's Theologico-Political Treatise." *Proceedings of the American Academy for Jewish Research* 17:69–131.

——. 1997. *Spinoza's Critique of Religion.* Chicago: University of Chicago Press.

Tuckness, Alex. 2002. *Locke and the Legislative Point of View: Toleration, Contested*

Principles, and Law. Princeton, NJ: Princeton University Press.

Van Bunge, Wiep. 1989. "The Early Dutch Reception of the Tractatus Theologico-Politicus." *Studia Spinozana* 5:225–51.

——. 1995. "Van Velthuysen, Batelier and Bredenburg on Spinoza's interpretation of the Scriptures." In *L'Hérésie Spinoziste: La discussion sur le Tractatus Theologico-Politicus, 1670–1677,* ed. Paolo Cristofolini, 49–65. Amsterdam: APA-Holland University Press.

——. 1997 [2003]. "Spinoza's Jewish Identity and the Use of Context." *Studia Spinozana* 13:100–118.

——. 2001a. *From Stevin to Spinoza: An Essay on Philosophy in the Seventeenth-Century Dutch Republic.* Leiden: Brill.

——. 2001b. "Baruch of Benedictus? Spinoza en de 'marranen.'" *Mededelingen vanwege het Spinozahuis* 81.

Vandenbossche, Hubert. 1978. "Adriaan Koerbagh en Spinoza." *Mededelingen vanwege het Spinozahuis* 39.

Van Mansvelt, Regnier. 1674. *Adversus Anonymum Theologo-Politicum Liber Singularis.* Amsterdam: Abraham Wolfgang.

Verbeek, Theo. 1992. *Descartes and the Dutch: Early Reactions to Cartesian Philosophy,* 1637–1650. Carbondale: Southern Illinois University Press.

——. 2003. *Spinoza's Theologico-Political Treatise: Exploring the 'Will of God.'* Hampshire, UK: Ashgate.

Walther, Manfred. 1994. "Spinoza's Critique of Miracles: A Miracle of Criticism." In *Spinoza: The Enduring Questions,* ed. Graeme Hunter, 100–112. Toronto: University of Toronto Press, 1994.

Weissman, A. W. 1908. "Het Tuchthuis en het Spinhuis te Amsterdam." *Oud Holland* 26:35–40.

Whipple, John. 2008. "Hobbes on Miracles." *Pacific Philosophical Quarterly* 89:117–42.

Wolfson, Harry A. 1934. *The Philosophy of Spinoza.* Cambridge, MA: Harvard University Press.

Zac, Sylvain. 1965. *Spinoza et l'interprétation de l'Écriture.* Paris: Presses Universitaires de France.

ithink
RI7001

不馴的異端

以一本憤怒之書引發歐洲大地震，斯賓諾莎與人類思想自由的起源

A Book Forged in Hell: Spinoza's Scandalous Treatise and the Birth of the Secular Age

•原著書名：A Book Forged in Hell: Spinoza's Scandalous Treatise and the Birth of the Secular Age•作者：史蒂芬・納德勒（Steven Nadler）•翻譯：楊理然•封面設計：莊謹銘•校對：呂佳真•主編：徐凡•責任編輯：李培瑜•國際版權：吳玲緯、楊靜•行銷：闕志勳、吳宇軒、余一霞•業務：李再星、李振東、陳美燕•總編輯：巫維珍•編輯總監：劉麗真•事業群總經理：謝至平•發行人：何飛鵬•出版社：麥田出版／城邦文化事業股份有限公司／115台北市南港區昆陽街16號4樓／電話：(02) 25000888／傳真：(02) 25001951、發行：英屬蓋曼群島商家庭傳媒股份有限公司城邦分公司／115台北市南港區昆陽街16號8樓／書虫客戶服務專線：(02) 25007718；25007719／24小時傳真服務：(02) 25001990；25001991／讀者服務信箱：service@readingclub.com.tw／劃撥帳號：19863813／戶名：書虫股份有限公司•香港發行所：城邦（香港）出版集團有限公司／香港九龍土瓜灣土瓜灣道86號順聯工業大廈6樓A室／電話：(852) 25086231／傳真：(852) 25789337•馬新發行所／城邦（馬新）出版集團【Cite(M) Sdn. Bhd.】／41, Jalan Radin Anum, Bandar Baru Seri Petaling, 57000 Kuala Lumpur, Malaysia.／電話：+603-9056-3833／傳真：+603-9057-6622／讀者服務信箱：services@cite.my•印刷：漾格科技股份有限公司•2022年8月初版一刷•2024年6月初版二刷•定價499元

國家圖書館出版品預行編目資料

不馴的異端：以一本憤怒之書引發歐洲大地震，斯賓諾莎與人類思想自由的起源／史蒂芬・納德勒（Steven Nadler）著；楊理然譯. -- 初版. -- 臺北市：麥田出版：家庭傳媒城邦分公司發行, 2022.08
面；公分. --（ithink；RI7001）
譯自：A Book Forged in Hell: Spinoza's Scandalous Treatise and the Birth of the Secular Age
ISBN 978-626-310-244-6
EISBN 9786263102712 (EPUB)
149.13　　111007150